Original illisible

NF Z 43-120-10

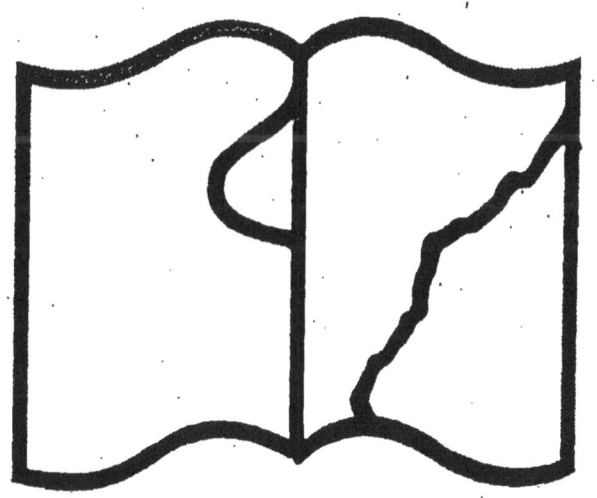

Texte détérioré — reliure défectueuse

NF Z 43-120-11

"VALABLE POUR TOUT OU PARTIE
DU DOCUMENT REPRODUIT".

LETTRES DE CORAY

AU PROTOPSALTE DE SMYRNE

DIMITRIOS LOTOS

SUR LES

ÉVÉNEMENTS DE LA RÉVOLUTION FRANÇAISE

(1782-1793)

Traduites du Grec pour la première fois et publiées

PAR

LE Mis DE QUEUX DE SAINT-HILAIRE

PARIS
LIBRAIRIE DE FIRMIN-DIDOT ET Cie
56, RUE JACOB, 56

1880

LETTRES
DE CORAY
AU PROTOPSALTE DE SMYRNE

LETTRES
DE CORAY

AU PROTOPSALTE DE SMYRNE
DIMITRIOS LOTOS

SUR LES

ÉVÉNEMENTS DE LA RÉVOLUTION FRANÇAISE

(1782-1793)

Traduites du Grec pour la première fois et publiées

PAR

LE Mis DE QUEUX DE SAINT-HILAIRE

PARIS

LIBRAIRIE DE FIRMIN-DIDOT ET Cie

56, RUE JACOB, 56

—

1880

A

M. ÉMILE EGGER

MEMBRE DE L'INSTITUT
PROFESSEUR DE LITTÉRATURE GRECQUE A LA FACULTÉ DES LETTRES
DE PARIS
PRÉSIDENT D'HONNEUR DE L'ASSOCIATION
POUR L'ENCOURAGEMENT DES ÉTUDES GRECQUES EN FRANCE

Hommage d'affectueux dévouement,

Le Mis de Queux de Saint-Hilaire.

ERRATA

L'impression de ce volume ayant été retardée pour des causes indépendantes de notre volonté, il s'est glissé plusieurs erreurs. Dans une dernière lecture, nous en avons relevé quelques-unes que nous rectifions ici en demandant d'avance l'indulgence pour celles qui auraient pu nous échapper.

Page 16. *Note* 1. — Coray avait perdu son père et sa mère, morts à une année de distance l'un de l'autre, en 1783, pendant qu'il était à Montpellier.

Page 17. *Ligne* 21. — *Lisez :* du Roi.

Page 18. *Ligne* 1. — *Lisez :* le roi a laissé le prince son fils.

Page 18. *Ligne* 33. — *Lisez :* a admiré.

Page 27. *Ligne* 24. — *Lisez :* pour vice-roi.

Page 28. *Ligne* 8. — *Lisez :* esclave, un corroyeur.

Page 33. *Note* 1. — *Ajoutez :* Sophocle, Ajax. v. 125-126.

Page 53. *Ligne* 1. — *Lisez :* chacun en proportion.

Page 57. *Ligne* 6. — *Lisez :* non qu'ils se crussent.

Page 59. *Ligne* 10. — *Lisez :* pour l'attendre.

Page 60. *Ligne* 12. — *Lisez :* de rédiger.

Page 71. *Ligne* 42. — *Lisez :* qu'on a faites et qu'on fait encore.

Page 84. *Ligne* 33. — *Lisez :* l'abbé Goutte.

Page 85. *Ligne* 1. — *Lisez :* dans les affaires ecclésiastiques.

Page 92. *Ligne* 24. — *Lisez :* pour l'avoir soi-disant injustement renversé.

Page 93. *Note* 1. — Il n'y a pas de confusion : Coray a raison; le Cardinal de Brienne était bien Archevêque de Toulouse. *Voyez les Mémoires du Comte Beugnot.* Tome I, page 268.

Page 102. *Ligne* 21. — *Lisez :* ce n'est pas comme.

Page 103. *Ligne* 23. — *Lisez :* puisqu'elle est faite contre.

Page 108. *Ligne* 10. — *Lisez :* avant que celui-ci.

Page 125. *Ligne* 34. — *Lisez :* et pour celui des grecs.

Page 128. *Ligne* 22. — *Lisez :* d'Angleterre.

— *Ligne* 24. — *Lisez :* à leur prince.

Page 159. *Ligne* 5. — *Ajoutez en note :* L'Évêque de Lyon était Lamourette, ancien prêtre de l'Oratoire, Évêque constitutionnel de Lyon, décapité en 1793.

Page 174. *Ligne* 32. — *Lisez :* de notre Roi.

Page 181. *Ligne* 11. — *Lisez :* à après-demain.

PRÉFACE

L'intérêt qu'a excité la publication que nous avons faite, en 1877, des *Lettres françaises inédites de Coray à Chardon de la Rochette et à divers savants français*, nous a décidé à lui donner, comme complément, le présent volume qui contient la traduction des lettres que Coray écrivit en grec à un de ses amis de Smyrne, Dimitrios Lotos. Ces lettres, qui paraissent ici, en français, pour la première fois, ont pour nous un intérêt tout particulier. Elles sont, en effet, comme une sorte de bulletin, écrit au jour le jour, des principaux évènements de la Révolution française observés, un peu superficiellement peut-être, par un témoin oculaire, qui était un homme d'un rare mérite. De plus, Coray était un étranger, quoiqu'il aimât tout particulièrement la France et Paris, où il a passé les cinquante dernières années de sa vie, et où il a voulu être enterré. Bien que son âme ardente se laissât volontiers enflammer au souffle des grandes idées que propageait la Révolution, on peut avancer avec certitude qu'il était moins passionné que la plus grande partie des Français et surtout des Parisiens de ces temps si troublés.

Coray, dont nous avons publié l'autobiographie dans le volume que nous avons cité plus haut, était, comme l'on sait, né à Smyrne en 1748. D'abord destiné au commerce, il avait fait un premier voyage en Europe et s'était établi pendant six années en Hollande, à Amsterdam (de 1772 à 1778). Mais, passionné pour la science, il ne tarda pas à abandonner la carrière commerciale, pour laquelle il ne se sentait pas les aptitudes nécessaires. Il retourna à Smyrne afin d'obtenir de ses parents l'autorisation de se livrer à l'étude de la médecine. A peine eut-il arraché, en quelque sorte, à leurs défiances, leur consentement nécessaire, il se remit en route et débarqua de nouveau à Livourne. De là, il se rendit à Marseille, puis à Montpellier; il arriva dans cette dernière ville le 9 octobre 1782 et il y séjourna jusqu'en 1788.

En quittant pour la seconde fois Smyrne et ses parents, qu'il ne devait plus revoir, il avait promis à l'un de ses plus anciens amis, Dimitrios Lotos, de rester en correspondance avec lui et de le tenir au courant de ses études et de ses travaux.

Dimitrios Lotos, qui demeurait à Smyrne, y avait rempli précédemment la charge de Protopsalte ou premier chantre de la cathédrale grecque de cette ville. On appelle *Protopsaltes* les premiers chantres d'une église grecque, mais plus particulièrement ceux des cathédrales, et, en premier lieu, ceux du patriarcat de Constantinople. Le Protopsalte occupe la place à droite dans l'église; le chantre qui se trouve à gauche, vis-à-vis de lui, chantant alternativement avec celui-ci, s'appelle le *Lampaduire* (ὁ Λαμπαδάριος), titre qui indique la fonction immédiatement au-dessous de celle du Protopsalte. Cette dernière charge, celle de Protopsalte, était un titre ecclésiastique distingué dans la hiérarchie des fonctionnaires de l'Église grecque, et donnait à celui qui en était revêtu une certaine importance vis-à-vis du public. Pour le reste, Dimitrios Lotos, le Protopsalte de Smyrne, paraît avoir été un assez pauvre homme, très-honnête, quoique peu lettré, car Coray, dans les lettres qu'il lui adresse, corrige fréquemment son orthographe fautive en grec, et lui donne des conseils curieux pour écrire correctement. Il n'avait aucun autre titre de distinction que celui de sa charge, qui en même temps paraissait être sa principale ressource pour vivre.

Certains passages des lettres que Coray lui écrit nous apprennent que ce modeste fonctionnaire de l'église cathédrale de Smyrne ne sut pas gagner la bienveillance du Métropolitain. Quelques difficultés au sujet d'affaires ecclésiastiques irritèrent le prélat, qui finit par l'obliger à se démettre de sa charge. Coray, qui ne cesse de plaindre son ami de sa disgrâce, ne tarit pas en sarcasmes amers contre celui qu'il appelle : *le petit pape de* Smyrne (τὸ παπίδιον τῆς Σμύρνης) auquel il reproche, en maint endroit, son caractère hautain et irascible. Il nous a paru curieux de rechercher quel avait été alors l'archevêque de Smyrne. Ce n'était point chose facile; cependant nous y sommes parvenus, avec l'aide de nos amis d'Orient et, en particulier, grâce aux savantes indications de M. A. Z. Mamoukas, d'Athènes. Or, quel ne fut pas notre étonnement, lorsque nous apprîmes ainsi que cet archevêque de Smyrne, contre lequel Coray n'a pas assez de railleries et d'invectives, n'était autre que l'illustre patriarche Grégoire, qui fut pendant treize ans (de 1784 à 1797) métropolitain de l'église de Smyrne; ce même patriarche qui, mis trois fois à la tête de l'Église grecque de Constantinople, fut pendu par les Turcs à la porte de son palais archiépiscopal et jeté dans les eaux du Bosphore, après avoir subi les derniers outrages, le jour même de Pâques 1821 (10-22 avril)[1]! Le patriarche Grégoire fut donc un des premiers martyrs de la Régénération de la Grèce, à laquelle Coray devait consacrer toute sa vie. Disons tout de suite ici que le corps du patriarche Grégoire, retiré du Bosphore par le capitaine d'un navire de Céphalonie qui l'avait vu flotter sur les eaux, et inhumé par ses coreligionnaires à Odessa, fut, pour le cinquantième anniversaire de l'Indépendance hellénique, en 1872, solennellement transporté et pieusement enseveli dans la cathédrale, à Athènes, qui a élevé au Patriarche une statue inaugurée sur la place de l'Université, en 1878. Ce fut même à l'occasion de l'inauguration de cette statue, suivant à peu de distance la translation à Athènes des cendres de Coray, auquel une statue était également élevée, que le regretté poète Aristotélis Valaoritis parut pour la

---

[1]. Κ. Μ. ΚΟΥΜΑ. — Ἱστορία τῶν ἀνθρωπίνων πράξεων (Vienne, 1832, tom. XII, pag. 506-507 et 515-516). = ΚΩΝΣΤΑΝΤΙΝΟΥ ΟΙΚΟΝΟΜΟΥ, ΤΟΥ ΕΞ ΟΙΚΟΝΟΜΩΝ, Λόγοι ἐκκλησιαστικοί (Berlin, 1833, pag. 6). = Ζ. ΜΑΘΑ. Κατάλογος ἱστορικὸς τῶν πρώτων ἐπισκόπων καὶ τῶν ἐφεξῆς πατριαρχῶν τῆς Κωνσταντινουπόλεως (Nauplie, 1837, pag. 262-269, 271-273 et 277-287). = Γ. Τ. ΠΑΠΑΔΟΠΟΥΛΟΥ Συλλογὴ τῶν κατὰ τὸν Πατριάρχην Γρηγόριον τὸν Ε΄. (Athènes, 1865 et 1866, t. Iᵉʳ, p. 5 et 345, t. II, p. 34 et 172-174).

dernière fois en public et déclama le magnifique poème qu'il avait consacré à la gloire du Patriarche.

Comment ce prélat si plein de courage et de vertus fut-il si sévère pour le pauvre Protopsalte? Cela peut s'expliquer de deux façons : d'abord, par ce que rapporte de son caractère et de ses actes, comme Métropolitain de Smyrne, M. Papadopoulos (t. Ier p. 5 et 345, et t. II, pag. 34 et 172-174); à cette époque, dit-il, le Métropolitain était encore très-jeune; il était vif et emporté par son zèle pour la religion, et il avait peut-être pris trop au pied de la lettre ce précepte de saint Paul (Épître aux Hébreux, chap. II, v. 2), que « toute transgression et toute désobéissance mérite une juste et sévère punition ».

Cette explication de la disgrâce du Protopsalte est celle qu'a acceptée son petit-fils, et qu'il a donnée lui-même dans une note de la seconde édition des *Lettres*, note que nous avons traduite. Elle est peut-être trop à la charge du Protopsalte. Il en est une autre qui est plus plausible, peut-être plus vraie, et qui, de plus, a l'avantage d'être toute à l'honneur à la fois du Patriarche et du Protopsalte. Nous la trouvons indiquée dans un passage de l'admirable oraison funèbre que le célèbre Constantin Oiconomos prononça devant le cercueil du Patriarche Grégoire dans la Métropole d'Odessa, le 19 mai 1826, et qui est resté un des chefs-d'œuvre de la jeune littérature grecque.

Voici la traduction de ce passage :

« Le Patriarche Grégoire, déjà illustre par ses vertus, le fut encore davantage par le redressement de ses défauts. Il y eut un moment où les chrétiens de

Smyrne étaient divisés en deux partis, très-opposés l'un à l'autre. L'Archevêque, avec la vivacité extrême de son caractère, prit hautement place dans un de ces partis, et malheureusement dans celui qui n'était pas le bon. Mais il ne tarda pas à reconnaître son erreur. Aussitôt, profitant d'une solennité religieuse, un jour de grande fête, alors que le temple était rempli par la foule des fidèles, il fit un admirable sermon sur la paix et la concorde; puis, descendant de son siège archiépiscopal, revêtu de ses ornements pontificaux, la tête humiliée, le cœur contrit, les yeux remplis de larmes, il confessa publiquement son erreur, et demanda humblement pardon de sa faute aux fidèles assemblés. Cet acte d'humilité et de contrition publique émut le cœur de tous les assistants, qui, fondant en larmes, promirent solennellement de renoncer désormais à leurs querelles et de revenir à la paix et à la concorde qui doit toujours régner entre les membres d'une même église. »

N'est-il pas possible de supposer, puisque nous en sommes réduits aux conjectures, que le prélat, que tous ses biographes s'accordent à représenter comme un homme d'un caractère vif et entier dans ses opinions, ait été irrité de voir le Protopsalte prendre parti dans le camp opposé à celui qu'il avait choisi lui-même, et que, dans un moment de colère, il l'ait puni par une disgrâce sévère dont il se soit bientôt repenti lui-même? En tous cas, l'acte d'humilité publique du Patriarche, qui rappelle l'acte de soumission de notre Fénelon, condamnant en chaire son livre sur le *Quiétisme*, qui avait été condamné en cour de Rome, fait trop d'honneur au caractère du

Patriarche Grégoire pour que nous ayions cru pouvoir le passer sous silence, et nous remercions particulièrement M. Mamoukas, auquel nous devons déjà tant de précieux renseignements, d'avoir appelé notre attention sur ce passage de l'Oraison funèbre d'Oiconomos que nous venons de rappeler.

Quoi qu'il en soit, c'est avec cet ami, le Protopsalte disgracié, que Coray entretint depuis son second départ de Smyrne et son arrivée en France, une correspondance suivie, dont quelques lettres seulement ont été publiées à Smyrne, en 1838, cinq ans après la mort de Coray, en un petit volume devenu d'une rareté extrême, même en Orient, et qui est presque introuvable en France. Notre regretté maître et ami, M. Brunet de Presle, en possédait un exemplaire dans la riche bibliothèque grecque moderne qu'il avait réunie avec amour et qu'il a léguée, à sa mort, à l'École des langues orientales vivantes. Cet exemplaire, auquel il attachait un grand prix, il nous en avait fait présent, en nous engageant à traduire ces lettres de Coray ; il pensait que cela devait être pour nous un exercice à la fois utile et intéressant :

Voici le titre exact de ce recueil :

ἈΔΑΜΑΝΤΙΟΥ ΚΟΡΑΗ ἐπιστολαὶ πρὸς τὸν Σμύρνης Πρωτοψάλτην, νῦν πρῶτον ἐκδοθεῖσαι ἐκ τῶν ἀρχετύπων χειρογράφων φιλοτίμῳ συνδρομῇ τῶν ὁμογενῶν, ἐν Παρισίοις, 1838.

C'est un petit in-12, de 144 pages, y comprises 4 pages contenant à la fin les noms des souscripteurs qui tous sont des Grecs habitant Smyrne, Constantinople ou Samos, et qui ont souscrit pour un ou pour plusieurs exemplaires.

Quoique le titre porte *Paris* comme lieu d'impression, cet opuscule a été imprimé à *Smyrne* et non à Paris, cela est hors de doute. Le motif de cette substitution de nom de lieu est la crainte assez justifiée qu'avait le possesseur, qui fut en même temps l'éditeur de ces lettres, M. Sporidis, parent du Protopsalte et chantre lui-même, d'exciter, par cette publication, le mécontentement, d'abord du clergé grec, et en second lieu, des autorités du pays, les Turcs contre lesquels les lettres de Coray contenaient plusieurs traits mordants, bien que M. Sporidis eût pris la précaution de supprimer les passages qui s'adressaient particulièrement à eux. Notre ami, M. J. Isid. Skylissis, poète bien connu, qui nous a donné quelques détails à ce sujet, nous dit qu'il est d'autant plus certain de ce qu'il avance, que ce petit volume fut imprimé par la typographie de Smyrne, où il publia lui-même, à l'âge de dix-huit ans, ses premiers essais poétiques, et il ajoute : « Je me souviens de toutes ces choses comme si elles dataient d'hier, et les noms des souscripteurs smyrniotes me font revoir une foule de physionomies de ce temps-là. »

Ce sont ces lettres au Protopsalte, sur les évènements de la Révolution française, que nous avons traduites, il y a plus de dix ans; nous les publions aujourd'hui, en les corrigeant et en les complétant par la traduction des autres lettres également adressées par Coray au Protopsalte, qui ont paru, soit intégralement, soit par fragments, dans les deux recueils des *Lettres de Coray,* publiés par les soins de M. J. Rotas, le premier en 1839, le second en 1841 ; tous les deux, en grec, à Athènes. Le premier de ces recueils ne contenait malheureusement que des fragments des lettres de Coray. C'était, comme l'indiquait le titre ('Απάνθισμα), un choix, non point des plus belles lettres, mais des passages les plus importants de ces lettres dont les destinataires n'étaient point désignés. Le second recueil, publié en 1841, renfermait au contraire des lettres complètes, moins les passages saillants précédemment publiés dans le premier recueil où le lecteur devait aller les chercher. Dans ce second recueil, nous avons trouvé, de la page 23 à la page 77, les onze premières lettres que nous avons traduites. Elles sont datées, la première, de Livourne, le 5 septembre 1782 (Coray avait débarqué dans cette ville, au mois d'août, mais il avait été soumis à une quarantaine assez longue et sévère); la dernière est du 3 mai 1788, veille de son départ pour Paris. Coray y annonce à son ami que, « forcé d'aller faire des recherches indispensables à la Bibliothèque royale, il va passer quelques mois à Paris ». Il devait y rester quarante-cinq ans et y mourir, après avoir traversé toute la période de la Révolution de 1789, et de tant d'autres révolutions qui suivirent.

Pendant ces temps troublés de la première Révolution, Coray écrivit à son ami les longues et curieuses lettres qui furent publiées à Smyrne en 1838 et que le public français pourra lire ici pour la première fois. Coray était arrivé à Paris le 24 mai 1788; à partir du 15 septembre de la même année, date de la première lettre de ce recueil, il commence à entretenir son ami de tous les évènements extraordinaires qu'il voit se dérouler sous ses yeux. Dès le premier moment, il est plein d'enthousiasme pour les idées de la Révolution, et d'admiration pour le peuple français qui, secouant le joug honteux des tyrans, marche hardiment dans la voie de la liberté. Élevé au milieu du despotisme des Turcs, ayant personnellement souffert de leurs injures et de leurs vexations, il applaudit sans réserve aux premiers actes de la Révolution, à la résistance contre le pouvoir royal, à la persécution contre le clergé, se renfermant dans une philosophie qu'il croit platonicienne et qui n'est guère que sceptique. Oubliant qu'il n'est plus en Orient, il confond le clergé français avec le clergé grec, et poursuit des mêmes railleries et des mêmes sarcasmes *le mufti de Rome*, c'est ainsi qu'il désigne le Pape, dans ses lettres, et le « petit pape de Smyrne », cause de tous les malheurs de son ami le Protopsalte. Il espère voir bientôt se lever l'aurore du jour où les hommes seront tous heureux, parce qu'ils seront tous libres, égaux, frères, et, pour lui, ce sont les idées, les principes de la Révolution française qui amèneront, à bref délai, cette ère de prospérité. Il croit qu'il est réservé à la France de rouvrir les portes du Paradis terrestre. En même temps, il se moque des ministres, de la cour, des gens de l'ancien régime, qu'il accuse de manquer de clairvoyance et d'abnégation ; il trouve le roi Louis XVI, qui a l'air bonhomme et badaud, dépourvu absolument de prestige et de majesté. En un mot, c'est un des adeptes les plus fervents des idées révolutionnaires, c'est un des partisans les plus enthousiastes des doctrines de la Révolution. Puis, petit à petit, à mesure que les évènements se déroulent devant lui, et qu'il commence à en souffrir personnellement ; quand il voit l'anarchie dans les conseils et l'émeute dans la rue ; quand il assiste au sac des Tuileries, et surtout au pillage des boutiques des épiciers, tous ses sentiments de justice, d'équité, d'honneur, d'humanité se révoltent aussitôt, et il maudit la Révolution ; il en déteste les excès. Il voudrait quitter la France et se réfugier en Angleterre, mais il est trop tard ; la Terreur a commencé, on ne laisse plus sortir personne, on soupçonne et on dénonce tout le monde, on fait des visites domiciliaires partout, même chez lui, pour rechercher les armes, et on lui laisse heureusement le sabre, que lui, l'homme pacifique et inoffensif par excellence, a été obligé de s'acheter, pour défendre sa vie contre les brigands au milieu desquels il est forcé de vivre. Pendant ce temps-là, malgré les victoires successives des troupes républicaines contre les armées de l'Europe coalisée, il manque de tout à Paris ; il ne trouve pas à vendre ses ouvrages ; aucun libraire ne les veut imprimer ; il en est réduit à faire des traductions de manuels de médecine, qui lui rapportent à peine de quoi ne pas mourir de faim : enfin, quand il a vu l'exécution de Louis XVI, dans la lettre qu'il écrit à son ami et qui est datée de ce jour-là même, on trouve cette phrase, à la fois si simple et si touchante : « Vers les onze heures, le bourreau a coupé la tête du meilleur, du plus puissant et du plus infortuné roi de l'Europe ! » Quelle différence de cet accent avec celui des premières lettres ! C'est qu'il y avait loin des illusions des premières années, à la réalité brutale et terrible ! C'est que 1793 était loin de

1789, quoiqu'il n'en fût que la conséquence absolument logique. C'est aussi que l'âme de Coray, si elle était ardente et pleine d'élan, était passionnée pour la justice, et qu'il avait en horreur la violence et l'abus de la force. Dans sa lettre XX°, datée du 18 juin 1792, il fait ainsi sa profession de foi (p. 155) : « Je n'ai jamais aimé les rois, dit-il, et j'ai fait en cela comme nos ancêtres ; mais j'ai plaint Louis XVI du fond du cœur et je l'ai admiré en même temps pour le courage qu'il a montré, dans cette terrible journée du 20 (juin). Je suis amoureux fou de la liberté ; mais, mon ami, j'aime aussi la justice. La liberté sans la justice n'est qu'un pur brigandage. Si je voyais faire une injustice au plus mortel de mes ennemis, toutes les puissances de la terre et du ciel ne pourraient m'empêcher d'aller lui porter secours. »

Ces nobles sentiments expliquent bien le ton de tristesse et de désillusion de la lettre datée du 21 janvier 1793 ; et, comme pour se distraire violemment de ces sombres préoccupations, il se remet à l'étude et adresse à son ami de nombreuses questions philologiques, l'interrogeant sur la véritable signification de plusieurs mots grecs de la langue vulgaire.

Cette lettre du 21 janvier est la dernière du recueil, qui finit par les extraits de l'admirable testament de Louis XVI que Coray traduit en grec et envoie à Dimitrios Lotos et à Bernhard Keun. Cette brusque interruption d'une correspondance entretenue jusqu'à ce moment d'une façon si régulière, nous avait fait supposer, au premier abord, que son ami, le Protopsalte, était mort à cette époque, ce qui eût expliqué tout naturellement la cessation de la correspondance ; mais, dans le second recueil des lettres publiées par M. Rotas, nous avons trouvé deux lettres, ou fragments de lettres adressées au même personnage et portant la date d'avril 1797. Que sont devenues les lettres de 1793 à 1797 ? On n'en sait rien, et les recherches que le savant gymnasiarque de Chio, M. Sourias, a bien voulu faire, sur notre demande, dans la Bibliothèque de cette ville à laquelle Coray avait légué tous ses papiers, ne lui ont fait découvrir aucune trace de cette correspondance. M. Mamoukas, d'Athènes, qui a voué un véritable culte à Coray, dont il s'occupe en ce moment même à publier les papiers inédits, a bien voulu s'en enquérir lui-même auprès d'un arrière-petit-fils du Protopsalte, encore vivant, M. Dimitrios Sporidis, chef de bataillon de gendarmerie grecque, qui n'a pas pu lui donner aucun éclaircissement à ce sujet.

M. Dimitrios Sporidis a cependant publié, à Patras, en 1871 (typographie de A.-S. Agapitos), une seconde édition des lettres de Coray au Protopsalte, mais sans y rien ajouter que quelques notes très-sommaires, que nous avons traduites en indiquant leur provenance. Cette seconde édition, tirée sans doute à un assez petit nombre d'exemplaires, est devenue bientôt presque aussi rare que le volume original.

Pour se consoler de la perte de la seconde partie de cette correspondance, qui eût été aussi curieuse et aussi instructive pour nous que la première, car il est aisé de prévoir dans quel esprit elle aurait été écrite, on peut supposer qu'en réalité elle n'a jamais existé. Il est bien à croire, en effet, que Coray n'a eu ni le temps, ni le loisir, ni peut-être l'audace, de continuer à tenir son ami de Smyrne au courant des évènements, terribles cette fois, qui se passaient sous ses yeux, et qui devaient révolter sa conscience et exaspérer son honnêteté. Sieyès, interrogé sur ce qu'il avait fait pendant la Terreur, répondit simplement : « J'ai vécu. » C'était beaucoup alors, quand on était un honnête homme, un citoyen paisible et un savant laborieux. Coray eût pu faire la même réponse que Sieyès. Pour atteindre ce but, pour traverser impunément cette terrible phase de notre histoire, il est fort possible qu'il ait cru indispensable de garder sur tout ce qu'il voyait un silence prudent et que volontairement il ait suspendu cette correspondance, qui aurait pu n'être pas sans péril pour lui.

Du reste, cette lacune peut être aisément comblée par la lecture de la correspondance que Coray entretint en français avec son ami Chardon de la Rochette, pendant les années de 1791 à 1796, correspondance que nous avons publiée en 1877, sous le titre de *Lettres inédites de Coray à Charton de la Rochette et à divers savants français.*

La correspondance que nous possédons s'arrête donc au 21 janvier 1793, pour reprendre en 1797 par deux billets qui nous montrent seulement que le Protopsalte vivait encore à ce moment. Telle qu'elle est pourtant, elle est pour nous d'un fort grand intérêt, que nous avons essayé de faire apprécier par ce que nous venons d'en dire. Nous le répétons, elle n'apprend aucun fait nouveau ; mais elle donne sur la première moitié de la Révolution française l'opinion d'un étranger, d'un homme de grande valeur, d'un savant de premier ordre, ce qui est plus important, d'un philosophe grec et surtout d'un honnête homme. A tous ces titres nous pensons que ces lettres seront lues avec intérêt en France et qu'elles prendront leur place parmi les documents importants relatifs à cette période de notre histoire nationale, et c'est pour cela que, reprenant notre ancienne traduction, nous nous sommes décidé à les publier.

Avant la publication des fragments de cette correspondance entre Coray et le Protopsalte, on avait déjà imprimé *à Smyrne*, mais, cette fois, avec le nom de cette ville et l'indication de la *Typographie ionienne dirigée par Antoine Patrikios,* en 1835, un fascicule de trente pages, qui contenait les deux importantes lettres que Coray avait adressées : la première, aux *Habitants de Smyrne*, en novembre 1808 ; la seconde *Aux négociants de Chio habitant Smyrne*, le 8 novembre 1810, toutes les deux relatives à l'établissement et à la conservation d'une école grecque à Smyrne, sous la direction du savant et patriote Constantin Koumas. Ce fascicule, dont la rareté n'est certes pas moindre que celui des lettres au Protopsalte, se trouvait relié à la suite de l'exemplaire de ces lettres dont M. Brunet de Presle nous avait fait présent. C'est ainsi que nous en avons eu connaissance, et que nous avons pu traduire ces deux grandes et belles lettres, qui contiennent bien des conseils, qu'il serait utile et bon encore aujourd'hui de mettre en pratique.

LETTRES
DE CORAY

AU PROTOPSALTE DE SMYRNE

DIMITRIOS LOTOS

I[1]

Livourne, 9 septembre 1782.

Débarrassé aujourd'hui d'une quarantaine de trente jours, je suis sorti du lazaret, et je me trouve ici dans la maison d'un honorable commerçant grec, M. Georges Kostaki, associé de M. Paul Rodocanaki, qui par bonté

---

1. Les onze premières lettres ne font pas partie du *Recueil des lettres de Coray au Protopsalte de Smyrne* sur la Révolution française, imprimé à Smyrne en 1838, dont nous annonçons la publication. Nous les avons trouvées dans le second recueil des lettres grecques de Coray, Ἀπάνθισμα δεύτερον ἐπιστολῶν Α. ΚΟΡΑΗ, publiées par M. Jacques Rotas à Athènes en 1841. Elles se trouvent au commencement de ce volume, de la page 23 à la page 77. Nous avons cru intéressant de les traduire également afin de les faire servir d'introduction aux lettres sur la Révolution française que l'on trouvera plus loin. Presque toutes ces lettres n'étant publiées que par fragments, dans les deux volumes de M. Rotas, nous avons complété, autant que nous l'avons pu, les lettres du second recueil par les fragments publiés dans le premier, ainsi qu'on le verra par exemple dans la lettre VI et suivantes; par contre, nous avons supprimé les passages qui se trouvaient répétés dans les deux recueils.

n'a pas voulu me laisser aller prendre un logement à l'auberge, selon l'usage.

Maintenant que me voilà délivré de la prison du lazaret, et des commérages étranges et bizarres du capitaine suédois, voulez-vous me laisser bavarder un peu avec vous? — Oui, je le veux bien, dites-vous. — Eh bien, puisque vous le voulez, écoutez.

Vous devez certainement avoir entendu parler, quelques jours après mon départ de Smyrne, de cette grande victoire que les Anglais ont remportée, le 12 avril[1], contre les Français, en Amérique, dans un terrible et mémorable combat naval, car nous l'avons apprise nous-même en route, par un navire vénitien, près de Cérigo. Vous devez savoir aussi que, dans ce combat, les Français ont perdu treize mille hommes, tant tués que blessés ou faits prisonniers par les Anglais, ainsi qu'un grand nombre de vaisseaux de première classe; que parmi les prisonniers se trouvait le général en chef lui-même, et beaucoup d'officiers supérieurs; il n'est donc pas nécessaire de m'étendre là-dessus. Vous devez avoir appris également que le général en chef fait prisonnier a été mis en liberté, et qu'il s'est rendu à Paris, où le malheureux a trouvé mort un de ses fils, officier de la cour : les uns disent qu'il s'est tué parce qu'il ne pouvait supporter la honte de son père; les autres, qu'il a été tué en duel par un autre officier en essayant de défendre et de venger l'infortune de son père que l'on tournait en ridicule. Mais croiriez-vous que, malgré tous ces triomphes, les Anglais ont envoyé une ambassade à Paris, pour demander la paix? — Vous ne le croyez pas, parce que vous êtes

---

1. Coray parle ici de la bataille navale qui eut lieu, le 12 avril 1782, à la hauteur de la Dominique et des Saintes, entre M. de Grasse et l'amiral anglais Rodney; le résultat en fut désastreux pour la flotte française, qui y perdit six vaisseaux, beaucoup d'hommes et fut obligée d'abandonner l'expédition contre la Jamaïque. Le commandant en chef, M. de Grasse, fait prisonnier, ce fut M. de Vaudreuil qui ramena la flotte en Amérique pour hiverner. La Peyrouse commandait le *Sceptre* à cette funeste journée.

ami des Anglais. Moi qui suis l'ami de tout le monde, je le crois ; les Anglais, mon maître, pensent, et ils ont leurs raisons pour cela, qu'ils ne pourront plus soumettre de nouveau l'Amérique ; ils tâchent alors de cacher aussi promptement que possible cette terrible plaie, pour que la gangrène de la révolution ne se communique pas aussi aux autres provinces voisines. Ils font donc très-sagement de fermer les yeux sur la supériorité momentanée de la France, et d'attendre les circonstances. Quelques partisans des Anglais comme vous disent que, pour eux, la guerre n'est pas si funeste, et, pour le démontrer, ils font le calcul suivant. L'Angleterre, disent-ils, dans l'espace de 94 ans, c'est-à-dire, depuis 1688 jusqu'à l'année présente de 1782, a eu la guerre pendant 47 ans, juste la moitié de 94. Ainsi :

De 1688 jusqu'à 1696	—	guerre 10 ans.
De 1696 » 1702	—	paix.
De 1702 » 1713	—	guerre 11 ans.
De 1713 » 1739	—	paix.
De 1739 » 1748	—	guerre 10 ans.
De 1748 » 1755	—	paix.
De 1755 » 1762	—	guerre 8 ans.
De 1762 » 1775	—	paix.
De 1775 » 1782	—	guerre 8 ans.

Années de guerre 47 ans.

Et qu'a-t-elle souffert pendant toutes ces guerres ?—Mais ils ne réfléchissent pas que l'Angleterre n'avait pas alors les dettes énormes et presque incroyables qu'elle a maintenant, ni qu'alors elle était alliée avec ses fils, les Américains, tandis qu'aujourd'hui elle en est séparée, et, par suite, fort affaiblie. Mais laissons les Anglais faire ce que leur bon sens leur conseille de plus utile pour eux.

L'empereur, l'admirable empereur[1], comme un autre Hercule, réforme son royaume et le purge de tous les

---

1. L'empereur d'Allemagne, Joseph II.

abus qu'ont introduits à diverses époques l'ignorance et la barbarie. Je n'ai pas le temps de vous écrire tout au long les bons exemples qu'il donne tous les jours à ses voisins.

La Pologne aura, dans la diète qui doit se réunir bientôt à Varsovie, à proposer et à examiner beaucoup de réformes soit dans les affaires ecclésiastiques, soit dans les affaires politiques, et, pour qu'il n'y ait aucune de ces émeutes et de ces troubles ordinaires dans ce pays, l'impératrice de Russie et l'empereur ont fait avancer des armées vers la frontière pour se garder contre tout évènement.

Si, par hasard, ma présente lettre vous arrive le jour de votre fête (ce qui ne serait pas extraordinaire), recevez tous mes plus humbles souhaits, comme si j'étais présent. Vivez de longues années, mon ami, et soyez heureux. Écrivez-moi, je vous en prie, combien d'oques de confiture et de tabac votre fête vous a coûtées ; combien de flacons de raki et de rosolio, combien de café ; combien d'amis sont venus vous visiter, et s'il s'est passé quelque chose d'extraordinaire.

Notre pasteur est-il arrivé de Constantinople? Dans quel état se trouve le gouvernement de la ville? Vos orages domestiques se sont-ils apaisés? ou bien êtes-vous encore dans les tourments et dans la peine? S'il en est ainsi, patience et silence, autant que possible, jusqu'à ce que les mauvais jours soient passés. N'en doutez pas, ils passeront, et il n'y a rien qui fasse passer les maux plus vite que la patience. Pardonnez-moi si je vous donne, à vous, des conseils dont j'aurais moi-même besoin; cependant, mon ami, je crois que les conseils sont comme la médecine, et il n'y a rien d'étonnant à ce que la commère Angelika[1] connaisse souvent un remède qu'ignore le docteur Bestarkès.

1. Probablement quelque bonne femme de Smyrne, par comparaison avec un médecin en renom.

II

Montpellier, 11 juillet 1783[1].

J'ai reçu de vous deux très-longues lettres par l'arrivée du Monsieur français. Oh! quel bavardage! Si j'avais la même gaieté que vous a procurée, à vous, la moisson de l'Épiphanie[2], je vous en écrirais autant et plus encore. Aussi ai-je coupé mon papier avant de commencer, pour n'être pas tenté de vous écrire une longue lettre; cependant, pour ne pas vous donner tout à fait le droit de vous plaindre de moi, voici la note véritable de la dette de l'Angleterre, d'après le bilan qu'en a fait le parlement, au mois de janvier dernier :

En 1775, le 24 juin, l'Angleterre devait. . . . £ 136,930,072
Depuis le 24 juin de la même année, jusqu'au mois de janvier de la présente année 1783, cette dette s'est accrue à cause des frais de la guerre, etc., de   £ 115,654,914

Ce qui fait en tout. . . . . £ 252,584,986

Calculez ces livres sterling à 2 florins de Venise chacune, vous verrez que l'Angleterre doit maintenant 500,169,972 florins de Venise, pour laquelle dette elle paie d'intérêt, tous les ans, plus de 18,000,000 florins de Venise. — Hélas! — Et puis, vous viendrez vous plaindre quelquefois de devoir quelques bagatelles par ci, par là, et vous attendrez, avec impatience, la fête des Rois pour les payer.

---

1. Coray arriva le 9 octobre 1782 à Montpellier, où il resta six ans, jusqu'en 1788, et où il se fit recevoir docteur en médecine.
2. Θεοφάνια, le jour des Rois; le 6 janvier, en Orient, le prêtre va de maison en maison pour bénir les familles; il est suivi des principaux fonctionnaires de l'Église, et reçoit ainsi que ses acolytes des présents plus ou moins considérables dans chaque maison où il se présente.

Croyez-moi, mon ami, toutes les fois que le boulanger viendra vous demander de l'argent, montrez-lui la présente note de la dette de l'Angleterre ; cela lui fera prendre patience.

Mon pauvre père défunt se fâchait chaque fois que je faisais l'éloge des Européens : peut-être faites-vous de même ; mais maintenant je ne vous crains pas parce que vous êtes témoin oculaire et auriculaire et que vous avez des preuves évidentes : Dom. Keun[1] d'un côté, et de l'autre les tourments que vous fait éprouver tous les jours l'ignorance qui règne à Smyrne. Si vous saviez le français, je vous enverrais la lettre que j'ai reçue d'un académicien de Paris cette semaine[2], et vous verriez de quelle manière les hommes sont honorés ici. Je vous ai écrit autrefois que la même personne m'avait envoyé en présent cinq volumes, et savez-vous pourquoi ? Parce que j'avais signalé quelques fautes dans ses notes. Croyez-vous cela ? C'est pourtant la vérité, j'en jure par la Vérité elle-même. Un autre serait devenu mon ennemi mortel. Tels sont les savants de l'Europe, hommes de premier ordre.

III

25 décembre 1788, Montpellier.

De toute mon âme je vous embrasse encore.

Trois lettres, si je compte les feuilles, et vingt, si je

---

1. Dans ces lettres se rencontre très-souvent le mot grec Δομινο, sans autre explication : ce nom se rapporte à Bernard Keun, pasteur de l'Église protestante de Smyrne, qui donna à Coray des leçons de latin et pour lequel Coray professa toute sa vie la plus vive reconnaissance. Voyez les nombreuses lettres françaises qu'il lui adressa de Paris, et que nous avons reproduites dans notre édition des *Lettres françaises inédites de Coray à Chardon de la Rochette et à divers savants* (Paris, Firmin-Didot, 1877, in-8).

2. Cet académicien devait être d'Ansse de Villoison, dont il est souvent question plus bas.

calcule la prolixité, voilà ce que j'ai reçu de vous, tout cela en même temps, daté du 6 et du 25 mai. Jamais bavardage ne m'a fait autant de plaisir, ne m'a autant charmé, autant égayé que le vôtre. Sans flatterie (et vous savez que j'ai toujours eu la flatterie en horreur), la description que vous faites de l'arrivée de mon livre[1] qui a subi tant de péripéties, de la manière dont il a été publié, et de toutes les autres circonstances (pour ne pas bavarder comme vous), est admirable et des plus originales ; je ne sais pas si Aristophane lui-même aurait pu la faire plus comique. Si je ne craignais le dommage que me causera votre prolixité, je vous prierais de m'écrire par chaque courrier une épître de douze pages. Je dis, si je ne craignais, parce que, mon ami, si vous ne mettez pas de bornes à votre bavardage, je crains, moi, de redevenir aveugle, comme je l'étais, lorsque je suis parti. Je ne fais plus rien que lire des lettres du Protopsalte, et quelles lettres ! Ah ! Manoli ! Manoli ! Très-laconique Manoli[2] ! Vous savez de qui je veux parler ? C'est du jardinier, mon ami. Et qui pourrait oublier son éloquence, ses sentences, ses apophthegmes, en un mot toutes les qualités dont la nature l'a doté ?

Les éloges que vous faites de mon livre sont plutôt l'effet de l'amitié enthousiaste que vous avez la bonté d'avoir pour moi, que d'un jugement impartial. Mais que ne fait point l'amitié ?

Si mes compatriotes ont reçu avec empressement ce petit livre que j'ai écrit à leur intention, ils ont montré par là qu'ils sont dignes que l'on travaille pour eux, et je leur dois bien plus de reconnaissance pour la bienveillance

---

1. Avant de partir pour Montpellier, Coray avait traduit de l'allemand et publié en langue grecque vulgaire le *Catéchisme* de Platon, métropolitain de Moscou, et une autre petite brochure contenant un résumé de l'Histoire sainte, par demandes et réponses.

2. Ce Manoli, dont parle Coray, était un pauvre homme, faible d'esprit, qui vivait à Smyrne de la charité publique et qui était connu de tout le monde. Ses propos ont passé en proverbe. On l'appelait aussi Lolo-Manolios (Manolios le fou). Il s'appelait sans doute Emmanuel.

avec laquelle ils l'ont reçu, qu'ils ne m'en doivent à moi-même.

Je n'ai pas traduit le petit ouvrage sur Melchisédec, parce que, à vous dire la vérité, cela ne m'a pas plu. Il me semble que Platon ne l'a écrit que pour satisfaire la curiosité du duc. Cette théorie au sujet de Melchisédec est obscure. Et puisque l'apôtre Paul lui-même l'a trouvée telle, il ne faut pas que personne d'entre nous espère pouvoir l'expliquer. A ce sujet, les discours sont nombreux pour nous et difficiles à comprendre. Voyez l'épître aux Hébreux, chap. v, paragraphe 2. Si j'avais le temps, je l'aurais traduite avec des notes de mon cru. Non point que je me flatte, ne me croyez pas si sot, de l'expliquer mieux que Platon ; mais j'avais quelques sources où j'aurais pu emprunter tout ce qui était nécessaire, sinon pour éclaircir la chose, au moins pour satisfaire tant soit peu la curiosité du lecteur. Cependant, comme j'avais toujours en vue mon voyage en Europe, j'ai fait précipitamment ce petit travail. Je vous dis cela pour que vous mettiez les erreurs que vous pourrez trouver par hasard dans mon livre, non pas seulement sur le compte de mon ignorance, mais aussi sur celui de la situation d'esprit dans laquelle je me suis trouvé : c'est-à-dire dans une situation qui différait peu de celle de ce fou de Manoli. Croyez-moi bien, si j'étais resté encore une seule année là-bas, je serais devenu réellement fou, tant l'amour de l'étude m'avait troublé la cervelle.

Je m'étonne du prétendu défaut qu'on y trouve, c'est-à-dire du laconisme de l'épître dédicatoire! Mon ami, comment se fait-il que, sans parler des autres véritables défauts que l'on doit certainement trouver dans mon livre, on ait précisément signalé ce qui n'en est pas un! Les dédicaces longues et pleines de louanges donnent toujours une mauvaise opinion et de celui qui loue et de celui qui est loué. Les Européens, que nous devons imiter en cela, ont compris le ridicule de ces épîtres dédicatoires, et commencé depuis quelque temps à les supprimer là où ils ont supprimé les autres misères des pauvres siècles passés. Si j'avais le temps, je vous transcrirais une épître dédicatoire du célèbre Rousseau, de ce philosophe ennemi de la flatterie, afin que vous voyiez comment on doit écrire ces dédicaces. Ce n'est pas sa longueur qui m'empêche de le faire, car elle est de beaucoup plus courte que la mienne. Mais il faut que j'aille dans une bibliothèque, que je cherche le livre dans lequel elle se trouve, que je la copie, et que je la traduise ensuite : toutes choses pour lesquelles le temps me manque. Mon ami, je n'ai jamais pu supporter la flatterie! Je ne dis pas et je ne prétends pas que, pour fuir la flatterie, il faille tomber dans l'ingratitude. Mais, du moment que vous montrez par vos paroles et vos actions votre reconnaissance envers celui qui vous fait du bien, vous avez fait ce qu'il fallait faire. Je dis envers un bienfaiteur qui a les sentiments d'un homme, et non envers ces bienfaiteurs mesquins qui, faisant marchandise de la bienfaisance, ne vous rendent service que pour vous enchaîner.

.....L'expérience m'a prouvé que la sagesse se vend et s'achète, comme les autres choses. En Europe, plus vous dépensez, plus vous apprenez. Et si les malheureux Grecs retournent souvent dans leur patrie non pas pétris mais seulement saupoudrés de science, le proverbe turc en donne la raison : « Ὅκαντὰρ ἀκτσὲ, Ὅκαντὰρ μπογιᾶ[1]. » Il faut, mon ami, des livres; il faut des professeurs particuliers, qu'on doit payer; il faut la société des hommes savants, plus nécessaire peut-être que la lecture même, et, pour en jouir, il est nécessaire de la cultiver et de l'arroser par quelques petits cadeaux. Et que ne faut-il pas encore?...

.....Si vous voulez, vous pouvez concourir à l'instruction de votre ami, dont le seul amour, la seule pensée, le seul souci est celui de la science. Et puis? qu'aimeriez-vous mieux? Jouir de moi là-bas ignorant comme vous m'avez expédié, ou me voir savant et instruit?

Il me semble vous voir, à cette heure, vous impatienter et me dire que j'imagine et prétexte mille choses pour

1. C'est un proverbe turc : « Okadar aktché, okadar bogtcha. » Littéralement : tant d'argent, tant de gâteaux.

augmenter vos tourments. Ne vous tourmentez pas, au nom du ciel! Les évènements forcent souvent les hommes à faire ce qu'ils ne veulent pas.

Puisque vous me paraissez désireux d'imiter ce qui est bien, je prends la liberté de vous prier de corriger quelques fautes dans vos lettres. C'est, par exemple, ἐγιόμισα au lieu de ἐγέμισα ; ἀμή au lieu de ἀλλά, ou ὅμως, et quelques autres mots semblables, qui me font, en les lisant, bénir la mémoire de feu Pancrace, le curé de Smyrne. Ce brave homme avait deux mérites, celui de parler et d'écrire de façon qu'il fût impossible de comprendre ni ce qu'il disait ni ce qu'il écrivait. Excusez-moi si l'audace du zèle amical que j'ai pour la pureté de vos lettres me pousse jusqu'à vous signaler ces fautes.

IV

Montpellier, 23 mars 1784.

Mon cher monsieur Dimitrios,

Après un si long silence, il ne m'a point paru étrange de recevoir, de nouveau, une lettre de vingt-deux pages, datée du 28 décembre de l'année passée. Je vous le dis en vérité ; ce n'est pas même le tiers de ce que je craignais. Et vous m'avez averti que les défauts augmentent avec l'âge! Heureux ceux qui auront la bonne fortune de lire vos lettres dans dix ou quinze ans! Et plus heureux encore ceux à qui vous écrirez quand vous aurez quatre-vingts ans! Mais où trouverez-vous le temps, mon ami, de devenir un pharmacien, du moment où vous vous mettez à écrire des livres? Ce qu'il y a de pis, c'est que je suis forcé, quoique bien malgré moi, de vous imiter. J'ai passé deux jours tout entiers à vous lire, et il me faut au moins deux jours pour vous répondre.....

La Providence de Dieu se manifeste de façons très-diverses. Elle a poussé Dom. Keun, un étranger et de patrie et de religion, à me considérer comme son propre frère, à me consoler, à me fortifier, à m'écrire fréquemment que son seul bonheur est de me voir heureux. Enfin, elle m'a procuré, ici même, des amis, qui, s'ils connaissaient ma situation (je ne vous fais pas là, mon ami, de contes en l'air, ni des rêveries), me donneraient une assistance généreuse et libérale, tout étrange que cela puisse vous paraître. Mais mes parents m'ont élevé avec des sentiments de fierté. Le proverbe : « Les sages cachent leurs propres maux », est toujours gravé dans mon âme...

Onze heures de la nuit viennent de sonner. Il faut que j'aille me coucher pour me lever demain à six heures. Je laisse donc là ma lettre que je continuerai demain. Bonne nuit! Dieu veuille que je vous voie dans mes songes et que je vous raconte les nouvelles d'Europe, afin de m'épargner la fatigue de vous les écrire dans la présente.

Bonjour! Je n'ai pas fermé l'œil de la nuit, je ne sais qui vous a donné l'idée de prendre la profession de pharmacien. Mes douleurs ne me suffisent donc pas : il fallait encore que cette idée vînt me tourmenter. Je pensais, dans mon lit, où nous ouvririons notre pharmacie. Enfin, au point du jour j'ai jugé qu'il n'y avait pas de lieu plus convenable que le Tsyrac-capi[1].

.....J'ai de nouveau commencé à soupirer après vos lettres. N'aurait-il pas mieux valu détailler ce volume que vous m'avez envoyé sous forme de lettre et que je ne puis pas encore digérer, en un certain nombre de petites épîtres, et de me les envoyer à de courts intervalles, pour me nourrir continuellement, et peu à peu, de l'ambroisie de vos pensées, pour m'abreuver du nectar de votre style fleuri, au lieu de me gorger une fois jusqu'à l'indigestion, et ensuite me laisser mourir de faim pendant des mois entiers?
.....Voici venue la semaine sainte des Latins, et je n'ai pas encore reçu vos lettres. Ah! Dimitrios! Dimitrios! Vous vous occupez à l'aneth et à la menthe (car pourquoi

---

1. Nom d'un faubourg de Smyrne; c'est une ancienne porte de la ville.

ouvrir une boutique de pharmacien, si ce n'est pour détailler une drachme de menthe?), et vous négligez le précepte le plus important de la loi[1].

V

Montpellier, 15 juin 1784.

Mon très-cher monsieur Dimitrios, je vous embrasse de cœur!

..... Mon ami[2], vos lettres sont pour moi comme des livres, et, si j'en avais le moyen, je voudrais les faire connaître au monde entier en les faisant imprimer. Le style épistolaire que vous employez a toutes ces qualités que l'on exige dans une lettre pour qu'elle soit parfaite. Et si, comme homme, vous vous trompez quelquefois, vos fautes mêmes sont tout à fait agréables. Qu'y a-t-il de plus agréable, par exemple, que la nouvelle que vous me donnez dans votre dernière lettre que ma mère a mis au monde un troisième fils? Je sais que vous avez quelque raison de vous fâcher contre moi, en pensant que j'ai tiré de mon imagination toutes ces choses étranges et monstrueuses pour me moquer de vous. Croyez-moi, c'est bien ce que vous m'avez écrit, et cela parce que vous avez négligé ou que vous avez cru inutile de mettre un point final.

Voici textuellement ce que vous avez écrit dans votre lettre : « Votre mère vous a mis encore au monde un troisième fils mon compère maître Nicolas, etc. » Dites-

1. Citation de l'Évangile.
2. On doit remarquer que la plupart de ces lettres manquent de suite et d'enchaînement ; cela vient de ce que, dans les deux recueils publiés par M. Rotas, les lettres ne sont imprimées que par fragments; parfois même, les fragments semblent appartenir à des lettres différentes, ce qui n'a pas lieu dans le recueil des lettres au Protopsalte.

moi, je vous prie, si je n'avais pas raison d'être étonné d'avoir un frère avant de lire ce qui suivait; mon compère maître Nicolas vient d'avoir un troisième fils, etc.?

Peut-être pensez-vous que cette plaisanterie, ou pour mieux dire ces sottises, sont un effet de ma gaieté et de l'heureuse situation dans laquelle je me trouve; non, mon ami, au contraire; la trop grande douleur engendre la folie. Je ne puis vous décrire combien sont grandes la peine, l'indignation et le trouble de cœur, que m'a causés ce barbare grossier chameau, tout ce qu'il y a de plus grossier au monde, Akepsimas! Quand je pense avec quel empressement et quel zèle je lui ai communiqué les quelques notes que j'avais recueillies au prix d'un long et pénible travail, comme il l'a reconnu souvent lui-même devant un grand nombre de personnes, et la reconnaissance qu'il me montrait, ou qu'il feignait de me montrer, et que je la compare avec son insouciance pour moi et son indifférence d'aujourd'hui, je ne sais que penser!....

Si mes lettres qui vous sont adressées, ainsi qu'à ce mauvais débiteur, ne me procurent pas le paiement désiré depuis si longtemps, de l'argent qui m'est dû, il est évident qu'il est devenu « comme un âne devant une lyre » ou qu'il s'est tout à fait pétrifié. Vous qui professez l'art d'Orphée, n'auriez-vous pas aussi le talent d'Orphée pour toucher par votre musique cet homme insensible, comme Orphée remuait les pierres avec sa lyre? Si Macromanoli, le jardinier, savait écrire, je vous aurais dispensé de cette mission[1] et je l'en aurais chargé à votre place. Vous rappelez-vous : « Et l'herbe au travail de l'homme? ». Je ne l'oublierai jamais, tant que je vivrai et que je respirerai!

Vous vous étonnez de la manière dont Dom. Keun est disposé en ma faveur, et vous avez raison, car, lorsqu'on songe à mon indignité et à l'immense bonté qu'il a pour moi, les paroles font défaut! Mais vous seriez encore bien plus étonné, si vous voyiez les lettres qu'il m'é-

---

1. Le texte porte : Καπιχιαχιτγαλίκιον — καπικαιχάγια : c'est le fondé de pouvoirs de la Porte.

crit, si vous lisiez les conseils, les encouragements, les exhortations qu'il me donne pour m'y engager à suivre la voie que je me suis tracée ; je passe sous silence les bienfaits dont il m'a comblé, dont il ne cesse de me combler depuis quatorze ans déjà, et la noblesse de ses procédés ; le moindre de tous les titres qu'il me donne dans toutes ses lettres, c'est « mon très-cher ami ». Je vous remercie de la visite que vous lui avez faite avec mon frère, au premier de l'an; et je vous en prie, si l'occasion s'en présente (quoiqu'il n'ait pas besoin de tout cela), soyez-lui utile en tout pour de petites ou de grandes choses, soit vous soit mon frère, et faites-le avec le même empressement que vous mettriez si c'était pour moi-même. Je ne lui dois pas seulement l'instruction, mais encore la conservation de la vie; car, si je ne suis pas devenu la victime de la mélancolie qui m'a accablé pendant si longtemps, c'est à lui que je le dois, à lui qui adoucissait l'amertume de mon chagrin par la douceur de ses sages exhortations et de ses bons conseils.....

Lorsque je songe à tout le mal que vous vous donnez pour moi, je sens une reconnaissance inexprimable s'emparer de mon âme, et je voudrais bien pouvoir vous en donner des marques évidentes. Puissiez-vous être malade quand je vous reverrai, afin que je puisse avoir le bonheur de vous guérir[1] ! C'est une reconnaissance extraordinaire et si étrange qu'elle vous fait peut-être maugréer contre moi, mais que cela ne vous trouble pas, au nom du ciel! Il vaut mieux dire les choses comme on les sent et les pense, que les dorer avec des cérémonies menteuses. Puis il y a des maladies de différentes espèces. Il suffit seulement que je ne vous trouve pas bien portant, n'eussiez-vous qu'un petit rhume de cerveau, ou quelques abcès peu dangereux dans le dos.

1. Il y a là comme un souvenir de Molière.

VI

Montpellier, 11 janvier 1786.

Mon cher ami et cher frère, salut.

Il y a un temps pour chaque chose[1]. Il y a donc un temps pour s'enorgueillir, un temps pour être humble, et celui qui, dans le temps où il faut s'enorgueillir se fait humble, celui-là simule la modestie, mais n'est pas véritablement modeste. La joie de mon âme est si grande que quatre fois j'ai voulu vous écrire, et que quatre fois j'en ai été empêché par les larmes. Maintenant, je sors de l'Académie, c'est l'heure du déjeuner. Mais la joie m'a coupé l'appétit, et j'ai laissé là mon repas, pour vous écrire ma victoire. J'ai donc présenté ma thèse[2] à mes professeurs, et à une réunion de deux cent cinquante personnes, presque tous savants, médecins et philologues pour la plupart. La nuit précédente, je n'avais pas fermé l'œil, tant ma crainte et mon embarras étaient grands; jusqu'à dix heures (c'est à cette heure que se passent les examens publics), je tremblais comme un poisson, mais j'avais tort. Mes professeurs, tous à l'unanimité, m'ont fait (j'en ai de nouveau les larmes aux yeux) les plus grands éloges. Ils ont trouvé ma thèse bien composée, pleine d'utiles observations, très-bien écrite; en un mot, mon cher ami, il m'est impossible de vous rapporter tout le bien que mes juges ont dit de moi. Ces éloges ont changé ma peur en courage, mon courage en audace, et, si l'assemblée s'était encore un peu prolongée, peut-être mon audace serait-elle devenue de l'impudence. J'ai répondu aux questions avec

---

1. Cette lettre se trouve imprimée, par fragments, dans les deux recueils. Nous avons complété celle du deuxième recueil par la rédaction plus développée du premier, pages 103 à 106; tout le début de cette lettre ne se trouve que dans le premier recueil.

2. On trouvera cette thèse que nous avons réimprimée, dans *les Lettres inédites de Coray à Chardon de la Rochette*, p. 505 à 597.

clarté, en réfutant les objections ; j'ai exposé que beaucoup de choses que l'on croyait être des découvertes modernes, Hippocrate les avait sues deux mille ans auparavant; j'ai défendu l'honneur de nos ancêtres, j'ai relevé ma nation, nos amis et mon Protopsalte. Toute l'assemblée en a été charmée. Moi seul, je ne suis pas complètement heureux. « Ce qui m'a été le plus doux, disait Épaminondas après la bataille de Leuctres, dans tout ce qui m'est arrivé d'heureux pendant ma vie, ç'a été de vaincre les Lacédémoniens du vivant de mon père et de ma mère. » Cette grâce, la Providence me l'a refusée. Je leur ai causé beaucoup de peines à tous les deux. Et peut-être, mon triomphe d'aujourd'hui aurait-il effacé les blessures de leurs cœurs; peut-être les eût-il convaincus que je n'avais pas eu si grand tort de leur désobéir[1]!

Il n'y a pas encore une heure qu'est venu dans ma chambre un médecin illustre; après m'avoir félicité : « Je suis venu, me dit-il, vous demander la reine des thèses. Ce matin je l'ai lue avec un grand plaisir, et j'ai été convaincu par vous que les Grecs, bien que sous le joug de la servitude, sont toujours des Grecs, et que l'esprit de leurs ancêtres ne s'est pas éteint en eux. »

Vous n'ignorez pas que l'une des causes anciennes de la ruine d'Athènes, la première et la plus énergique, a été la quantité des sycophantes. A cette époque toutes les villes grecques ont souffert de la maladie de la délation. Mais Athènes en était la métropole, comme l'histoire nous le fait voir[2].

Les harangues de Démosthène, les comédies d'Aristophane sont pleines de la mémoire de ces excellentes gens. Aristophane met en scène (*Oiseaux*, 1451) un de ces sycophantes se vantant d'avoir hérité cette profession de ses ancêtres : Ἀναντᾶν Μπαμπαντᾶν,.... « je ne mentirai pas à

---

1. Coray avait perdu son père et sa mère, morts à peu de temps de distance l'un de l'autre, en 1782, pendant qu'il était à Montpellier.

2. Ces deux paragraphes ne paraissent pas faire partie de la même lettre, cependant nous les avons traduits à la place où ils se trouvent dans le premier recueil.

ma race, dit-il ; de père en fils nous vivons de délations ».
Ce nom de sycophante s'est trouvé d'abord à Athènes ; au
commencement, dans sa signification première il servait à
désigner ceux qui dénonçaient l'exportation des figues ;
c'est aussi le nom de toute une espèce d'autres délateurs.
Ce sont eux qui ont mis à mort Socrate, ce sont eux qui
ont failli faire périr Anaxagoras, Aristote, Théophraste, et
beaucoup d'autres sages ou généraux d'armée.

Je n'ai rien [1] de nouveau à vous écrire, mon cher amateur de nouvelles Dimitrios, à moins que vous ne vouliez que j'invente quelque chose. Le terrible souci de ma thèse m'a obligé d'abandonner depuis longtemps la lecture des journaux ; mais hier, au coucher du soleil, après avoir terminé quelques études de médecine, n'ayant plus rien à faire : Voici, me dis-je à moi-même, le moment de songer aussi un peu à mon protopsalte ; je suis donc allé au café, j'ai pris une limonade, après la limonade j'ai demandé un journal, et dans le journal j'ai trouvé deux nouvelles dignes de votre curiosité.

La première, la voici :

Le fils aîné et l'héritier présomptif du trône d'Angleterre, par ses dépenses magnifiques et exagérées, a contracté une dette de 250,000 guinées (qui font près de 500,000 florins de Venise). Mais cela n'est rien, attendu que le protopsalte de Smyrne se trouve quelquefois dans la même position envers son charbonnier et son boulanger. Le prince a donc prié son père, ou d'augmenter la dotation annuelle de 50,000 guinées qu'il lui donnait pour son entretien et sa nourriture, ou de payer ses créanciers. Ceci n'est pas extraordinaire non plus, attendu que le protopsalte de Smyrne, lui aussi, lorsqu'il n'a plus d'argent, demande tantôt que l'on augmente son traitement annuel, tantôt qu'on le mène de maisons en maisons pendant toute la fête des Théophanies (*Épiphanie*) pour chanter l'Ἀπολυτίκιον (l'*Ite, missa est*) ou le Κοντάκιον (*antienne*) ou toute autre chose

---

1. Ici commence la lettre publiée dans le second recueil, sous le n° 6 (11 janvier 1783).

qui lui passe par la tête. Le roi, son fils, a laissé le prince pendant six semaines sans lui répondre, et, les six semaines passées, il lui a fait savoir qu'il n'était d'avis ni d'augmenter sa pension annuelle, ni de payer ses dettes : ceci n'est pas non plus chose nouvelle. Combien de fois le pauvre protopsalte, mon ami, n'a-t-il pas reçu de semblables réponses bien sèches, et combien de fois n'a-t-il pas demandé, sans pouvoir l'obtenir, que l'on ajoutât quelque chose à son traitement! Mais ce qui suit est une chose extraordinaire, grande, héroïque et vraiment royale.

Le prince, voyant l'opiniâtreté de son père et se trouvant lui-même dans l'embarras, qu'a-t-il fait?

Devinez-le, si vous pouvez : je parie que vous ne devinerez jamais.....

Puisque vous ne devinez pas, écoutez l'action héroïque du prince.

Il a vendu ses chevaux et ses voitures; il a renvoyé la plus grande partie de ses domestiques et de ses officiers; il a renoncé aux nouvelles constructions et aux nouveaux embellissements qu'il faisait à son palais; il a pris sur son revenu annuel 40,000 guinées pour les payer chaque année à ses créanciers, jusqu'à ce qu'il fût complètement libéré de sa dette envers eux, et il s'est retiré à la campagne pour y vivre, avec les 10,000 guinées qui lui restent, de la vie d'un simple particulier, jusqu'à ce que ses dettes fussent entièrement payées. De telles vertus, mon cher ami, ne se trouvent que dans les pays où la liberté existe; ni vous ni moi ne saurions les imiter, car nos revenus à nous deux sont si bornés que, si nous en retranchions seulement 10 piastres chaque année, vous, des dépenses de votre maison, et moi, de mon entretien, il nous faudrait mourir de faim tous les deux.

Là-bas, l'Angleterre tout entière s'est étonnée de la conduite héroïque de l'héritier présomptif, et on l'a aimé et respecté plus que jamais; car l'Angleterre sait apprécier la vertu et récompenser le mérite. Beaucoup de ses officiers ont refusé de le quitter, disant que non-seulement ils ne voulaient plus recevoir désormais aucun traitement de lui jusqu'à ce que ses dettes fussent complètement éteintes, mais qu'ils le priaient même d'effacer du livre de ses dettes la pension qui leur était due depuis nombre d'années passées. Qu'en dites-vous, mon ami ? Avez-vous jamais vu de tels hommes ? Non, certainement ; cependant vous devez avoir lu, vous qui aimez tant la lecture et qui savez tant de choses, beaucoup d'actions pareilles aussi magnanimes, de la part de nos ancêtres. Mais quand ces choses se faisaient-elles ? Lorsque la Grèce était libre, lorsqu'elle méprisait le puissant roi des Perses, plus que vous ne méprisez... qui ?... Le premier portefaix du Vizir-Khan[1]. Ne vous rappelez-vous pas (car, depuis que je vous ai quitté, me voilà devenu tout à fait barbare : j'ai oublié et l'histoire de la Grèce et les exploits de nos ancêtres), ne vous rappelez-vous pas, dis-je, ce général des Athéniens ? Il s'appelait, si je ne me trompe, Cimon. Ce Cimon donc, au milieu d'une fête publique, dans laquelle il était d'usage que les généraux distribuassent de l'argent à la multitude, voyant le peuple étonné qu'il ne fît pas ce qui était d'usage : « J'aurais honte, dit-il, de vous donner, à vous, et de ne pas rendre à ces gens-ci. » En disant cela, il leur montrait ses créanciers. Vous voyez donc, mon cher, que la Grèce a donné aux Européens, non-seulement des exemples de sagesse dans les sciences et les arts, mais encore des exemples de vertu. Maintenant, hélas ! terrible vicissitude du temps ! nous sommes dépouillés, nous si brillants autrefois, et ils se sont magnifiquement parés de nos dépouilles, eux, qui autrefois étaient nus et barbares.

Venons au second point.

Un comte et chambellan de l'empereur (cette fonction s'appelait chez nous, lorsque nous étions encore des hommes, le service de la chambre), grand et puissant dignitaire, à Vienne, en Autriche, s'est rendu misérablement coupable d'un faux : c'est ainsi qu'on appelle le crime de faire de fausses obligations, traites, lettres de change et autres,

---

1. Nom d'une partie du bazar de Smyrne.

en imitant l'écriture d'un tiers, crime dont je parle dans mon catéchisme, page 226. Devinez à quelle punition l'a condamné le très-juste et grand Joseph?.... Il l'a condamné à balayer la ville, chargé de chaînes, pendant dix ans, et, le 16 janvier, mon cher protopsalte, toute la ville de Vienne a pu assister à ce nouveau et terrible spectacle : un puissant dignitaire, un chambellan de l'empereur, chargé de chaînes, obligé de balayer les places et les rues de la ville!....

Je vous ai promis seulement deux nouvelles, mais j'espère que vous ne m'en voudrez pas si j'en ajoute une troisième. Celui-là seul est digne de blâme, qui ne paie pas ses dettes, mais non pas celui qui donne plus qu'il ne doit. Je ne sais si je vous ai écrit que l'impératrice de Russie avait défendu à son peuple d'employer désormais, dans les pétitions qui lui étaient adressées, des épithètes trop serviles et trop basses, telles que : « Votre très-humble serviteur, escabeau de vos pieds, prosterné devant vous », et autres semblables, qu'a inventées l'adoration de l'homme. Elle veut qu'on n'ajoute à la signature que le simple titre de sujet; je ne me rappelle pas si je vous ai écrit cet acte généreux et humain de la grande Catherine; ne comptez donc pas cela comme une troisième nouvelle, mais comptez celle qui suit.

Cette princesse a aboli, à ce que disent les journaux, presque tous les couvents, n'en laissant subsister à peine que deux ou trois. Ces couvents étaient très-riches, et possédaient non-seulement beaucoup de terres, mais plusieurs milliers de paysans que les princes régnants de Russie avaient donnés autrefois aux moines comme esclaves; l'impératrice leur a rendu maintenant la liberté. Par cette mesure juste elle a augmenté en même temps le nombre de ses soldats, car les serfs étant, comme je vous l'ai dit, esclaves des moines, n'avaient point la permission de servir dans l'armée.

J'ai encore une quatrième nouvelle; mais mon papier ne me permet plus de vous la raconter, je la garde donc pour une autre occasion. Portez-vous bien!

Répondez-moi bien vite, je ne veux pas dire laconiquement, puisque cela vous est impossible, « un Éthiopien ne peut changer la couleur de sa peau! » et vous ne pouvez vous corriger de votre chère prolixité; et puis, je n'ai pas le droit non plus de vous accuser, puisque je vous ai imité moi-même.

Soyez heureux!

15 juillet.

Ma lettre est restée ici jusqu'à aujourd'hui parce que j'espérais envoyer en même temps mes thèses à Dom. Keun. De toutes parts, mon ami, il me revient que mes professeurs, partout où ils se trouvent, dans toutes les maisons où ils vont, font mon éloge et celui de ma thèse. Il est d'usage que, le jour de la soutenance, après dîner, l'élève aille faire visite à tous ses professeurs personnellement chez eux pour les remercier de la peine qu'ils ont prise à la soutenance. C'est la cérémonie française[1]. Depuis donc que je vous ai écrit l'épître ci-dessus, j'ai fait venir mon perruquier[2], pour mettre un peu d'ordre dans le désordre extérieur de ma tête, parce que, pour la soutenance, il faut se présenter les cheveux séparés, et pérorer, les cheveux épars, comme le fou Manoli. Je me suis habillé, j'ai pris une prise de tabac, ensuite ma canne (j'ai oublié de mentionner les chaussures, mais cela s'entend), et j'ai été à la maison de chacun. Il y en a quelques-uns que je n'ai pas trouvés et je leur ai laissé ma carte; pour ceux que j'ai rencontrés, il est impossible de vous décrire la bonne réception qu'ils m'ont faite; les éloges qu'ils m'ont donnés, les remerciements qu'ils m'ont faits de ce que je les avais honorés, eux et leur académie. L'un d'eux, le plus âgé de tous[3], m'a dit que c'était un devoir

---

1. Αὔτη εἶναι ἡ τσιρημόνια Φραντσέζικη.
2. Traduit du français : Περουκιέρην.
3. Le doyen de la faculté de médecine était Fr. de Lamure.

pour moi de donner au public une traduction d'Hippocrate. « — Mais vous en avez, lui ai-je dit. — Oui, m'a-t-il répondu, mais je voudrais qu'Hippocrate fût traduit par un Grec, car je crains que nos traductions ne soient pas exactes. » Un autre a loué le style de ma thèse, un autre en a lu, en ma présence, la dédicace à Dom. Keun qu'il a trouvée très-spirituelle et très-convenable. Et notez que cette dédicace est beaucoup plus sobre de louanges que n'était celle à l'Archevêque de Moscou que l'on avait désapprouvée là-bas. En un mot, ils m'ont dit tant et de si belles choses qu'ils m'ont fait croire, même malgré moi, que ma thèse est bonne. Si cela est vrai ou non, votre sagesse en sera juge !

Pour moi, je suis enchanté, et je rends grâces, du fond de l'âme, au dispensateur de tout bien, qui, au milieu de tant d'ennuis qu'il lui a plu me faire souffrir dans ma vie, m'a accordé aussi de grands bienfaits, et qui, mêlant ainsi, avec toute sa sagesse et toute sa miséricorde, les biens aux maux, m'a soutenu jusqu'à présent, moi qui chancelais à cause de la faiblesse de mon âme. Le premier et le plus grand bienfait de Dieu, et vous le savez très-bien, mon ami, a été de me faire naître de parents honorables et amis du progrès, qui ont fait tout leur possible pour me donner une bonne éducation. Son deuxième bienfait a été de me faire connaître un homme de cœur, comme Dom. Keun, qui m'a fourni tous les moyens pour sortir de l'ignorance ; troisième bienfait, mon voyage en Hollande, où, par la connaissance que j'y ai faite d'hommes savants, j'ai secoué le joug des mauvais grammairiens, et commencé à étudier les écrivains grecs avec une méthode absolument différente. Cette méthode non-seulement m'a fait deviner beaucoup de passages obscurs de nos anciens que je n'eusse jamais compris avec le seul secours du très-maigre Théodore et de son très-gras scholiaste Néophyte, mais elle m'a fait corriger aussi ma langue maternelle par la seule analogie qu'elle a avec l'ancienne langue grecque sa mère. Quatrième bienfait : d'avoir trouvé des parents et de généreux amis prêts à me secourir, lorsque, à force d'opiniâtreté, je pus enfin réussir à retourner une seconde fois en Europe. Cinquième bienfait : le bonheur d'avoir eu un ami dévoué, prêt à mon service, disposé à courir d'ici, de là, pour moi, infatigable à m'écrire des livres au lieu de lettres, et cet ami c'est le protopsalte de Smyrne. Oui, mon frère et mon ami, si quelquefois je vous fais des reproches en plaisanterie, ne me croyez pas ingrat, je sais toutes les peines que vous vous donnez pour moi. Je suis sûr que vous négligez en partie vos propres affaires pour vous occuper des miennes, et je vous en suis éternellement reconnaissant. Sixième bienfait..... Mais comment serait-il possible d'enumérer les bienfaits de Dieu?....

Si je vous ai fatigué, ne m'en veuillez pas! Mais je sais que ma joie est votre joie, et que vous n'en seriez pas rassasié, quand bien même vous me verriez empereur de la Chine.

Portez-vous bien!

VII

Montpellier, 10 août 1788.

Mon cher Protopsalte,

Je vous écris aujourd'hui dimanche au soir. Et quoiqu'il faille me préparer à entendre les leçons de demain, je me suis cependant décidé à me lever demain plus matin pour consacrer cette soirée à contenter votre curiosité. Écoutez donc.

On n'écrit, on ne parle aujourd'hui parmi les savants et les particuliers, que de la nouvelle invention du nommé Montgolfier. Cet homme heureux, conduit plutôt par son génie que par sa science, a fait une découverte non-seulement curieuse, mais qui de plus peut devenir très-utile avec le temps. Il remplit un grand ballon fabriqué avec un tissu de soie, ou même simplement avec du papier, d'une espèce d'air appelé inflammable (pour vous en expliquer la nature, il me faudrait au moins une semaine de loisir et vingt-quatre cahiers de papier), ou bien il raréfie tout simplement par le feu l'air contenu dans le ballon. Aussitôt que cet air est raréfié, on ne peut plus retenir le ballon; il quitte la terre et s'envole vers le ciel, où il reste suspendu au milieu des nuages jusqu'à ce que, rempli de nouveau par l'air atmosphérique ambiant que nous respirons, il redescend à terre. Ce Montgolfier, se trouvant à Paris, l'été dernier, a communiqué sa découverte à l'Académie.

Les physiciens de Paris ont fait différentes expériences avec divers ballons qui sont tous montés avec succès à une si grande hauteur qu'ils sont devenus invisibles aux yeux de 300,000 spectateurs; cela n'a pas suffi. Deux illustres physiciens, MM. Charles et Robert, ont eu la hardiesse de monter dans un ballon, et non-seulement ils se sont élevés à une hauteur de 9,000 pieds, au point de ne plus rien distinguer des choses de la terre, ni villes ni villages (la terre leur paraissait, à ce qu'ils disent, une véritable masse, « invisible, indistincte et confuse »), mais encore ils se sont éloignés de Paris de neuf lieues françaises, en moins de deux heures, vitesse à laquelle on ne peut même pas comparer le vol des oiseaux. Cette découverte extraordinaire a été inscrite dans les procès verbaux de l'Académie, dans les archives du royaume, et communiquée à toute l'Europe. L'inventeur a été comblé de présents et anobli par le roi. Il ne reste plus qu'à trouver la manière de gouverner le ballon et de le diriger à la volonté de celui qui le monterait, comme les bateaux sur l'eau, alors les hommes navigueraient dans l'air comme sur la mer. Beaucoup de gens prétendent que cette seconde invention est impossible; d'autres la croient aussi possible que la première; quoi qu'il en soit, l'académie de Lyon a proposé un prix de 400 piastres [1] à celui qui

---

1. A cette époque, les piastres avaient une valeur plus grande que les francs; du temps d'Ali-Pacha, elles valaient jusqu'à 3, 4 et même

trouverait le moyen de diriger ces vaisseaux aériens, nouvellement inventés.

M. Charles rapporte que, se trouvant à cette hauteur excessive, il a ressenti un froid si grand que la plume qu'il tenait pour noter ses observations météréologiques était tombée de ses doigts. Cette découverte a donné lieu à quelques faits risibles, car, dans beaucoup de villages où les ballons descendaient, les habitants, hommes rustiques et n'ayant encore aucune idée d'un pareil phénomène, en voyant de si grandes masses dirigées par des hommes descendre sur leurs têtes, s'enfuyaient tremblants et épouvantés, en faisant des signes de croix comme s'ils étaient poursuivis par des démons. Je vous préviens de cela pour que vous ne soyez pas étonné si vous me voyez un beau jour descendre en ballon sur votre toit. Quelques membres de la famille royale auraient voulu y monter, mais le roi ne l'a pas permis, à cause des dangers qu'ils auraient pu courir. Les avantages que l'on attend de cette découverte, si on vient à trouver le moyen de diriger les ballons, seraient de faire rapidement beaucoup de voyages, ou, pour mieux dire, de voyager dans les airs dans un très-court espace de temps, ce qui contribuerait beaucoup à abréger tout ce qui se fait par courrier. Si même ce moyen ne se trouve pas, cela pourra toujours servir, comme on se l'imagine, avec ou sans raison, je ne sais, à faire des signaux nocturnes d'un camp à un autre, en temps de guerre, pendant des siéges de remparts, etc.; et, en temps de paix, pour des observations météorologiques faites par des physiciens.

J'aurais encore beaucoup de choses à vous dire, mais je vois que mon papier est déjà rempli ; le sommeil appesantit mes paupières de sorte que je me vois obligé de mettre un terme à ces observations physiques pour parler aussi un peu de politique.

L'impératrice a l'intention d'aller, dit-on, le printemps

---

5 francs de France ; maintenant la piastre ne vaut guère plus de 20 centimes.

prochain en Crimée pour y ceindre solennellement la couronne de ce royaume, et ajouter à ses autres titres illustres celui de reine de la Chersonnèse Taurique.

L'empereur se trouve présentement en Italie ; il est allé jusqu'à Rome, et a fait une visite inattendue et amicale à Sa Sainteté, le souverain Pontife de Rome. Les préparatifs de ces deux empires sont effrayants, et annoncent de grands évènements dans les affaires de l'Europe. Pendant son voyage de Crimée, l'impératrice doit passer par Vienne pour s'entretenir directement avec l'empereur, son allié.

L'Angleterre se trouve dans un grand embarras, parce qu'il est fort à craindre que l'Irlande ne s'en détache comme l'Amérique ; la chute ou du moins l'amoindrissement de ce royaume m'affligerait beaucoup, car l'Angleterre est le seul coin de l'Europe où se conservent encore la liberté, la vérité et la libre parole, où la flatterie n'a pas de prise, où le pauvre peut tenir tête à l'oppression et à l'orgueil des riches, où..... mais que faire ? Je n'ai plus de papier, bonne nuit !

Bonjour !

Mon cher et très-savant protopsalte, cet empereur fait des prodiges ; vigilant dans le gouvernement de son empire, il rend tous les jours de nouveaux décrets, tous pour le bien de ses sujets. Un de ces derniers décrets est celui qui a rapport aux tribunaux et à leurs décisions, réglant la manière dont elles doivent être rendues à l'avenir, pour que son peuple ne soit pas victime de la partialité des juges et de la cupidité des avocats.

Un autre décret abolit la mauvaise loi de la servitude qui régnait en Bohême, où les seigneurs avaient pour serfs les agriculteurs et les paysans : « Je veux (ce sont les propres paroles de l'empereur), je veux, dit-il, avoir la gloire de régner sur des peuples libres, et je ne veux pas d'esclaves dans tout mon empire. » L'assemblée des archevêques et des évêques, qui s'est réunie à Vienne par son ordre, a commencé ses séances et a aboli plusieurs ordres religieux qu'on appelait mendiants, parce qu'ils allaient, la besace sur les épaules, et mangeaient le pain des imbéciles laïques.

Un évêque en Hongrie a été condamné par un tribunal hongrois pour son gouvernement tyrannique et sa haine insensée contre les hétérodoxes, c'est-à-dire les Grecs et les protestants. Lorsque la décision rendue contre ce mauvais pasteur fut présentée à la signature de l'empereur, celui-ci la signa en latin en ajoutant ces paroles : « Je suis d'accord avec le tribunal, et, par dessus tout, je recommande à chacun la douceur et l'amour qui est la première et la meilleure loi de Jésus. »

Peut-être avez-vous appris déjà que le roi d'Angleterre est devenu fou; le Parlement ne sait que faire. L'illustre Fox, que je compare à Eschine, veut que le sceptre passe à l'héritier légitime jusqu'à ce que son père ait repris sa raison; et cela, parce qu'étant l'ami de l'héritier présomptif, il espère devenir premier ministre à la place de Pitt. Mais Pitt, que je compare à Aristide, ne regardant qu'au seul bien du pays, dit que si le roi était mort, son fils alors, d'après les lois, serait son successeur, mais, comme le roi n'est que malade et qu'on espère qu'il pourra se rétablir, d'après l'avis rendu sous serment par six médecins devant le Parlement, le Parlement seul a le droit de choisir provisoirement un vice-roi, celui qui lui plaira, soit le fils, soit la reine, ou bien tous les deux ensemble. Mais que fait le peuple, qui hait Fox et ses partisans? Il le charge, tous les jours, dans les journaux, d'injures ramassées dans la boue, et conseille sans cérémonie, dans les mêmes gazettes, à l'héritier présomptif, s'il est élu vice-roi, de se bien garder de changer le *vizir* de son père, s'il veut être aimé du peuple, comme l'était son père. Voyez, mon cher, quelle liberté! Cette sainte liberté a aussi régné à Athènes; mais alors, comme on n'avait pas de journaux, les Athéniens répandaient leurs plaintes toutes chaudes sur le théâtre, contre ceux qui étaient au pouvoir; les comédies d'Aristophane en sont remplies. Si, par hasard, des marchands d'huile ou de charbon arrivaient à l'administration de la chose publique, aussitôt il les jouait sur le théâtre en les appelant par leurs noms propres, en les désignant par le nom de leurs métiers, et il dévoilait tous leurs vices.

Ainsi, une fois, la foule imbécile élut un de ces tanneurs (que vous appelez à Smyrne Ταμπάκιδες) comme chef de la communauté[1]. Le bon Aristophane prit à partie ce nouveau démogéronte[2] en disant :

> Il a acheté comme nouvel esclave, corroyeur paphlagonien,
> Coquin fieffé, la calomnie en personne[3].

Et à ceux qui l'avaient choisi bêtement, il adresse ces petits vers d'où coule le miel :

> O peuple, tu as maintenant
> Un bon gouvernement, puisque
> Tout le monde te craint comme
>   Un tyran ;
> Mais tu es docile,
> Facile à conduire ; tu aimes
> Qu'on te flatte et qu'on te dupe, tu restes
> La bouche béante devant
> Celui qui te parle, et ton
> Esprit bat la campagne[4].

VIII

Montpellier, 29 octobre 1787.

Mon cher Protopsalte,

.....Et il n'y a certes pas de plus grande sottise pour un homme que d'être en désaccord avec les siens, tandis qu'il recherche et cultive la bienveillance des étrangers qui ne

---

1. Προεστώς, le président.
2. Le conseiller municipal ; c'est encore le nom qu'il porte maintenant en Grèce.
3. Aristophane, *les Chevaliers*, scène Ire, v. 44-45.
4. Aristophane, *les Chevaliers*, v. 1115 et suiv.

lui sont de rien. Vous aussi, vous avez trouvé votre tourment en moi ; mais qu'y faire, mon ami? Encore un peu de temps, et j'espère que nous serons délivrés tous les deux, moi de mes maux, et vous de moi : souvent, mon cher, dans mes pénibles insomnies[1], et ces insomnies sont fréquentes, surtout l'hiver, lorsque les nuits sont longues, je passe le temps à songer à mes souffrances. Lorsque je me mets à les énumérer, toutes une à une, en commençant par celles de ma plus tendre enfance, telles que les corrections que m'infligeait mon père, à cause de mon manque d'ordre dans la maison, et les coups de bâton qu'on me donnait à l'école pour me faire apprendre la grammaire, et que, passant ensuite à des choses plus douloureuses, mon association avec Eustathe, mon voyage en Hollande, mes excursions en Allemagne et en Italie, la perte de ma fortune, mon second voyage en France, lorsque, dis-je, j'énumère tout cela, ou au moins ce qui m'en revient à la mémoire, il me semble entendre la voix d'un Être invisible me dire : « Ingrat, si la Providence t'a éprouvé de mille façons diverses, elle t'a fait cependant aussi de grandes grâces. » Et alors je commence, à l'inverse, à énumérer les faveurs de la Providence, et je vous assure, mon ami, que, dans ce calcul, j'ai toujours trouvé le nombre des biens supérieur à celui des maux. En me consolant ainsi avec ces pensées, je m'endormis une nuit vers le matin, et je vis en songe un spectacle curieux et bien fait pour consoler non-seulement ma chétive personne, mais tous ceux qui, comme moi, sont cruellement éprouvés. Un Ange, descendant du ciel, apparut au-dessus de mon lit ; sa taille était colossale ; il tenait en main une balance, comme celle dont on se sert quelquefois pour peser le bois devant la porte de la douane. — « Tu te plains, me dit-il, de l'injustice de la Providence à ton égard? Eh bien, voici la Balance de la Justice ! Mets d'un côté tous les maux que tu as soufferts dans ta vie, et prends bien garde d'en oublier aucun. » — Moi, d'une part, tremblant

---

[1]. Ce passage se trouve tout entier dans le 1er recueil, p. 94 à 98.

comme si j'allais commettre une impiété, mais, de l'autre, désirant me justifier, je commençai avec un grand empressement à charger un des plateaux de la balance de tous les maux que je pouvais imaginer, et, de peur d'être vaincu par l'Ange, j'en ajoutai encore beaucoup d'autres de peu d'importance et indignes d'être mentionnés, comme, par exemple, d'avoir été obligé d'aller quelquefois jusqu'à Kougloutza[1] à pied ; d'avoir fait un jour une chute dans notre escalier, rien que trois ou quatre marches, si ma mémoire est bonne, sans autre accident que d'avoir cassé un verre que je tenais en mains. En peu de mots, je chargeai le plateau, autant que je le pus, de mes maux réels ou imaginaires. Ce qui m'étonnait, c'était que l'Ange ne disait rien à tout cela ; il faisait même semblant de ne pas s'apercevoir de mon subterfuge. Lorsque j'eus fini de ramasser tous mes maux — « As-tu quelque chose à ajouter? me dit-il. — Non, répondis-je en tremblant. — Eh bien, dit-il, tu as surchargé le plateau de la balance de tout ce que tu as voulu, et je ne me suis opposé à rien : je vais mettre maintenant dans l'autre plateau les dons que Dieu t'a faits, mais seulement avec ton assentiment ; je te permets de t'opposer à ce qu'il te plaira, soit relativement au poids, soit au degré d'importance que tu trouveras à ce bienfait. » Il commença donc, mon ami, à entasser tous les dons de Dieu ! Et quels dons ! Ceux-là même auxquels nous ne pensons jamais, tant l'égoïsme nous aveugle. Il jeta dans la balance, comme un bienfait de Dieu, et la vie, et les moyens d'existence ; et, en plus, que je n'étais pas encore mort malgré mes nombreuses maladies ; en me voyant alors étonné de cela : — « N'as-tu donc jamais lu l'Écriture ? » me dit-il. — Au contraire, lui répondis-je, car j'ai même traduit un catéchisme dans lequel j'ai rassemblé les plus belles sentences de l'Écriture. » — « Parmi celles-là, reprit-il, il faut que tu aies trouvé aussi celle-ci : — « Car, cependant, nous vivons, et nous agissons, et nous sommes en lui. » — Mais quelle mau-

1. Village dans les environs de Smyrne.

vaise inspiration, mon cher protopsalte, j'avais eue de lui rappeler mon catéchisme ! Ne voilà-t-il pas qu'il en prend un exemplaire (je ne sais pas, par exemple, où il l'a pu trouver si vite) et qu'il le jette dans la balance, comme un présent de Dieu, cela aussi. Je voulais m'y opposer, alléguant toutes les peines que je m'étais données pour le traduire, et m'efforçant de prouver que cela était un travail véritablement personnel et nullement un cadeau d'un autre : mais il me coupa la parole par : — « Sans lui, nous ne pouvons rien faire. » — Et par : — « Tout présent parfait descend d'en haut. » — Et par : — « Vouloir et pouvoir viennent de Dieu ! » — Et par mille autres citations de l'Ancien et du Nouveau Testament. J'admirais, mon ami, comme l'Ange était ferré sur les Écritures ; où donc les avait-il lues ? car (comme vous le savez) il n'y a dans le ciel ni livres ni imprimeurs. Il fit monter ensuite sur le plateau de la balance mes parents défunts, avec l'empressement qu'ils avaient mis à me procurer tous les moyens de m'instruire ; il y fit monter les excellents membres de ma famille et mes bienfaiteurs, comme autant de présents de Dieu. Le plateau commençait à pencher : moi, j'étais tout tremblant, en me souvenant du : — « Aucun vivant ne se justifiera devant toi. » — Enfin, il y fait monter Dom. Keun ; à tout cela, je n'avais rien à dire. Ensuite je vous vois, vous-même, aux côtés de l'Ange, et tout prêt à monter sur le plateau. Alors, en vérité, je commençai à craindre de rester confondu, d'autant plus que je vous voyais, à cause du froid (car on était en plein hiver), revêtu ou plutôt écrasé sous le poids de deux très-lourdes pelisses et la tête couverte d'un kalpack, non pas comme ceux que portent aujourd'hui les Chiotes, mais comme les anciens que portaient feu Théodore Sacanas, Hadji Pantélis, et d'autres avant eux. Ouais ! me disais-je à part moi ! Si le protopsalte va monter avec tout cet attirail, le plateau va baisser tout-à-fait. N'ayant rien de mieux à faire, je dis à l'Ange que je ne consentirais jamais à vous laisser monter ainsi sur le plateau de la balance ; mais lui, mon maître, sans perdre de temps, se mit à vous dépouiller de tous vos vêtements l'un après l'autre, en commençant par la pelisse et finissant par la chemise, de sorte qu'il vous laissa nu, tout nu, comme l'enfant qui sort du sein de sa mère, et comme nous retournerons à la terre, notre mère commune. Malgré toute l'inquiétude où je me trouvais, je ne pouvais m'empêcher de rire, non-seulement à cause de l'état de nudité dans laquelle je vous voyais, mais encore de l'indignation que vous aviez et des malédictions que vous répandiez contre moi, à cause du froid. En fin de compte, il vous fit monter dans le plateau, tout nu, comme je vous voulais : mais à quoi bon ? Malgré cela, la balance penchait jusqu'à terre. Et l'Ange voulant m'humilier davantage : — « Tout cela, me dit-il, tout ce que j'ai entassé sur le plateau, n'est même pas la centième partie des bienfaits dont la Providence t'a comblé, et cependant cela emporte tous les maux que tu as soufferts, ou que tu t'imagines avoir soufferts. Sois donc plus reconnaissant, et rappelle-toi toujours la sentence : « Que rendrai-je au Seigneur pour tous les bienfaits dont il m'a comblé ? » — Ces paroles furent la morale de mon songe. Ensuite l'Ange s'envola dans les cieux avec tant de rapidité que, si je ne vous avais pas saisi par les pieds pour vous tirer de la balance, il vous aurait certainement emporté avec lui, et Dieu sait si vous en seriez jamais revenu. J'ai fait cela, non pas que je fusse jaloux de votre ascension au ciel, qui vous aurait valu d'être placé à côté d'Hénoch et d'Élie, avec l'addition d'une nouvelle fête dans le calendrier ; mais c'est que je n'aurais su que devenir sans vous. Vivez donc heureux, et restez encore sur la terre pour votre famille et pour votre ami.

Et moi aussi[1], je partage votre opinion sur..... Si ce qui court sur son compte est vrai, très-certainement, mon cher, ce n'est pas un seul démon qui le possède, mais une légion de démons. Cependant n'en soyez pas étonné, l'histoire ancienne et moderne est pleine de choses étranges sem-

---

1. Ici reprend la lettre du second recueil.

blables, et nous sommes tous sujets à de pareilles hallucinations.

> Car je vois que nous ne sommes pas autre chose,
> Nous tous qui passons, que des fantômes, ou des ombres légères[1].

Je vous ai écrit le 21 juin, mais cette lettre, Dieu sait quand vous la recevrez. Pour éviter les dépenses de la poste, je l'ai remise à un ami qui devait se rendre à Marseille directement, je le croyais du moins ; mais cet ami a passé par beaucoup d'autres villes, et s'est promené, avec ma lettre, sur toute la terre qu'éclaire le soleil ; il y a donc quelques jours à peine qu'il est arrivé à Marseille, à ce que j'ai appris. Je vous dis cela pour que vous n'accusiez de ce retard ni Français ni Maltais, mais la maudite pauvreté,

> Le plus funeste de tous les animaux
> Qui ait jamais été créé[2].

.....Peut-être vous paraîtra-t-il étrange que j'aie accumulé tous mes titres avec ma signature au bas de cette lettre, moi qui ai l'habitude souvent de ne pas écrire même mon nom. Mon cher, « la vie est la considération ». Et cette considération, quoiqu'elle ne soit souvent qu'un simple préjugé, fait une grande impression sur les riches et sur les puissants. Ni votre savoir ni vos qualités n'ont autant de force sur eux que vos titres.

La chose sans le nom trouve difficilement un bon accueil, tandis que le nom sans la chose réussit souvent ; et celui qui possède la chose et le nom réussit plus par le nom que par la chose. Moi-même, croyez-moi, quoique j'aie en horreur ces préjugés, lorsque vous oubliez d'ajouter le mot de « protopsalte » à votre signature, je ne lis plus vos lettres avec le même plaisir. Lorsque vous aviez l'habitude de mettre ce titre après votre nom, je m'en glorifiais, et me croyais, l'insensé ! quelque chose de grand parce que j'étais EN CORRESPONDANCE AVEC LE PREMIER CHANTRE DE SMYRNE. Ni votre sincère amitié, ni la

1. Vers tragiques.
2. Aristophane, *Plutus*.

reconnaissance que je vous dois pour tout ce que vous avez fait et tout ce que vous faites encore pour moi, ne faisaient autant d'impression sur mon âme que l'idée que j'avais pour ami un « protopsalte ». En voilà assez sur la considération et les préjugés. Quant à mon nouveau titre, sachez, mon ami, que, le 16 mai, l'Académie royale des sciences d'ici me l'a donné par écrit et sur parchemin; Dom. Keun vous dira en détail ce que j'omets là-dessus pour abréger. Mais, je vous prie, pourquoi donc avez-vous dit à M. Keun qu'on devrait me donner ce titre-là? Vous n'avez pas certainement, malgré toutes vos vertus, le don de prophétie. Pourquoi donc m'avoir jugé digne d'un tel honneur? Vous n'avez aucune raison pour cela, mon cher. Seule la Providence divine l'a voulu ainsi, pour adoucir l'amertume de mes souffrances par quelque douceur bienfaisante. Cette Académie n'est pas la même que l'Académie de médecine et tous ceux qui sont médecins n'ont pas ce titre : elle est une réunion excellente de savants; à ses séances, qui ont lieu une fois par semaine, ne prennent part que ceux qui en sont membres; outre ce privilége de prendre part aux séances de l'Académie, j'ai encore le droit de faire imprimer mes ouvrages avec le privilège royal de l'Académie et, en quittant la France, de correspondre par lettres avec elle, comme l'indique le titre de correspondant.

Voyez dans quelles longueurs, dans quelle prolixité de détails vous m'obligez d'entrer. Pourquoi? — Parce que j'espère que la vanité de correspondre avec un correspondant de l'Académie augmentera votre bienveillance à mon égard, et vous obligera à vendre enfin la montre que vous gardez depuis si longtemps, je ne sais dans quelle intention.

Vous me demandez des plaisanteries. Je ne sais ce que vous entendez par là. Si vous me demandez des plaisanteries graveleuses, ce que les Chiotes appellent des μετριάσματα, je suis étonné de votre demande. Quand donc m'avez-vous vu dire des choses inconvenantes? Mais, si j'avais jamais eu ce défaut, mon âge et mes malheurs auraient dû me corriger. Attendez encore quelques années, et alors vous verrez en moi d'autres plaisanteries, c'est-à-dire ce que l'on appelle communément des radotages. Par exemple, n'est-ce pas un radotage de votre part (quoique par votre âge vous en soyez encore bien loin) d'obliger votre savant docteur à vous traduire un petit ouvrage sur « les devoirs du médecin[1] »? A quoi cela vous servira-t-il, de grâce? Passe encore si c'était sur les devoirs du chantre!

IX

3 décembre 1787, à Montpellier.

Mon très-cher Protopsalte,

Après m'être ennuyé, indigné, avoir désespéré de recevoir encore de vos lettres, on m'a remis enfin celle du 30 août. Je l'ai ouverte avec un grand empressement, espérant y trouver un remède à mon ennui, une consolation à mon indignation et de meilleures espérances contre mon désespoir; mais qu'y ai-je vu? Ç'a été un coup plus terrible que le premier, ou, pour mieux dire, un coup de foudre qui m'a laissé à demi mort et tout à fait hors de moi-même, sans connaissance, durant plusieurs heures. Cette lettre m'a été remise pendant que j'étais à déjeuner, lorsque j'avais la plus grande envie de manger. Mais les premiers mots m'ont coupé l'appétit, et j'ai été obligé de quitter la table et de rester à jeun jusqu'au soir. A cette lettre si tragique, je réponds donc moi aussi sans suite, comme vous l'avez écrite, et sans autre ordre que celui de la mémoire.

Le malheur commun de la patrie m'a fort affligé, mais plus encore celui de mes amis dont vous me parlez. Les

1. En 1787, Coray publia, à Montpellier, une traduction en français d'un ouvrage allemand, *la Médecine clinique*, de Selle, ainsi que quelques autres ouvrages de médecine, traduits de l'allemand et de l'anglais en français (voyez son autobiographie).

morts de Stavrinos Montzourani et de K. Scourzos m'ont paru plus terribles encore qu'elles né le sont par elles-mêmes, à cause des circonstances extraordinaires qui les ont accompagnées toutes deux, circonstances qui pourraient donner lieu à beaucoup d'explications, de commentaires et de remarques que je n'ai ni le temps ni le courage de vous communiquer pour bien des raisons. Le premier, Stavrinos, sans qu'il y ait de sa faute, est entraîné par la misère, qui fait tout entreprendre, à courir les mers pour transporter des reliques de saints, et il meurt. Le second, Scourzos, poussé par une charité sans bornes, découvre et examine les restes des morts, œuvre en apparence agréable à Dieu, et il meurt, lui aussi. Ceux qui ont envoyé le premier auraient dû se contenter des reliques qui se trouvent à Smyrne et des prières quotidiennes de l'Église, et ne pas chercher à augmenter le nombre des sacrifices qui ne sont point agréables à Dieu, lorsqu'ils ne sont pas faits selon la raison. « Je veux de la charité et non des sacrifices, » voilà ce que Dieu a dit. Mais le second, nous dira-t-on peut-être, était miséricordieux; pourquoi donc est-il mort? Parce que, mon ami, Dieu n'approuve pas la charité lorsqu'elle n'est pas faite selon la raison. La charité selon la raison est celle qui commence par la famille, comme dit saint Paul, et surtout « par les proches » ! Mais, pour me faire du bien, à moi qui ne te suis de rien, pourquoi laisses-tu impitoyablement ta femme veuve et tes enfants orphelins? Qui t'empêche de faire du bien aux hommes? Fais du bien aux vivants, et cela encore avec réserve et précaution pour ta vie et celle des tiens; mais, lorsqu'ils sont morts, qu'as-tu à faire alors de leurs froids cadavres? « Laisse les morts enterrer les morts? »

Et vous me dites encore qu'il y a des hommes qui admirent de telles actions; qu'ils me pardonnent, quels qu'ils soient, si j'ai bien plus de considération pour les paroles du Christ et de saint Paul que pour leurs jugements erronés. Vous me dites que le jour de sa mort a été pour vous un jour sombre, un jour de deuil et d'affliction, et moi, je vous réponds que le jour où j'ai reçu cette triste nouvelle a été pour moi un jour funeste; peu s'en est fallu que la fièvre ne me reprît, non-seulement parce que l'homme qui est mort a été pour moi un grand ami et un bienfaiteur empressé, mais aussi parce qu'il a eu une mort violente, insensée, contraire à la volonté de Dieu et à la saine raison. Mais je dis qu'il faudrait ici de plus grands commentaires que je n'ai ni le temps ni le courage de vous faire, et le peu que je vous en dis, je le dis, emporté par mon indignation et ma douleur. Vous seriez bien étonné si vous saviez quelles sont mes pensées en ce moment, pendant que j'ai la plume à la main et les larmes dans les yeux. Vous jugez très-sainement lorsque vous désapprouvez ces œuvres de piété déraisonnables ; restez toujours dans ces principes fermes et inébranlables, dictés par la droite raison et scellés par la religion révélée, quand bien même tout le monde penserait le contraire. Voilà ma pauvre cousine veuve et ses enfants orphelins. Ma main n'ose pas prendre la plume pour la consoler directement. Je vous prie donc de lui parler et de la consoler de ma part. Dites-lui de redoubler de patience pour prouver au monde que, si la folie renverse les maisons, la sagesse les réédifie. Dites-lui qu'elle n'est pas seule dans l'affliction ; qu'elle jette les yeux autour d'elle ; que verra-t-elle autre chose que des malheurs, des misères? Mais que vais-je chercher des exemples ailleurs! Qu'elle pense à l'état de notre oncle ; si ma cousine a eu de mauvais jours pendant presque tout le temps de son mariage, elle en a eu cependant de bons avant cette époque, pendant qu'elle était jeune fille, dans la maison de son père. Mais notre malheureux oncle a commencé à être abreuvé de malheurs dès son bas âge, en même temps qu'il suçait le lait maternel, à cause des dissensions de famille qu'elle connaît bien, et il peut bien dire, sans faire injure à la divine Providence qui fait toutes choses pour le mieux, qu'il n'a pas su, dans tout le cours de sa misérable vie, ce que c'est que le bonheur!.....

Voilà ce que je vous prie de lui dire de ma part.

Je vous remercie, mon cher ami, des soins assidus que

vous prenez de mes affaires, et de l'empressement continuel avec lequel vous m'écrivez en détail tout ce que vous croyez nécessaire que je sache. Je vous prie de me continuer jusqu'à la fin cette bienveillance que vous m'avez montrée par pure bonté depuis que vous me connaissez, sans que j'en sois digne. C'est la seule consolation à mes malheurs que la constante bonté de mes amis, et, si elle venait à me manquer, je ne sais si je pourrais m'empêcher de tomber dans le désespoir.

Dom. Keun ne manque jamais, dans aucune de ses lettres, de relever mon débile courage, de fortifier ma faiblesse ; en un mot, il s'efforce de toutes les façons possibles de me soutenir, au moment où je chancelle et où je cours à tout instant risque de tomber.

X

De Montpellier, 15 janvier 1788.

Mon très-cher monsieur Dimitrios,

D'après le grand plaisir que vous avez éprouvé en apprenant mon nouveau titre, je conclus (et c'est certes probable) que je vous suis cher. Mais, d'un autre côté, je pense que peut-être la cause de ce plaisir n'est que votre amour-propre, et que vous vous réjouissez, non pas tant de l'honneur que j'ai reçu, que de voir votre prophétie accomplie. Quoi qu'il en soit, mon cher ami, je vous remercie du fond du cœur de votre bienveillance à mon égard, mais cependant à la condition que vous ne prophétiserez plus, car je vous assure que, si vous vous mêlez encore une autre fois de prédire l'avenir, j'aimerais mieux rester comme je suis, sans rien obtenir de plus, que de devenir même roi de France. Ma mauvaise fortune aussi a voulu que ma lettre vous arrivât le jour même de votre fête chose que, depuis notre séparation, j'évite toujours à dessein, écrivant mes lettres de manière qu'elles arrivent ou bien avant ou bien après votre fête. Je sais très-bien ce que vous êtes naturellement, et ce que vous devenez le jour de votre fête. Saint Dimitrios lui-même, avec toute sa bravoure militaire et son noble coursier, n'a jamais été aussi fringant que vous l'êtes ; vous vous pavanez le jour de votre fête. Combien avez-vous dû vous montrer plus fier encore, ayant en main une lettre de votre ami! Il me semble vous voir, avec votre chibouk à la bouche, entouré de vos amis fumant aussi leur chibouk, enveloppé d'un nuage très-épais de la fumée qui s'élève de la cheminée des pipes et noircit le plafond de votre chambre, déclamant, lisant, fier, heureux du présent et prédisant l'avenir. Cela, mon cher, est une véritable comédie, dans laquelle vous vous moquez de votre ami en croyant le louer.

Pour l'amour de moi, mon cher ami, une autre fois ne lisez pas mes lettres le jour de votre fête.

J'ai vu tout ce que vous avez souffert pour la montre ; tout ce que vous avez dit au courtier, tout ce que le courtier vous a répondu ; la peine qu'a prise l'horloger pour la mettre en état ; celle que vous vous êtes donnée pour la porter de l'horloger au courtier, et du courtier à l'horloger, peine grande et excessive que je ne partage pas cependant avec vous ; je ne vous plains nullement, parce que ces tourments-là sont volontaires et que vous ne pouvez en accuser ni Dieu ni la fortune. Dès que vous l'avez eue entre les mains, cette malheureuse montre, vous avez cru avoir un trésor qui vous a paru, je ne sais comment, plus précieux que des perles et des diamants.

Je partage cependant votre peine, et je vous plains beaucoup de vos véritables tourments. Je vous plains de ce qu'on a diminué votre salaire, à cause de votre famille, et à cause de l'impossibilité où vous êtes d'équilibrer vos dépenses avec vos revenus. Il faut de la patience, mon cher ami, et de la confiance dans la divine Providence. Dieu seul est le véritable ami et le protecteur de ceux qui souffrent des injustices, lorsque ceux-ci ne murmurent pas ; c'est lui qui élève les humbles et renverse les orgueilleux : — « J'étais jeune et j'ai vieilli, et je n'ai jamais vu un juste abandonné, ni ses enfants demander leur pain. » — Paroles admirables que je préfère toujours à tout ce qu'a dit David.

Je ne sais quelles raisons vous aviez d'accuser d'envie l'Allemand[1], l'auteur du livre que j'ai traduit. Ces gens-là, mon ami, ne sont pas comme vous les croyez : non qu'il n'y ait ici des envieux ; tous les vices, toutes les méchancetés qui se trouvent chez nous, se rencontrent également en Europe, en Afrique, et partout où il y a des hommes. Mais ici les vices ne sont pas aussi nuisibles que là-bas, parce qu'ils sont tenus en bride, pour ainsi dire, par la sagesse et la prudence. Nos malheureux concitoyens ont perdu, avec la liberté, la sagesse ; s'ils sont bons, il manque à leur bonté les lumières, car ils ne connaissent même pas leur religion ; si, par malheur, ils naissent méchants, ils se trouvent sans frein contre toutes leurs passions, parce qu'ils n'ont rien qui les arrête : ni le frein de la religion qu'ils ignorent, ni celui de la droite raison qu'ils n'ont jamais consultée.

Je suis bien fâché que vous n'ayez pas connu là-bas mon ami l'académicien de Paris, homme plein de sagesse et de prudence[2]. Il sait, mon ami, à lui seul, plus de grec que n'en savent cent Grecs du Levant, sans compter les autres langues et les autres sciences. Et cependant il est modeste comme s'il ne savait rien. La semaine dernière, j'ai reçu de lui une lettre pleine d'une sincère amitié. Il m'invite, mon ami, à aller à Paris ; qu'en dites-vous ? M'en donnez-vous le conseil, oui ou non ? Paris est en réalité et est considéré aujourd'hui comme une nouvelle Athènes en Europe, et généralement vous savez quelle considération avaient pour Athènes nos ancêtres ; hélas ! nous

---

1. Le docteur Selle.
2. Cet ami doit être d'Ansse de Villoison, qui avait accompagné en Grèce l'ambassadeur de France à Constantinople, M. de Choiseul-Gouffier.

osons encore nous nommer les descendants de ceux dont nous n'avons rien hérité !

> Si tu n'admires pas Athènes, tu n'es qu'une bûche ;
> Si tu l'admires sans la rechercher, tu es un âne ;
> Si elle te plait et que tu la repousses, tu es un âne bâté[1].

Ce savant ami, mon cher, ne se contente pas de connaître le grec ancien ; dans le très-peu de temps qu'il a passé en Grèce, il a appris le grec moderne, et me prie de lui écrire dans cette langue.

Par son entremise, j'ai acquis, ces jours-ci, un ami très-savant, très-noble et très-saint. Et voici de quelle manière. C'est l'évêque d'Agde[2]. Vous savez qu'Agde se trouve en France et près de Montpellier, comme Magnésie est près de Smyrne ; peut-être ignorez-vous qu'ici les évêques sont non-seulement, pour l'ordinaire, instruits, mais encore nobles, c'est-à-dire qu'ils appartiennent aux premières familles du royaume. Donc cet évêque d'Agde, savant autant qu'aucun autre, sachant le grec, l'hébreu, le chaldaïque et plusieurs autres langues, noble, appartenant à une des plus anciennes familles de France, — car son cousin est duc, — membre de l'Académie des Inscriptions et Belles-Lettres

---

1. Vers de Lysippe cités par Dicéarque, περὶ τῶν ἐν Ἑλλάδι πόλεων. — (*Fragmenta historicorum græcorum* Car. Müller, volumen secundum, édit. Firmin-Didot.)

2. L'évêque d'Agde (Ἀγάθη) était Monseigneur de Rouvray de Sandricourt de Saint-Simon (Charles-François-Siméon), né le 5 avril 1727, à Paris, décapité le 26 juillet 1794. Il avait été nommé à l'évêché d'Agde (Hérault) le 8 mars 1759. Son érudition le fit recevoir le 18 février 1785 à l'Académie des Inscriptions et Belles-Lettres. Assailli par la populace dans son palais épiscopal en juin 1791, il quitta Agde et vint habiter Paris. Sous la terreur, il fut arrêté comme suspect et condamné, après plusieurs mois de détention, à la peine de mort. Il fut exécuté le jour même.

Sa bibliothèque, très-nombreuse, et très-riche surtout en livres sur les antiquités, fut saisie, transportée à Béziers et vendue à son frère, le bailli de Saint-Simon, qui la revendit au médecin Barthez, après la mort duquel elle vint enrichir la bibliothèque de la Faculté de médecine de Montpellier. Ce prélat, malgré sa vaste érudition, n'a rien publié.

de Paris, très-illustre et très-brillant seigneur, s'est trouvé, par hasard, dans une grande maison de cette ville, où j'ai l'habitude d'aller assez souvent. Le maître de la maison, dans sa bonté et sa bienveillance à mon égard, lui a beaucoup parlé de moi, en ajoutant que j'étais en correspondance avec deux académiciens de Paris. Monseigneur d'Agde ne perd pas de temps, demande mon adresse, et vient immédiatement chez moi, avec toute sa suite. Moi, tout étonné d'une pareille visite, si inattendue, je crus d'abord qu'il s'était trompé et qu'il était entré dans ma chambre par erreur; je ne le connaissais pas, je ne l'avais jamais vu, mais je connaissais sa réputation. Enfin, voyant ma stupéfaction, il m'a dit : — « Je suis l'évêque d'Agde ; me trouvant dans la maison d'un de vos amis, j'ai appris votre nom, j'ai entendu dire du bien de vous et j'ai voulu vous connaître personnellement. » — Et ces paroles, mon cher, sont sorties de sa bouche avec une douceur, une simplicité et une humilité incroyables. Il s'est assis alors et a causé avec moi pendant presque une heure et demie. Nous avons beaucoup parlé et sur beaucoup de sujets. Je lui ai donné ma thèse et un exemplaire de la traduction que j'avais faite. Ensuite, la conversation a roulé sur les choses ecclésiastiques. Que convenait-il que je fisse alors ? Bien que vous soyez prophète, je suis certain que vous ne le devinerez jamais. J'ai ouvert mon armoire, j'ai tiré un exemplaire de mon catéchisme de Moscou, et un autre de ma *Synopsis* (paroissien), et je lui en ai fait présent. Il a accepté le tout avec une très-grande bienveillance, et avec une politesse mêlée d'étonnement. Après cela, il est parti, très-content, en m'invitant à aller souvent chez lui, ce que j'ai fait. Maintenant, il est parti pour son évêché. Peut-être vous paraîtra-t-il étonnant que je lui aie offert un catéchisme de l'Église d'Orient, où se trouvent plusieurs choses contraires à l'Église d'Occident. Mais vous n'en seriez pas étonné, si vous connaissiez les savants de l'Europe . . . .

..... Si vous saviez, mon ami, combien je suis affligé, et combien je suis malheureux de travailler pour des étrangers[1], dans un temps où il me semble possible et juste d'offrir les prémices de mes travaux à mes compatriotes, si mes compatriotes avaient un véritable amour du bien, et s'ils savaient par où il faudrait commencer! Cependant nous ne devons pas nous désespérer. *Allah Kerim!* (Dieu est grand) voilà ce que je dis en turc, moi aussi ! parce que c'est la phrase que vous employez, oubliant, à ce qu'il paraît, que notre langue a le Ἔχει ὁ Θεός bien plus doux à l'oreille, que ces mots, trois fois barbares, *Allah Kerim!*

Attendez-vous à de grands évènements, à des évènements extraordinaires. Quoi qu'il arrive, il paraît impossible à ma faible intelligence qu'il n'y ait pas bientôt quelque révolution comme on n'en a jamais vu. Portez-vous bien, et soyez prudent comme un serpent, car les temps sont mauvais pour une foule de raisons.

XI

De Montpellier, 3 mai 1788.

Mon cher ami, salut !

Une circonstance imprévue me force à aller à Paris, où j'ai l'intention de passer quelques mois pour faire des recherches indispensables à la Bibliothèque royale, et près des savants qui se trouvent là. Je n'ai pas le temps de vous en dire davantage.....

Écrivez-moi, à l'avenir, sur le papier léger de la poste, quelques mots courts mais substantiels. Portez-vous bien, mon ami, et aimez-moi toujours. Ne vous inquiétez pas de mon éloignement. J'espère qu'il ne sera pas inutile à l'honneur et au profit de la nation, si Dieu me prête vie et me donne une santé plus robuste.

Je pars demain, à la grâce de Dieu.

---

1. Coray, pour vivre, avait entrepris divers travaux de collation de manuscrits pour un Anglais, M. Holmes; il en parle souvent dans sa correspondance française avec Chardon de la Rochette.

XII[1]

Paris, 15 septembre 1788.

Mon cher Protopsalte,

Le 24 du mois passé, j'ai répondu à vos lettres du 31 janvier, 29 mars et 30 mai, mais à la hâte, parce que j'étais fort pressé. Et quoique, aujourd'hui encore, je n'aie guère de temps, je me suis cru cependant obligé par mon devoir envers vous et par le plaisir que j'éprouve toutes les fois que j'écris au protopsalte, et j'ai voulu, aujourd'hui dimanche, vous dire au moins quelques mots sur mon arrivée ici.

Depuis le 24 mai, je me trouve donc dans cette très-illustre ville de Paris, dans ce séjour de tous les arts et de toutes les sciences, dans la Nouvelle Athènes en un mot. Représentez-vous à l'esprit une ville plus grande que Constantinople, renfermant 800,000 habitants, une multitude d'académies diverses, une foule de bibliothèques publiques, toutes les sciences et tous les arts dans la perfection, une foule d'hommes savants répandus par toute la ville, sur les places publiques, dans les marchés, dans les cafés où l'on trouve toutes les nouvelles politiques et littéraires, des journaux en allemand, en anglais, en français, en un mot, dans toutes les langues. Figurez-vous, dis-je, la plupart des places et des rues de la ville, aussi peuplées que le carrefour[2] de Smyrne, le dimanche matin, à la sortie simultanée des deux églises ; ajoutez, à cette foule de piétons, une autre foule portée dans des voitures et courant de tous côtés avec

---

1. Cette lettre est la première du recueil des Lettres de Coray au Protopsalte de Smyrne publiées en 1838.

2. *Tristraton*. Ce carrefour est une petite place centrale, à Smyrne, où se vendent, à différentes époques de l'année, toutes les belles fleurs qu'achètent les personnes qui vont aux offices dans les églises de Sainte-Pothine (la métropole) et de Saint-Georges, qui se trouve derrière.

tant de rapidité qu'à peine a-t-on le temps d'éviter le danger d'être écrasé. Telle est la ville de Paris! Ces choses-là, mon ami, font une grande impression sur tout le monde; mais, pour un Grec, qui sait qu'il y a deux mille ans, ses ancêtres à Athènes étaient arrivés à ce même degré de civilisation (et peut-être à un degré supérieur), à l'étonnement se mêle la tristesse. Lorsqu'on pense encore que tous ces biens non-seulement se sont envolés loin de la Grèce, mais qu'ils ont été remplacés par des milliers de maux; que là où régnaient les lois les plus sages de Solon (dont, mon cher, j'ai entendu bien des fois prononcer le nom ici, par les savants de Paris, avec une espèce de culte), règnent aujourd'hui l'ignorance, la méchanceté, la violence, l'audace, l'impudence; lorsque, dis-je, un malheureux Grec voit ces choses et réfléchit au passé, alors, mon ami, sa tristesse se change en indignation et en désespoir.

J'avais, même avant de venir ici, et j'ai acquis depuis mon arrivée, beaucoup d'amis savants, surtout parmi les membres de l'Académie des Inscriptions et Belles-Lettres, hommes non-seulement érudits, mais honnêtes et sages appréciateurs des choses, qui ont pitié de l'état présent de notre nation. Mais tous les Européens ne sont pas de même : nous avons aussi beaucoup d'ennemis qui nous rendent responsables de nos malheurs, et peut-être n'ont-ils pas tout à fait tort! Cependant ils devraient être plus circonspects dans leurs jugements, en se rappelant surtout cette belle maxime d'un des sept sages de la Grèce : « Ne reproche rien à celui qui est à terre. » Ces gens-là, mon ami, non-seulement ne nous tendent pas une main secourable pour nous relever de notre terrible chute, mais ils cherchent encore tous les moyens d'empêcher les autres de nous secourir. Je suis surtout affligé, mon ami, d'un nouvel ouvrage qui vient de paraître ces jours-ci, écrit par le fameux philosophe de Berlin, de Pauw[1], qui accuse notre nation avec

---

1. L'ouvrage de Pauw, contre les conclusions duquel Coray s'est élevé si souvent (voyez le recueil des Lettres françaises à Chardon de

une cruauté inouïe, et qui, entre autres choses, dit ces terribles paroles : « L'oubli des lois politiques, l'ignorance et la superstition ont jeté, dans la race des Grecs, des racines si fortes et si profondes qu'aucune puissance humaine ne saurait plus les en arracher. » Voyez où il en arrive ! Quant à l'ignorance, aucun Grec, ayant le sens commun, ne saurait la nier; mais dire qu'aucune puissance humaine ne saurait guérir cette plaie, c'est une impudente calomnie. Les Grecs sont-ils donc tellement morts qu'il faudrait un miracle divin pour les ressusciter? Non assurément. Un homme savant[1], de mes amis, lorsqu'il m'a montré ce livre, et surtout le passage contre les malheureux Grecs : — «Voyez, m'a-t-il dit en plaisantant, ce qu'écrit de Pauw contre les Grecs? Qu'avez-vous à répondre à cela? —Après l'avoir lu: Reconnaissez-vous, lui ai-je dit, que je suis médecin? — Oui, me répliqua-t-il. — Convenez-vous que je sais un peu de littérature ? — Oui certes, parce que, outre la langue grecque, vous savez encore beaucoup d'autres langues de l'Europe. — Et cependant, lui répondis-je, tout cela s'est fait, avec le secours de Dieu, il est vrai, mais sans aucun miracle divin. Et il se trouve en Grèce des milliers de gens comme moi, médecins, littérateurs, grammairiens, etc.; vous voyez donc bien, mon ami, que M. de Pauw, quoique philosophe et écrivain admirable, ne sait pas ce qu'il dit à propos des Grecs, et qu'il calomnie avec impudence, sur un simple ouï-dire, une nation toute entière, sans la connaître. » Cette réponse lui fit beaucoup

---

la Rochette), était intitulé : *Recherches philosophiques sur les Grecs*, et avait paru en 1788, à Berlin, en 2 volumes.

Corneille de Pauw était un érudit hollandais, né en 1739, à Amsterdam, qui mourut le 7 juillet 1799, à Xanthen (duché de Clèves); il était le petit-neveu du grand pensionnaire de Witt et l'oncle du fameux Anacharsis Clootz, qui s'intitulait l'orateur du genre humain. Ses principaux ouvrages sont : *Recherches philosophiques sur les Américains* (1768-69, 3 vol. in-8); *Recherches philosophiques sur les Égyptiens et les Chinois*, Londres (Berlin), 1774, 2 vol. in-8; enfin les *Recherches philosophiques sur les Grecs* citées plus haut.

1. Villoison.

de plaisir, mais elle ne m'en fît pas autant à moi, mon cher Dimitrios, car je crains que notre nation ne reste encore bien des siècles dans cet état misérable, parce que je la vois tous les jours méprisée par les Européens, autrefois si barbares, et qui, s'ils ont aujourd'hui quelque notion de science et de sagesse, nous en doivent les premiers éléments, à nous, comme eux-mêmes, du reste, sont forcés d'en convenir.................. En voilà assez sur les guerres communes.

Mais vos luttes à vous, malheureux ami, quand finiront-elles ? Si j'étais à Smyrne, je baiserais la bouche de maître Dimitrios, pour les sages paroles qu'elle a dites à notre archevêque inspiré et plein du Saint-Esprit[1]. Je pensais que, moi seul, j'avais des visions qui cependant ne vous causaient aucun mal. Mais voici que la vôtre vous devient funeste. Serait-il vrai, mon ami, que c'est Dieu qui ait inspiré à ces gens-là l'idée de vous renvoyer de votre place sans raison ni justice? Malheur à nous si M. de Pauw de Berlin venait à connaître cela, et que ne dirait-il pas encore de plus contre les malheureux Grecs ! Maître Dimitrios s'est conduit en homme d'esprit et en véritable Grec, mais j'aurais voulu que lui aussi et ceux qui l'entourent se conduisissent toujours de même. Dites-lui de ma part que celui qui peut empêcher le mal, et qui ne l'empêche pas, est plus coupable que celui qui le fait. Les Européens, connaissant cette obéissance aveugle que nous avons pour les moines, nous méprisent et parlent contre nous à tort et à travers. Mais cela ne demande pas une bien grande phi-

---

1. Des recherches personnelles nous ont permis de retrouver le nom de l'archevêque de Smyrne avec lequel le pauvre protopsalte eut ces démêlés qui finirent pour lui par une révocation de ses fonctions. Or, quel ne fut pas notre étonnement en trouvant que cet archevêque de Smyrne, contre lequel Coray n'a pas assez de sarcasmes et d'invectives, était le patriarche Grégoire, qui fut pendant treize ans métropolitain de l'église de Smyrne (de 1784 à 1797), ce même patriarche qui, mis trois fois à la tête de l'Église grecque de Constantinople, finit par être pendu par les Turcs en 1821. Il fut ainsi le premier martyr de la révolution hellénique, et de la régénération nationale à laquelle Coray consacra toute sa vie.

losophie. Si, pouvant garrotter, je ne dis pas un homme, mais un lion dangereux, je ne le fais pas, seulement parce qu'il se trouve porter des vêtements noirs au lieu de rouges, je ne considère plus mon Dieu comme un Être suprême tout juste, tout sage et tout bon, mais comme une sorte de Jupiter, de Mercure, de Vulcain, en un mot une espèce de dieu de la mythologie, sujet à des milliers de passions déraisonnables, ainsi que moi-même. Au contraire, tout l'argent que reçoit injustement ce maudit religieux, toutes les larmes qu'il fait couler, il les paiera et en sera puni devant le Dieu très-juste, par les Bachatoridis, les Kanas, et les Kourmouzis, et tous ceux qui, ayant pu empêcher le mal, ne l'ont pas fait.

Je vous ai écrit déjà dans ma précédente lettre et j'y reviens de nouveau ; je vous assure que je n'ai plus besoin, pour le présent, d'aucun secours de là-bas. Je vous suis reconnaissant de votre zèle à mon égard ; je remercie également du fond de l'âme et j'embrasse fraternellement le très-noble Messire Ambroise pour l'empressement qu'il a montré à s'occuper, avec vous, de me venir en aide. Pourtant ce que vous avez fait jusqu'ici me suffit.

Pour le temps que je compte passer à Paris, j'espère que le nécessaire ne me manquera pas ; j'ai beaucoup d'amis ici et à Montpellier auxquels je n'ai jamais été à charge en aucune façon ; mais ils ont la bonté d'avoir pour moi tant de considération que j'espère qu'ils ne voudront pas me laisser sans secours, si j'en ai le moindre besoin. Même, cette dernière somme que j'avais demandée à ces bons Bachatoridis ne m'a servi que pour payer les dépenses du voyage. Fête des fêtes, solennité des solennités sera pour moi, mon ami, le jour où Dieu me fera la grâce de pouvoir payer mes dettes.

Et puisque je vous parle de mes amis, j'en ai beaucoup de l'Académie des Inscriptions, qui m'ont reçu à bras ouverts et qui m'ont fort engagé à publier plusieurs manuscrits inédits de la Bibliothèque royale d'ici, parmi lesquels il s'en trouve un grand nombre relatifs à la médecine. J'espère pouvoir faire quelque chose, si j'ai le temps, mais cela demande beaucoup de travail ; il faut que je traduise, ensuite que j'ajoute des notes et bien autre chose. Priez Dieu, mon cher protopsalte (car je veux vous nommer toujours protopsalte, quand même le Patriarche en personne voudrait vous empêcher de chanter)[1], qu'il bénisse mes travaux pour que nous couvrions au moins de honte le philosophe de Pauw lui-même, car je vous assure, mon cher, qu'il y a huit jours que mon ami m'a apporté ce livre et que je ne puis pas encore le digérer.

Écrivez-moi fréquemment, mais sur du papier de la poste, et ne m'en veuillez pas si je ne puis vous écrire ni souvent ni longuement. J'ai, mon ami, beaucoup d'occupations ; depuis le matin jusqu'au soir, je me donne à peine une heure pour le repas et une autre heure pour le café où je vais lire les journaux ; j'aurais dû écrire aussi à mes parents, mais que faire ? Une lettre que je vous écris me prend le temps de dix autres. J'ai beau aimer le laconisme, comment est-il possible de répondre sommairement à vos livres ? Portez-vous bien !

Tout à vos ordres.

CORAY, *médecin*.

1. Coray fait allusion ici à l'archevêque de Smyrne, avec lequel mon grand-père fut en contestation au sujet d'affaires ecclésiastiques. Irrité d'avoir un pareil adversaire, l'archevêque l'obligea à se démettre de sa charge de protopsalte, charge qui avait, à cette époque, une très-grande importance dans l'aristocratie. C'est pour cela que Coray, dans cette lettre, rappelle les noms des trois grandes familles qui représentaient alors une partie de l'aristocratie ; mon grand-père s'en servit pour son ami, et c'est d'elles que vinrent les premiers secours lorsque l'immortel Coray partit pour Paris. (*Note de la deuxième édition donnée par le petit-fils de Dimitrios Lotos.*)

Il existe encore, en Grèce, des descendants de l'importante famille des Bachatoridis qui protégea particulièrement Coray, entre autres, M. le docteur Othon.-L. Bachatoris, savant médecin à Patras, qui est le dernier fils de Léonard Bachatoris et le petit-fils de Nicolas Bachatoris, très-riche négociant de Smyrne qui perdit toute sa fortune, à la fin du siècle dernier, lorsque Bonaparte, pendant la campagne d'Égypte, s'empara de l'île de Malte où il résidait.

XIII

De Paris, 8 septembre 1789.

Mon très-cher monsieur Dimitrios,

Vous avez tout à fait raison et cela crie vengeance. Il s'agit de mon long silence, mais j'espère que vous voudrez bien avoir encore un peu d'indulgence parce que vous avez toujours été pour moi un ami compatissant, patient et fidèle. J'ai reçu votre lettre datée du 9 février et j'en attends une autre bien longue que je n'ai pas encore reçue, accompagnée de catéchismes, à ce que me dit le révérend Dom. Keun. Par la dernière lettre de Dom. Keun en date du 17 juin, je vois que vous êtes encore en proie à la peste ; je suis très inquiet sur le compte de tous mes parents et amis, et surtout sur le vôtre et sur celui de mon frère, vous qui, tous les deux, plus courageux qu'Hippocrate lui-même, ne regardez la peste que comme un simple rhume. D'après votre lettre, je vois encore une autre épidémie qui vous accable, je veux dire le dévastateur et le corrupteur[1] . . . . Mais, pour des maux qui sont causés par une patience ignorante et digne des ânes plus que des hommes, je ne puis ni vous plaindre ni m'en inquiéter aucunement. Enfants des Grecs, jusques à quand aurez-vous le cœur endurci ? Jusques à quand resterez-vous plongés dans le profond sommeil de la superstition la plus grossière ? Jusques à quand supporterez-vous d'être foulés aux pieds comme de la boue par des hommes si petits et si mesquins ? Vous avez à Smyrne un proverbe que vous respectez comme parole d'Évangile, et qui dit que les caloyers[2] sont des charbons qui, éteints, vous noircissent les mains quand on les touche, et qui, allumés, vous les brûlent. Mais ne pensez-vous pas que Dieu, pour nous débarrasser

1. Sans doute l'archevêque.
2. Nom donné aux moines en Orient ; de καλογέροι, littéralement : bons vieillards.

de ces maux, nous a donné l'intelligence et la raison? Ne pensez-vous pas que, de même qu'on peut prendre les charbons éteints ou allumés avec une pelle ou des pincettes, sans en être nullement ou brûlé ou noirci, de même il y a une manière de rendre sages même les caloyers qui vivent dans le désordre et en contradiction avec les préceptes de l'Évangile, ou du moins de les empêcher de faire leurs méchancetés, en employant cette même pelle dont s'est servi le Christ, le premier et le meilleur des caloyers, pour purifier l'air sans craindre de se brûler ou de se noircir? Si les Grecs d'aujourd'hui, mon cher Dimitrios, étaient éclairés, je ne dis pas sur les arts et les sciences, mais s'ils connaissaient au moins l'esprit de leur religion, ils ne supporteraient pas ces choses et cet homme lui-même n'oserait pas les mettre en action ; mais les Grecs s'imaginent que la religion consiste en quelques pratiques extérieures prises à la lettre et ne savent pas que « la lettre tue et l'esprit vivifie ». La véritable religion ne consiste pas seulement à ne pas faire du tort à son prochain, mais encore à empêcher les gens qui le font lorsque la Providence leur en a donné le pouvoir; chez nous, c'est tout le contraire : lorsque le supérieur tyrannise les faibles et les pauvres, silence absolu ; les hommes puissants ne se remuent que lorsqu'on touche à quelqu'un d'entre eux. Si, à la première augmentation illégale de cinq paras, par exemple, pour un enterrement ou un baptême, quelqu'un osait ouvrir la bouche pour dire : « Que faites-vous ? » les choses n'en seraient pas arrivées là. C'est au commencement qu'il faut empêcher le mal; lorsqu'il s'est développé et qu'il est devenu dangereux, il n'y a plus alors d'espoir de guérison. Assez sur ce sujet, parce qu'il en a été souvent question entre nous sans espoir d'y porter remède.

Parlons un peu maintenant aussi des évènements extraordinaires qui se passent ici. A cette heure vous devez les avoir appris, et j'ai trop d'occupation pour raconter de pareilles choses en détail. Cependant, pour que vous ne vous indigniez pas contre moi, que vous ne jetiez pas les hauts cris et que vous ne déchiriez pas vos vêtements en signe de deuil comme si vous étiez tout à fait oublié et négligé par moi, il me faut bavarder un peu avec vous. Sachez donc, protopsalte, que le royaume actuel de France est accablé de très-grandes dettes, les unes provenant des guerres passées, mais les plus nombreuses, à ce que l'on dit, venant du gaspillage et de la dissipation des grands et surtout de la prodigalité de la reine elle-même et des autres dames de la cour qui la servent ; le roi, ne pouvant plus surcharger le peuple de nouveaux impôts, car celui-ci en est déjà trop accablé, a été forcé d'assembler les États-Généraux de la nation pour trouver un remède à ces embarras. Chaque province donc, ou, pour mieux dire, chaque ville et chaque bourgade a envoyé des députés élus à Versailles, députés convoqués par le roi lui-même, au nombre de 1200, c'est-à-dire 300 du Clergé, 300 de la Noblesse et 600 du Tiers-État. On appelle ici le Tiers-État, les laïques qui ne sont pas nobles ; le second ordre est composé de nobles et le premier du clergé. Ils se sont réunis, comme je viens de le dire, à Versailles vers le commencement du mois de mai[1]. Le roi et ceux qui l'entourent les ont convoqués pour les aider à trouver des ressources pécuniaires, ne soupçonnant rien de plus ; cependant le Tiers-État a voulu non-seulement guérir la maladie actuelle, mais empêcher encore le retour du mal. Pour cela il fallait que l'on mît de l'économie dans les dépenses de la cour, qu'on supprimât beaucoup de privilèges injustes du clergé et de la noblesse en les obli-

---

1. C'est le 5 mai que le roi fit en personne l'ouverture des États-Généraux. Les trois ordres se trouvaient composés ainsi :

Clergé : 48 archevêques ou évêques ; 35 abbés ou chanoines ; 205 curés et 3 moines ; — total : 291.

Noblesse : 1 prince du sang ; 241 gentilshommes et 28 magistrats des cours supérieures ; — total : 270.

Tiers-État : 12 gentilshommes ; 2 prêtres ; 18 maires ou conseils des grandes villes ; 162 magistrats de bailliages ou sénéchaussées ; 212 avocats ; 16 médecins ; 162 négociants, propriétaires ou cultivateurs ; — total : 584.

geant a payer, eux aussi, chacun à proportion de ses biens, comme le Tiers-État. Le Clergé et la Noblesse ont résisté et les gens de la cour ont conseillé au roi, à ce que l'on dit, de dissoudre l'Assemblée. Mais, cela ne pouvant se faire sans occasionner un grand trouble dans le royaume et surtout à Paris, on a fait venir à Versailles une armée de trente mille hommes pour être prêt, s'il survenait une révolution, à l'étouffer dans son berceau même. La chose n'a pas eu l'issue que l'on désirait et que l'on espérait.

C'était, mon cher, le 12 du mois de juillet, un dimanche vers le soir, tout le monde était à la promenade au jardin du Roi, nommé les Tuileries, qui est à l'extrémité de la ville de Paris. J'étais moi-même dans ce jardin avec un de mes amis, lorsque nous entendons subitement des coups de pistolet et de fusil; chacun interroge son voisin, mais personne ne peut dire ce que c'est. Tout le monde, hommes, femmes, enfants, court vers les extrémités du jardin avec la plus grande confusion; et que voyons-nous? Une foule de soldats envoyés de Versailles, qui marchaient contre Paris pour empêcher la révolution que l'on soupçonnait devoir éclater le lendemain, c'est-à-dire lundi; parce que c'était le lundi, à ce que l'on croit maintenant, qu'on avait l'intention de dissoudre l'Assemblée; si l'Assemblée avait résisté, on aurait tué les uns et exilé les autres. Le chef de l'armée était le prince de Lambesc; s'il s'était conduit avec prudence, peut-être la chose ne se serait-elle pas retournée contre eux; mais soit la Providence, soit le hasard, soit tout ce que vous voudrez, sa tête n'avait pas même une once de cervelle. A peine est-il entré dans le jardin qu'il court comme un possédé, tire son épée et coupe la tête d'un pauvre et innocent vieillard de soixante ans, honnête et paisible citoyen qui se trouvait, lui aussi, le malheureux, à se promener avec les autres dans le jardin; cette action barbare nous mit d'abord tous en fuite et chacun se dispersa pour rentrer chez soi[1]. La nuit arriva, que

---

1. Coraÿ se fait ici l'écho des exagérations de la foule : voyez la note concernant ce fait, qui se trouve page 52, dans le livre de M. Taine

nous avons passée dans une grande inquiétude, quoique le général n'ait pas osé entrer dans la ville, et qu'il soit resté au dehors dans les faubourgs. A peine le jour venu, mon ami, tous les citoyens de Paris soupçonnant, ou pour mieux dire voyant clairement maintenant les projets de la cour, se sont armés, chacun comme il l'a pu, dans l'intention de se battre; mais toute la journée a été employée seulement aux armements. Le prince de Lambesc, informé de ce qui se passait, n'a pas osé entrer dans la ville. A peine cette nouvelle est-elle arrivée à Versailles et dans les autres villes voisines, que tout le peuple également a pris les armes. La cour, le clergé et la noblesse, en apprenant ces nouvelles, se sont mis à réfléchir, mais ce n'était que le commencement de nos malheurs. Le mardi matin, le peuple de

sur la Révolution française. *Procès du prince de Lambesc* (Paris, 1790, avec les 83 dépositions et la discussion des témoignages). — C'est la foule qui a commencé l'attaque ; les troupes ont tiré en l'air; un seul homme, le sieur Chauvel, a été blessé et légèrement par le prince de Lambesc (déposition de M. de Carboire, p. 84, et du capitaine de Reinach, p. 101). — « M. le prince de Lambesc, monté sur un cheval gris, selle grise sans fontes ni pistolet, était à peine entré dans le jardin, qu'une douzaine de personnes sautèrent aux crins et à la bride de son cheval, et firent tous leurs efforts pour le démonter; un petit homme, vêtu de gris, lui tira même de très-près un coup de pistolet....... Le prince fit tous ses efforts pour se dégager et y parvint en faisant parader son cheval, et en espadonnant avec son sabre, sans néanmoins, dans ce moment, avoir blessé personne. Lui, déposant, vit le prince donner un coup de plat de sabre sur la tête d'un homme qui s'efforçait de fermer le pont tournant, et qui, par ce moyen, aurait fermé la retraite à sa troupe. La troupe ne fit que chercher à écarter la foule qui se jetait sur elle, tandis que, du haut des terrasses, on l'assaillait à coups de pierres et même d'armes à feu. » — L'homme qui s'efforçait de fermer le pont avait saisi d'une main la bride du cheval du prince ; la blessure qu'il a reçue est une égratignure longue de vingt-trois lignes, qui a été pansée et guérie au moyen d'une compresse d'eau-de-vie. Tous les détails de l'affaire prouvent que la patience, l'humanité des officiers, ont été extrêmes. Néanmoins, le lendemain 13, un particulier affichait, à la pointe du carrefour Bussy, un placard manuscrit, portant invitation aux citoyens de se saisir du prince de Lambesc et de l'écarteler *sur-le-champ* (déposition de M. Cosson, p. 114).

Paris voit qu'il n'y a pas assez d'armes pour en donner à tous les citoyens, alors il va enfoncer les magasins royaux et les arsenaux, partout où il pense en trouver : il les prend, jusqu'aux canons eux-mêmes ; après les avoir bien chargés, il les pointe sur les places publiques et les rues de la ville, dans l'intention bien arrêtée de s'en servir si Lambesc veut entrer dans Paris. Si cela était arrivé, mon ami, des flots de sang auraient coulé ; peut-être eussé-je été moi-même au nombre des morts et vous eussiez été privé aujourd'hui de tout mon bavardage.

Mais qu'arriva-t-il après le dîner? (n'oubliez pas que nous sommes toujours au mardi). Les citoyens armés vont entourer la Bastille pour demander et arracher au chef et gouverneur toutes les armes qui s'y trouvent. Qu'est-ce que c'est cependant que cette Bastille? pourriez-vous me demander avec raison, vous qui n'avez vu que le Vizir-Khan et le Besestân[1] ébranlé et ruiné. La Bastille est une citadelle petite, mais très-fortifiée, à l'extrémité de la ville de Paris ; la construction, qui date probablement de près de cinq cents ans, a été faite dans l'espace de dix ans et a coûté plusieurs millions[2]. On s'en servait comme d'une prison, ainsi qu'à Constantinople on emploie le château des Sept-Tours ; mais une prison dure et souvent injuste et tyrannique, de telle sorte qu'il est arrivé, non pas une fois, mais fréquemment, que si, par malheur, dans une assemblée de citoyens il sortait de votre bouche, par inadvertance, quelque parole contre les ministres ; si vous disiez par

1. Vizir-Khan et Besestân, mots turcs qui signifient Hôtel-Vizir et Bazar couvert.

Le Vizir-Khan est un majestueux édifice carré couvert de plomb, au centre de Smyrne ; il a deux portes de fer, comme une forteresse, et une superficie de plus de 100 stremmes. C'est la propriété du sultan. La partie supérieure est louée aux marchands, comme habitation ; la partie inférieure, comme magasin pour les marchandises.

Près du Vizir-Khan, est le Besestân dans lequel se vendent les marchandises précieuses. (Note de la 2ᵉ édition.)

2. La Bastille, commencée en 1369 par Hugues Aubriot, prévôt de Paris, ne fut terminée qu'en 1403. Son fondateur y fut emprisonné un des premiers.

exemple qu'un tel avait marché de travers, vous étiez le lendemain enlevé et emprisonné à la Bastille pour toute votre vie, sans que ni parent ni ami pût savoir ce que vous étiez devenu, sans pouvoir donner de vos nouvelles à personne ... prison, comme vous le voyez, excellente pour des protopsaltes. Les citoyens armés, voyant donc que le gouverneur de Launay (c'était son nom) ne voulait pas leur ouvrir les portes, les enfoncèrent : il était deux heures après dîner, et, contre toute attente, ils se sont rendus maîtres de la place à cinq heures. La première chose qu'ils firent en entrant fut de décapiter le malheureux de Launay et un second gouverneur après lui[1]. Il était six heures et je sortais, selon mon habitude, pour aller au café lire les journaux anglais, car, au milieu de tous ces troubles et de ces émeutes, ne croyez pas que je gardais la maison ; au contraire, je sortais chaque jour pour voir de mes yeux toutes ces choses terribles qui étaient nouvelles pour moi comme pour tous les autres. En allant donc au café, je rencontrai les vainqueurs de la Bastille, suivis de trois ou quatre cent mille gens[2] du peuple qui promenaient dans toutes les rues de la ville, sur deux longues piques (spectacle horrible !), les deux têtes sanglantes. Cette nouvelle fit sur le champ non-seulement disperser l'armée de Lambesc qui était encore hors de Paris, mais, dès qu'elle parvint le même soir à Versailles, elle frappa de stupeur la cour, le clergé et les nobles, à tel point que d'abord personne ne voulait croire à la prise de la Bastille, comme si c'eût été une chose impossible ; mais, dès que la nouvelle eut été confirmée par un second et un troisième courrier, ainsi que l'annonce du massacre des gouverneurs,

1. M. de Losme, major de M. de Launay, homme plein de vertu et d'humanité, fut massacré en face de l'arcade Saint-Jean, sa tête coupée fut mise au bout d'une pique comme celle du gouverneur (Moniteur universel, 24 juillet 1789).

2. Il n'est pas nécessaire de faire remarquer ici l'exagération constante de Coray quand il évalue le nombre des gens qui composent la foule ; il voit trois ou quatre cent mille personnes, là où il y en avait certainement beaucoup moins.

et que l'on apprit que les Parisiens se préparaient à marcher le lendemain sur Versailles même, on fut en proie à une telle terreur, qu'à ce que l'on dit, toute la famille royale, cette nuit-là, coucha non point dans l'appartement réservé à chacun, mais dans un pavillon qui se trouve dans le jardin royal ; non point qu'ils se croyaient là plus en sûreté, mais parce que la peur les avait mis hors d'eux-mêmes et qu'ils ne savaient plus ce qu'ils faisaient. A peine fut-il jour, mon ami, pêle-mêle général comme dit le proverbe[1] : alors s'éclipsèrent et disparurent beaucoup de ministres, de ducs, de comtes, de duchesses, de comtesses, et d'autres dames de la suite de la reine, et cinq princes du sang royal, parmi lesquels était même le plus jeune frère du roi, le comte d'Artois, laissant presque seuls le roi, la reine et l'aîné de ses frères[2].

Cette fuite donna beaucoup de force et d'audace aux citoyens et à l'Assemblée nationale. Au contraire, le roi se trouvait dans un grand embarras. Voyant le peuple même de Versailles en armes, craignant pis encore, peut-être aussi, d'après le conseil de quelque homme de bon sens, il se rend, mon cher protopsalte, seul, avec l'aîné de ses frères, sans gardes, sans cérémonie, à pied, dans la salle où était réunie l'Assemblée nationale, fait une harangue courte, mais pleine de bon sens, disant que son intention, en portant des troupes à Versailles

---

[1]. Le grec dit Πατάς με, πατῶ σε, littéralement : « marche sur moi, je marche sur toi », comme il arrive partout où il y a foule de gens qui prennent la fuite.

[2]. Le comte d'Artois, informé par le duc de Liancourt que sa tête était mise à prix, quitté Paris dans la nuit du 16 avec ses enfants. Le prince de Condé, le duc de Bourbon, le jeune duc d'Enghien, menacés aussi, sortent de France. Un grand nombre de personnages de la cour vont les rejoindre de l'autre côté des frontières. Ce fut l'origine de l'*émigration* qui attira plus de trente mille personnes hors de France et isola le roi, en le privant des secours qu'il aurait pu trouver dans la noblesse. Il ne resta auprès du roi que la reine et ses enfants, *Monsieur*, Mesdames, tantes du roi, et madame Élisabeth.

et à Paris, n'était pas de troubler la tranquillité ni de l'Assemblée ni de son peuple, mais au contraire de la protéger, et de lui donner le calme dont elle avait besoin ; que le peuple le soupçonnait à tort d'être un tyran, et d'autres choses pareilles, enfin, qu'il était venu à l'Assemblée pour écouter ses conseils, prêt à faire ce qu'elle trouverait à propos. L'Assemblée lui répondit que, puisqu'il lui demandait son avis, la première chose qu'il dût faire, pour calmer le peuple, était de rappeler les ministres injustement renvoyés, qui étaient bons et amis du bien public.

Il ne s'agissait pas cependant des ministres en fuite ; ne croyez pas cela. Les ministres en fuite (et j'aurais dû vous le dire dès le début, mais je l'ai oublié) avaient été en fonctions seulement pendant deux jours[1]. Avant ces messieurs, le samedi, c'est-à-dire la veille de la première émeute, le roi avait renvoyé trois ou quatre ministres, les seuls gens honorables parmi tous les autres, et cela, à ce que l'on dit, d'après le conseil de la reine et du plus jeune de ses frères. Il écrivit donc sur-le-champ des lettres à ces ministres qu'il avait congédiés à tort, pour les rappeler[2] ; en même temps, il envoya des députés choisis par l'Assemblée nationale à Paris, avec des paroles de paix et de bonnes promesses pour calmer le peuple. En attendant, le peuple avait, le mercredi et le jeudi, coupé encore trois ou quatre têtes à des hommes puissants et des plus riches, et les avait promenées dans la ville ; il en aurait coupé bien davantage, si beaucoup de suspects n'eussent réussi à s'enfuir déguisés en charbonniers ou en laquais, pour n'être pas reconnus ; et ce n'est pas seulement à Paris que se passaient ces choses ! Il n'y a peut-être pas une seule ville du royaume qui n'ait fait de même, après avoir reçu des nouvelles de Versailles et de Paris. Selon les

1. Le 4 juillet, le roi avait ordonné à M. Necker de quitter la France dans les vingt-quatre heures et avait composé un ministère du baron de Breteuil comme président du conseil des finances, du duc de Broglie à la guerre, et de M. Foulon, au contrôle général.
2. Le 16 juillet, rappel de M. Necker.

lieux et les pays, on en massacra un grand nombre, les châteaux de beaucoup de nobles furent détruits de fond en comble¹. Le roi, cependant, bien qu'il vît que ses promesses avaient été prises en considération, jugea à propos, pour assurer davantage sa tranquillité et celle du peuple, d'aller en personne à Paris se montrer à son peuple. J'ai donc vu ce spectacle curieux; je pensai à vous à cette heure, et je regrettai beaucoup de ne pas vous avoir auprès de moi. Le roi entra à Paris le vendredi², à deux heures après dîner; les citoyens en armes allèrent à une lieue de Paris l'attendre. La reine, dit-on, avait demandé à l'accompagner, mais le roi ne l'avait pas permis, dans la crainte de ce qui pourrait arriver. Et assurément, si elle était venue ce jour-là à Paris, sa vie peut-être eût couru un grand danger, tant le peuple était surexcité contre elle; car, si l'on n'avait rien entrepris contre la reine jusqu'à ce moment, c'était bien grâce au roi qu'on regardait généralement comme un homme d'un bon naturel, quoique trop accessible aux mauvais conseils. Le roi vint donc, accompagné de quatre grands seigneurs, parmi ceux qui étaient les plus populaires, mais sans gardes du corps, car les Parisiens n'auraient pas souffert qu'aucun garde du corps entrât dans Paris, disant qu'ils suffisaient eux-mêmes à garder leur roi : cela d'un côté était agréable au roi, mais de l'autre lui était suspect. Cependant il fut forcé de se présenter ainsi, dépourvu de toute garde à Paris, et de se confier à la conscience de trois cent mille hommes du peuple en armes. Je l'ai vu, dans son carrosse, lorsqu'il entra dans la ville, tout pâle, mon ami, tant il était troublé, et cela à juste titre, car il ne voyait rien que des gens armés et les rues ornées de canons. Pendant qu'il s'avançait pour aller au palais, huit ou neuf cent mille habitants, les uns dans les rues, les autres aux fenêtres criaient, non plus le cri accoutumé de : *Vive le roi!* mais, *Vive la nation!* et cela le faisait encore

---

1. Voyez à ce sujet le chapitre III du livre de M. Taine sur la Révolution, p. 68 à 94.

2. C'est le 17 juillet que le roi se rendit à Paris pour calmer l'effervescence populaire.

réfléchir davantage ; le pauvre homme, comme je vous l'ai dit, était tout pâle. Cela, je l'ai vu de mes yeux. Lorsqu'il entra dans le palais, on dit qu'il ne put prononcer une seule syllabe de ce qu'il avait préparé. Ce fut le préfet de la ville[1] qui parla à sa place, et promit au peuple, de la part du roi, la paix et le redressement de tous les abus. Ensuite il sortit, avec le même cérémonial, à quatre heures et demie pour revenir à Versailles, et alors, à son retour, on entendit son nom sortir de la bouche du peuple, qui criait : *Vive le roi et la nation*[2] *!* A partir de ce jour, il y eut un peu plus de tranquillité, mais le calme ne fut pas complet, parce que l'Assemblée s'occupait en ce moment à rédiger une nouvelle Constitution qui enlevait beaucoup de privilèges à la noblesse et diminuait les richesses considérables et le luxe des très-saints archevêques. De sorte que, d'un côté, ceux-ci mécontents remuent ciel et terre, mais en secret ; de l'autre les princes fugitifs ont probablement aussi des amis ici, qui intriguent pour empêcher les décisions de l'Assemblée. Ajoutez à cela que la cour elle-même, quoique entièrement d'accord en apparence avec le peuple, mais voyant la puissance du roi diminuée et devenue presque comme celle du roi d'Angleterre ou même du roi de Pologne, ne saurait être contente. Tout cela fait qu'on craint encore des troubles et des soulèvements ; car, si le roi reprend son pouvoir absolu, cela ne pourra se faire qu'avec une grande effusion de sang et la perte de beaucoup de monde.

J'ai oublié de vous dire qu'à la terreur du sabre, s'ajoute la crainte de la famine. Nous avons manqué de blé, à ce point que les boulangeries étaient entourées de soldats pour les protéger contre ce qui pourrait arriver, et on ne don-.

---

1. Ce fut Bailly, nommé maire de Paris, la veille 16 juillet, qui reçut le roi à la barrière, et, rendu à l'Hôtel-de-Ville, lui présenta la *cocarde nationale*, que le roi accepta.

1. C'est à peu près la dernière fois que Louis XVI entendit crier : *Vive le roi.* Dès le lendemain les troubles recommencèrent : le 22 juillet, assassinat de M. Foulon, vieillard octogénaire, et de M. Berthier, intendant de Paris, et gendre de M. Foulon.

naît du pain qu'avec rationnement. Il fallait se lever le matin à quatre heures pour pouvoir en acheter. L'année 1789 a été une année malheureuse pour la France, et restera à jamais mémorable dans l'histoire, parce que toutes les choses que je raconte, quelque longues et nombreuses qu'elles soient, ne sont pas la millième partie de ce qui est arrivé. Pour vous tout décrire, il me faudrait vous envoyer non pas une lettre, mais un livre d'un volume égal à celui de l'Anthologe, ou du Triode[1]. Voilà quels évènements terribles, mon ami, j'ai vus de mes yeux et entendus de mes oreilles. J'ai vu beaucoup de choses effroyables, beaucoup de choses curieuses et dignes de remarque. Y a-t-il rien de plus singulier, par exemple, que de voir un prédicateur du parti du peuple monter en chaire et faire son sermon sur la liberté, prenant pour texte ce passage de saint Paul aux Galates, chapitre v, verset 13 : « Car, mes frères, vous avez été appelés à la liberté, mais c'est par l'amour que vous devez vous assujettir les uns aux autres, » et tonner contre les aristocrates (c'est-à-dire contre les évêques et les nobles), dire que ceux qui ont crucifié Jésus-Christ étaient les aristocrates (c'est-à-dire des moines et des nobles tels que les évêques, les scribes, les pharisiens et les chefs du peuple)? Et cela, parce que Jésus défendait le Tiers-État et enseignait l'égalité et la fraternité. Et tout cela dit sans craindre personne, pas même l'archevêque de Paris, lequel archevêque a failli être lapidé à Versailles par le peuple, parce que, dans l'Assemblée, il avait parlé contre le Tiers-État. A peine était-il sorti de la salle, qu'il a vu les pierres tomber comme la grêle sur sa voiture, dont toutes les glaces des portières ont été brisées. Il a pu parvenir jusque chez lui à grand'peine, sain et sauf; mais un autre prélat qui se trouvait avec lui dans sa voiture, a reçu un bon coup de pierre sur l'épaule[2].

1. *Anthologe*, c'est la vie des saints, comme le martyrologe. *Triode*, livre ecclésiastique très-gros.
2. « Le mardi 23 juin, l'archevêque de Paris, le garde des sceaux, sont hués, conspués, bafoués à mourir de honte et de rage, et la tempête de vociférations qui les accueille est si formidable, que Passeret,

Maintenant les Parisiens s'occupent de démolir la Bastille ; ils ont commencé à la renverser le 14 juillet, et c'est à peine s'ils ont pu encore en démolir la moitié, quoiqu'il y ait tous les jours mille ouvriers qui sont employés à ce travail.

Veuillez envoyer la lettre ci-incluse par une voie sûre en Égypte, à notre ami le Protosyngélos[1], après l'avoir cachetée.

Si vous avez le temps et que cela ne vous ennuie pas (mais vous êtes-vous jamais ennuyé à bavarder!), écrivez-lui aussi pour lui donner quelques nouvelles de France.

Saluez votre très-honorable famille respectueusement pour moi ; portez-vous bien et soyez heureux.

CORAY.

J'apprends à l'instant même qu'hier onze femmes de Paris se sont présentées, sans qu'on s'y attendît, à l'Assemblée nationale, demandant à être reçues ; on les a admises sans que personne pût prévoir ce qu'allaient proposer ces dames. A peine entrées, elles ont offert au président de l'Assemblée tous leurs bijoux renfermés dans leurs écrins, c'est-à-dire des pierres précieuses, des colliers, des bracelets, et autres colifichets semblables, pour venir en aide à la nation ; l'Assemblée les a reçues avec beaucoup d'éloges, elles et leurs offrandes, et leur a fait donner des sièges, où elles sont restées assises jusqu'à la fin de la séance.

Je n'avais jamais eu jusqu'à présent le malheur d'avoir écrit une lettre de quinze pages ; mais patience, la chose est faite ; ne vous attendez plus cependant à recevoir des lettres de moi avant six mois. Quant à vous, ne cessez pas, je

---

secrétaire du roi, qui accompagnait le ministre, en meurt de saisissement, le jour même. Le 24, l'évêque de Beauvais est presque assommé d'une pierre à la tête. Le 25, l'archevêque de Paris n'est sauvé que par la vitesse de ses chevaux ; la multitude le suit en le lapidant ; etc. » (Taine, *la Révolution*, t. I, p. 46.)

1. Le Protosyngélos est une sorte de grand-vicaire ou de secrétaire général de l'évêché.

vous en prie, mon cher ami, de m'écrire vos laconiques lettres habituelles qui dissipent ma mélancolie.

J'oubliais de vous dire que le roi, entendant, à son retour de Paris à Versailles, le cri de *Vive le roi!* qu'il n'avait pas entendu en venant, s'était penché hors de sa voiture, et avait dit au peuple, avec beaucoup d'émotion et de bienveillance en même temps : « Mes enfants, criez Vive le Roi! et je vous assure, en homme d'honneur, que vous n'aurez pas à vous en repentir ! » — Cela montre son bon cœur, et vraiment on dit que c'est un homme excessivement doux ; je le compare à feu Mélétios, archevêque d'Éphèse ; il est aussi gros et il a l'air d'aussi bonne humeur, aussi gai, aussi bonhomme[1]. Mais en voilà assez comme cela, mon ami, adieu !

XIV

Paris, dernier jour de 1789.

Mon cher Protopsalte,

Il y a près de deux mois, je vous ai adressé une très-longue lettre qui en contenait d'autres pour nos amis ; cette lettre devait vous être portée par mon très-cher ami le docteur Georges Schinas ; mais, comme il a trouvé un navire qui allait directement à Constantinople, il m'a écrit qu'il pensait vous l'envoyer de cette ville. Dans cette lettre, je vous racontais tout au long tout ce qui s'était passé ici d'extraordinaire depuis le mois de juin dernier.

Je n'ai présentement aucune lettre de vous à laquelle je doive répondre, parce que vos lettres ont la bonne chance ou d'être retenues prisonnières à Malte ou d'être égarées

---

1. Le mot χαχᾶς, dont se sert Coray, est l'ancien χάσκαξ, qui signifie un homme qui rit toujours.

à la poste. Vous avez donné une lettre à M. Pérakis, mais il fallait lui recommander de me la porter lui-même en personne. Pour nous faire plus de plaisir, à ce qu'il paraît, à vous et à moi, il me l'a envoyée de Marseille et elle s'est égarée à la poste, comme de juste. Paris, mon ami, n'est pas comme Smyrne. Ici, aucune lettre n'arrive à destination si l'on n'a la précaution de mettre sur l'adresse la rue et le numéro de la maison où elle doit être remise; mais ces choses-là n'arrivent qu'à moi. Si vous m'écrivez une fois tous les trois et quatre ans et que votre lettre se perde, je dois vous considérer comme si vous étiez mort. Toutes les lettres du monde vont, viennent par terre ou par mer; il n'y a que les lettres du protopsalte qui trouvent toujours moyen de s'accrocher quelque part.

Autre malheur! Hier au soir, j'ai rencontré, par le plus grand des hasards, M. Stamaty Petro, qui m'a dit qu'il venait de Hollande et qu'il se rendait à Smyrne. Quand? Aujourd'hui même. Voyez donc si j'ai le temps de vous écrire. J'ai passé toute la matinée à la bibliothèque Saint-Germain; à midi, je suis revenu chez moi, où j'avais des choses indispensables à écrire et à corriger. Il est maintenant deux heures et demie, et je n'ai encore rien pris. J'attends d'avoir achevé votre lettre, et alors j'irai à trois quarts d'heure d'ici chercher mon dîner. Adieu donc, et soyez heureux, cette nouvelle année et beaucoup d'autres encore.

Mes compliments à mon frère et à tous mes parents nominalement. Souhaitez-leur la nouvelle année de ma part. M. Pérakis n'est resté ici que huit à dix jours. Je n'avais jamais eu de rapports avec lui, mais je l'ai trouvé très-bien; il m'a dit que vous lui aviez beaucoup conseillé de ne pas manquer de voir Versailles, et j'ai été obligé de l'y accompagner, convaincu que vos conseils ne manquent jamais de raison, de justesse ni de sens.

Adieu de nouveau et mille fois.

A. Coray.

XV

Paris, 1ᵉʳ juillet 1790.

Mon très-cher Protopsalte,

J'ai reçu enfin, aujourd'hui 1ᵉʳ juillet, votre lettre datée du 21 janvier, c'est-à-dire six mois environ après qu'elle a été écrite, et cela parce que, d'après ce que l'on m'écrit de Marseille, le navire par lequel vous me l'aviez envoyée a fait naufrage sur les côtes d'Espagne. Je ne sais ensuite de quelle manière (certainement ce doit être par miracle) votre lettre a été sauvée du désastre, quoique plus lourde qu'une balle de coton.

Non content de toutes les injures que vous me dites au sujet de mon silence, vous m'appelez encore Lazare, comme si vous ne saviez pas qu'à Naples on appelle *lazzaroni* les derniers et les plus misérables du peuple.

Quoi qu'il en soit, j'ai éprouvé une grande joie à la lecture de votre lettre à cause des nouvelles de votre santé, de la santé de mes parents et de mes amis, et surtout de la convalescence de ma belle-sœur. Je vous prie de la féliciter de ma part, de même que mon frère, de son retour à la santé. Je n'ai pas reçu la lettre dans laquelle vous m'annonciez qu'il avait quitté Abramios ; je pense que peut-être elle s'est trouvée dans le paquet des catéchismes, qui s'était également égaré et qui ne s'est retrouvé que plusieurs mois après, comme m'écrivent mes amis de Marseille qui doivent me les envoyer, s'ils ne se perdent pas encore une seconde fois. Je n'ai pas eu moins de plaisir à apprendre le réveil des chrétiens de Smyrne du profond sommeil dans lequel les avait jetés, que dirais-je? l'inexpérience ou le funeste égoïsme. Qu'est-ce que les caloyers nous ont jamais fait de bon? N'ont-ils pas toujours été une cause de trouble, des ambitieux, des intrigants (si vous en exceptez les moines véritablement chrétiens, paisibles, humbles et sincères des quatre ou cinq premiers siècles de notre Église)?

Ne sont-ils pas la cause de la déplorable servitude dans laquelle la nation est plongée aujourd'hui? N'est-ce pas eux qui, lorsque l'empire byzantin était agonisant, non-seulement s'occupaient de questions « futiles et vaines », selon la parole de saint Paul, mais encore faisaient de nos imbéciles empereurs des théologiens au lieu d'en faire des soldats? Tâchez de les chasser, et ce sera une œuvre agréable à Dieu, mais qui n'est pas capable de guérir nos plaies. Vous avez chassé Callinicos et vous en avez pris un autre pire que Callinicos. Il est parti, lui aussi, et le Synode, pour sa bonne administration à Smyrne, l'a créé patriarche; c'est-à-dire que, parce qu'il l'a trouvé fidèle sur de petites choses, il en a fait le maître des grandes, et il vous a envoyé à sa place un autre plus fidèle dont vous vous réjouissez aujourd'hui. Lorsqu'il sera chassé, lui aussi, il vous en viendra un pire, ou, pour mieux dire, c'est vous qui le rendrez tel. Il se répandit autrefois à Athènes le bruit faux de la mort du plus grand ennemi de sa liberté, Philippe de Macédoine. Grande joie et jubilation dans toute Athènes, parce qu'elle était délivrée de ce péril. Démosthènes monte à la tribune et dit : « Quand donc, ô Athéniens, deviendrez-vous sages? Vous courez çà et là, sur la place publique, cherchant à savoir des nouvelles; et qu'il y a-t-il de plus nouveau et de plus étrange que de voir les Athéniens se disputer pour un barbare Macédonien? L'un dit : Philippe est mort! — Non, répond l'autre, il n'est pas mort, mais il est malade. Oh! Athéniens, Athéniens, quel bien attendez-vous de la mort de Philippe? Si Philippe meurt, votre insouciance en aura bientôt fait naître un autre!» — Je dis la même chose au protopsalte, et, par lui, à tous mes compatriotes : Que le Synode vous envoie pour archevêque un Athanase, un Basile ou un Chrysostome, avant six mois vous en aurez fait un démon, surtout s'il porte en lui-même le germe de la méchanceté. Il vous arrive un moine tout nu; quel est son premier acte? Il vous envoie des présents, des chibouks, des cure-dents d'ivoire, des pantoufles légères et souples[1] et autres choses

---

1. Dans le texte : τζημπούκια, χιλάλια, μεστοπάσουμα.

semblables avec lesquelles on trompe les petits enfants ; ensuite, il va de maison en maison pour vous bénir, et vous autres, qui aimez les saints et qui êtes pieux; vous vous disputez à l'envi à qui lui donnera le plus d'argent, à qui lui offrira l'hospitalité la plus brillante, à qui le traitera le plus somptueusement ; vous l'élevez jusqu'au ciel ; vous le divinisez, et, après lui avoir fait perdre la tête de cette manière, vous vous plaignez que de pasteur il soit devenu loup. Voulez-vous avoir un bon archevêque? suivez le conseil que je vais vous donner ; ou j'ai absolument perdu la tête et ne sais plus ce que je dis, ou la chose aura une bonne issue.

Lorsqu'il partira, que votre premier soin soit de faire savoir par écrit au patriarche : d'abord, la somme jusqu'à laquelle vous consentez que s'élève la contribution du diocèse. Par exemple, Smyrne peut payer tant de milliers de piastres, et pas davantage. Si la contribution dépasse ce chiffre, nous n'avons pas besoin d'avoir un archevêque ; nous préférons relever directement du trône patriarcal, et nos prêtres nous suffiront pour nous bénir, nous baptiser, nous marier et nous enterrer.

Secondement : Comme l'exige la justice, annoncez à votre nouvel archevêque, avant qu'il fasse de folles dépenses, que vous ne recevrez pas de présent; qu'à Smyrne, il ne manque ni de fabricants de chibouks et de cure-dents ni de cordonniers. S'il ose vous dire que c'est une ancienne coutume, répondez laconiquement que vous n'avez jamais vu, dans aucun passage de l'histoire de l'Église, que Pierre à Rome, André en Achaïe, et les autres apôtres, chacun dans la province où ils enseignaient l'Évangile, fissent des présents aux chrétiens.

Troisièmement : Lorsqu'un nouvel archevêque arrivera à Smyrne, non-seulement il faut l'empêcher d'augmenter aucun de ses droits, mais encore vous devrez diminuer ceux qui auront été augmentés à tort. S'il prétexte qu'il se trouve accablé par le poids d'une très-lourde dette, dites-lui : « D'abord qui vous a forcé à nous acheter si cher, comme on achète un vil bétail ? et puis, si vous avez des dettes, quel besoin avez-vous de les payer de suite ? Les créanciers se contentent seulement des intérêts et prennent patience pour le capital. Votre Grandeur n'est pas ici provisoirement. Votre intention, si vous n'êtes pas un franc voleur, est de passer toute votre vie avec nous. Ayez donc un peu de patience, et votre dette sera payée avec le temps. »

Quatrièmement : Vous avertirez tous les chrétiens que celui qui souffrira quelque dommage de la part de l'archevêque, fût-ce le plus petit, doit aussitôt le dénoncer au conseil de la ville, et les démogérontes, sans aucun retard, devront se rendre chez l'archevêque pour lui en demander raison.

Cinquièmement et dernièrement : D'après l'usage de l'ancienne Église, l'archevêque ne doit pas avoir le droit d'excommunier ou de mettre hors de l'Église qui que ce soit sans l'assentiment de l'Assemblée du clergé ; mais, comme le clergé est composé de ses vicaires, qui le craignent comme des esclaves, il sera toujours nécessaire de faire siéger, dans le conseil de la métropole, pour ces sortes de jugements, trois ou quatre laïques les plus sensés parmi les chrétiens, pour examiner impartialement, d'accord avec l'archevêque, si le prévenu a ou non mérité l'excommunication.

Voilà, mon cher ami : lorsque vous constituerez en loi ces précautions sages et d'autres du même genre, je vous assure que vous aurez à l'avenir de bons archevêques et que vous serez délivrés des tourments journaliers que vous supportez, de la part de semblables pasteurs, depuis près de vingt-cinq ans.

Mais, puisque nous en sommes sur le chapitre des archevêques, il est temps que je vous raconte ce qu'a fait ici l'Assemblée nationale. Elle a, mon cher ami, outre les nombreuses réformes d'anciens abus qu'elle a votées, dépouillé aussi les moines des immenses richesses qu'ils avaient soutirées à diverses époques de la piété insensée et superstitieuse des laïques avec toutes sortes de fraudes et de ruses, et elle a déterminé, pour chaque évêque, un traitement annuel proportionné aux besoins et à l'étendue de son diocèse. Ces richesses du clergé de France, consistant pour la plupart en biens-fonds, sont si considérables que depuis près de six mois, aujourd'hui, que l'Assemblée nationale s'en est déclarée maîtresse, on cherche à s'en rendre compte et qu'on ne sait pas encore à combien de millions s'élève leur chiffre[1]. Il est vraiment étrange de voir de quelle manière les riches et voluptueux moines ont été dépouillés de tant de richesses; mais cela vous paraîtra encore plus extraordinaire lorsque je vous dirai quel est celui qui en a été la cause. Mon ami, cet homme bon et sage est (chose incroyable!) l'évêque d'Autun[1], encore jeune d'âge, instruit et intelligent, très-éloquent et membre de l'Assemblée nationale. Ce sage prêtre s'est levé un jour inopinément au milieu de l'Assemblée et a fait un long et charmant discours, dans lequel il a prouvé que les biens du clergé et des moines devaient revenir à la nation pour servir à payer l'énorme dette que la France avait contractée; que cela était juste, « parce que, disait-il, nous les avons reçus de la nation et que nous ne les avons pas hérités de nos parents; juste, parce que nous avons plus que ne devraient avoir les successeurs et les imitateurs des Apôtres; juste, parce que nous n'en avons pas usé chrétiennement jusqu'à présent; juste enfin, parce qu'il n'y a pas d'autre moyen de revenir à cette antique humilité de l'ancienne Église qu'il faut imiter et dont nous nous sommes entièrement écartés, que de rejeter ce fardeau inutile qui nous a fait faire naufrage ». Voilà les choses et beaucoup d'autres du même genre qu'a dites l'évêque d'Autun. Je vous laisse à penser combien cette noble éloquence irrita tous les autres prélats. Ils l'auraient étranglé, si cela avait été en leur pouvoir. Ils ont employé tous les moyens possibles pour

---

1. Le décret de l'Assemblée nationale, qui mettait *la propriété des biens ecclésiastiques* à la disposition de la Nation, est du 2 novembre 1789.

2. L'évêque d'Autun était le fameux Charles-Maurice de Talleyrand-Périgord; né en 1754, il avait été nommé à l'évêché d'Autun à 25 ans.

empêcher l'Assemblée d'écouter l'évêque d'Autun. Quand ils ont vu que l'Assemblée était disposée à les dépouiller, ils ont proposé de verser au Trésor public 800 millions de francs, à la condition qu'on les laissât tranquilles possesseurs du reste[1]. Voyant que cela même ne réussissait pas, ils essayèrent, par des moyens détournés, de soulever le peuple (comme l'a fait contre vous votre archevêque); mais cela ne réussit pas non plus. La nation, comme je vous l'ai dit plus haut, confisqua tous les vignobles et les palais de ces très-saints et très-amis de Dieu, très-sacrés et bienheureux légats et archevêques, et leur alloua à chacun ce qui est nécessaire pour vivre honorablement et secourir les pauvres de leur diocèse. Voilà ce qui fut décidé légalement pour les archevêques; ceux-ci, de plus, furent obligés, de par la loi, de résider chacun dans le diocèse où il avait été nommé et non plus à Paris. Quant aux autres moines, vous savez qu'ils ont, sous divers noms, des ordres différents, plus nombreux que les légions des anges ou des démons. Ils ont, de plus, des monastères innombrables, dotés par la superstition des laïques d'une façon extraordinaire. Tout cela fut confisqué. Des ordres monastiques, on supprima les uns; on en réunit deux ou trois dans le même monastère; on donna généralement l'autorisation de se marier à tous ceux qui le voulaient[2]; et, maintenant, on a commencé à vendre toutes ces propriétés du clergé une à une, au grand regret et aux lamentations des moines.

Quant aux nobles qui étaient, eux aussi, une caste excessivement tyrannique et orgueilleuse, comme celle des

---

1. Au nom du clergé, M. de Boisgelin, archevêque d'Aix, avait offert de solder à l'instant les 160 millions de dette exigible au moyen d'un emprunt hypothécaire de 400 millions sur les biens ecclésiastiques. L'Assemblée nationale refusa. (Taine. *La Révolution*, t. I, p. 226.)

2. Le décret supprimant les vœux ecclésiastiques est du 13 février 1790. Le décret porte que la loi ne reconnaît plus de vœux, que tous les ordres et toutes les congrégations sont supprimées, et que les individus qui les composent sont libres de les quitter.

moines, l'Assemblée a aboli complètement le nom de la noblesse, et proclamé l'égalité devant la loi entre tous les hommes, comme frères et enfants d'un seul et même père et d'une seule et même mère, de M. Adam et de Mme Ève[1]. Personne n'ose plus désormais prendre les titres accoutumés de noblesse, comme par exemple celui de « très-illustre, très-noble, très-haut et puissant seigneur », et autres semblables. Il n'y a d'exception que pour les protopsaltes, auxquels on a permis de s'appeler comme auparavant : TRÈS-SAVANTS EN MUSIQUE [2].

J'aurais encore beaucoup de choses à vous écrire sur les autres réformes qu'ils ont faites et qu'ils font encore tous les jours; mais je n'ai pas assez de temps pour m'occuper de ces histoires qui n'en finiraient pas; le peu que je vous ai écrit n'est que pour me délivrer de vos reproches quotidiens, qui, sans songer que je suis occupé d'Hippocrate, m'obligent à faire le métier de journaliste.

Aujourd'hui 15 août, j'ai enfin reçu les six catéchismes égarés de votre second envoi (car les premiers sont absolument perdus), avec une lettre de vous, datée du 5 juin 1789.

La réception bienveillante du consul nous a causé, à moi et à mon ami M. Villoison, beaucoup de plaisir. Il a lu lui-même (car le savant Villoison sait aussi notre langue vulgaire) tout le passage de votre lettre où vous le remerciez et dans lequel vous faites son éloge, et il a éclaté de rire

---

1. L'abolition de tous les privilèges eut lieu dans la fameuse séance de nuit du 4 août 1789. — Le décret qui ordonne l'égalité des partages dans les successions, l'abolition du droit d'aînesse et des droits seigneuriaux, est du 24 février 1790. — Celui qui supprime tous les titres de noblesse, les ordres militaires, les livrées, les armoiries et toute espèce de distinction entre les Français, est du 19 juin 1790. C'est à ce dernier que Coray fait allusion.

2. Μουσικολογιώτατοι. Coray veut plaisanter ici, mais ce titre, inconnu en France, est bien celui qu'on donnait en Turquie et en Grèce aux chantres de l'Église orientale; les médecins aussi s'appelaient des ἰατροφιλόσοφοι (des philosophes en médecine). On leur donnait également le titre d'*excellence*, ἐξοχώτατε, comme on dit *docteur* en France.

en voyant l'éloquence oratoire dont vous vous servez pour lui exprimer votre reconnaissance. Il m'a chargé deux et trois fois de vous remercier de sa part, et il vous prie de nous écrire toujours les nouvelles. Vous avez bien fait de le remercier longuement, parce que cela m'a fourni l'occasion de lui montrer votre lettre qui lui a fait grand plaisir. Je puis vous dire sans flatterie que vous écrivez avec incomparablement plus de grâce et de facilité que beaucoup de gens lettrés. Cependant ne vous imaginez pas être arrivé au dernier degré. Vous faites encore beaucoup de fautes qu'il faudrait corriger, et que je vous ferais remarquer volontiers de temps en temps, si j'avais moi-même assez de loisir pour écrire mes propres lettres comme il faut. Mais j'ai de si nombreuses occupations que je n'ai pas même le temps de relire ma lettre après l'avoir écrite. Par exemple, je vous ai dit mille fois, si je ne me trompe, de n'employer le mot ΌΠΟΥ, ni pour les choses ni pour les personnes, mais seulement pour le lieu et le temps. Il y aurait encore à vous faire, mon cher ami, beaucoup d'autres observations semblables, qui paraissent mesquines et puériles aux esprits étroits et superficiels, mais qui sont de première nécessité pour ceux qui veulent écrire correctement. Si j'avais le temps, je composerais une grammaire de notre langue vulgaire[1], que je vous enverrais pour vous récompenser de toutes les peines que vous vous êtes données et que vous vous donnez encore à toute heure et tous les jours pour moi.

J'ai vu avec beaucoup de regret dans les journaux que vous êtes de nouveau en proie à la peste. Toutes les fois que j'apprends cette triste nouvelle, j'en suis désolé pour tous mes parents et amis d'abord, mais particulièrement pour mon frère et pour vous, que je connais assez aventureux et téméraires pour ne pas craindre le danger.

Vous ne m'écrivez pas si, maintenant que vous êtes sous

---

1. Coray en avait en effet commencé une qui est restée inédite, et dour laquelle il avait réuni une quantité de notes, qui se trouvent aujourd'hui, parmi ses papiers, à la bibliothèque de Chio.

la protection de la France, vous vous êtes déjà habillé ou si vous avez l'intention de vous habiller en vert[1] ; ce serait chose bien curieuse et extrêmement risible pour moi de vous voir habiller de vert avec des bottes jaunes aux pieds et un kalpak de *zerdavas*[2] sur la tête. Consultez-vous pour cela avec votre compère et mon excellent ami M. Nicolas Bachatoris, et voyez ce qu'il vous dira. Si vous avez l'intention de vous déguiser ainsi, je vous conseille d'aller faire votre première visite chez votre ami l'évêque, et de vous présenter habillé de vert, respirant la colère et la menace, devant Sa Grandeur.

Que je vous dise aussi quelque chose que vous ignorez là-bas, touchant le roi de Prusse[3]. Cet abominable roi se figure et se flatte d'être comparé à son oncle, l'illustre héros, le précédent roi de Prusse, mais il y a autant de différence entre eux qu'il y en a entre le jour et la nuit. Parmi beaucoup d'autres qualités que celui-ci possède, il serait aussi, à ce que l'on dit, un ivrogne. Il a vécu longtemps avec une fille publique, en méprisant son épouse légitime ; mais cela ne serait rien. Ce qu'il y a de plus impudent et de plus ridicule là-dedans, c'est que cet imbécile a envoyé, il y a six mois, une lettre au Synode des luthériens, de la religion desquels il est, pour lui demander la permission ecclésiastique de contracter mariage avec sa concubine. Le Synode lui a répondu qu'il était le maître de faire ce qu'il voudrait. Il a donc, du vivant de la reine, pris pour femme sa fille publique Ounoff, au grand scandale de toute l'Europe. Voulez-vous apprendre encore une autre chose plus curieuse? Ce maniaque d'amour, cet ivrogne, est, de plus, superstitieux. Il est présentement zélateur ardent et partisan d'une nouvelle hérésie qui a paru depuis quelques années en Europe et qui s'appelle les

1. En Turquie, le vert ne peut être porté que par les gens qui prétendent descendre de la fille de Mahomet. — Cette couleur est interdite aux autres personnes.
2. *Zerdava*, en turc, signifie martre.
3. Frédéric-Guillaume II avait succédé à son oncle Frédéric II en 1786.

« Illuminés », ou Svedenborgiens, d'un certain Svedenborg qui en a été le chef[1]. Ces illuminés, entre autres dogmes ridicules qu'ils croient et enseignent, prétendent encore avoir des visions célestes et de fréquents entretiens avec les anges, et autres folies semblables.

A présent, mon très-honorable et très-cher ami M. Pérakis, que vous saluerez tout particulièrement de ma part, doit être arrivé à Smyrne ; il est venu à Paris à l'époque des troubles dont nous ne sommes pas encore tout à fait délivrés, et il n'a pas eu le temps de voir grand'chose.

Actuellement, j'ai déménagé et me suis installé chez le juge mon ami, pour lequel étaient aussi les chansons[2]. Ce brave jeune homme m'avait offert, depuis longtemps, chez lui une chambre pour rien, et je ne l'avais pas acceptée parce que cela m'éloignait de Villoison ; mais enfin il m'a tellement pressé, que je n'ai plus pu refuser sa noble et amicale invitation, surtout parce que ce changement de domicile me convient beaucoup, à cause de la grande bibliothèque qu'il possède et qui renferme les auteurs de toutes les nations et de toutes les langues qui me sont nécessaires pour le livre que j'écris maintenant. Vous me dites, mon cher ami, de revenir à Smyrne ; mais, si j'y retourne, comment pourrais-je jamais terminer, sans le secours indispensable des livres, cet ouvrage laborieux que j'ai entrepris? Avez-vous jamais vu un ouvrier travailler sans outils? Et croyez-vous que les quatre ou cinq cents volumes que vous avez à peine à Smyrne (et encore tous grecs seulement) suffiraient à me fournir la matière qui est nécessaire à mon livre? Ici, outre la bibliothèque du juge chez lequel je demeure, j'ai encore Villoison et deux

1. Svedenborg (Emmanuel), théosophe, né à Stockholm en 1688, mort en 1772, fondateur de la secte des « *Illuminés* », prétendait être en rapport direct avec les anges et les démons.

2. Le juge dont il est question ici est Clavier, qui fut plus tard le beau-père de P.-L. Courier ; voyez, dans les Lettres françaises adressées à Chardon de la Rochette, la Lettre IV de Villoison à ce dernier (1790) : « M. Coray va demeurer chez M. Clavier. »

autres savants, dont les bibliothèques renferment huit ou dix mille volumes chacune. Et si je ne trouve pas, dans ce nombre, le livre qu'il me faut, j'ai la permission d'aller le demander à la Bibliothèque royale, qui possède trois cent cinquante mille volumes. Il est temps maintenant de vous dire de quelle nature est le livre dont je m'occupe.

C'est, mon ami, une explication des endroits difficiles d'Hippocrate et la correction de beaucoup de passages altérés par les copistes des diverses époques[1]. Corriger les fautes des copistes, expliquer les passages difficiles dans les ouvrages des anciens, et surtout des Grecs, cela s'appelle la science critique. Cette science, quoique bien connue des anciens Grecs (et que n'ont-ils pas connu!), les modernes, il faut en convenir, l'ont portée à un grand degré de perfection. Dans ces derniers temps, il a paru, dans les différentes parties de l'Europe, des hommes très-forts pour la critique, surtout en Hollande et en Angleterre ; l'un d'eux a été le fameux Toup[2], Anglais d'origine, qui a corrigé beaucoup de passages corrompus des auteurs grecs, avec une très-grande perspicacité, de sorte qu'on peut l'appeler, pour ainsi dire, le coryphée des critiques. Sachez donc, mon ami (mais ce que je vous dis là doit rester entre nous pour que l'on ne me prenne pas pour un vaniteux, car je ne vous l'écris, Dieu m'en est témoin, que parce que vous me demandez souvent avec empressement ce que je fais ; puis, je ne vous dis pas autre chose que ce qu'ont déjà dit et proclamé à mon sujet des hommes capables de juger ces sortes de choses), sa-

---

1. C'est sans doute le commencement de ses études sur *Hippocrate* dont il publia, en 1800, *le Traité des airs, des eaux et des lieux* en 2 *volumes*.

2. Toup (Jonathan), philologue anglais, né en décembre 1713, à Saint-Yves (Cornwall), mort le 19 janvier 1785, à Exeter, fut un des meilleurs critiques de son temps. Il avait un savoir profond et beaucoup de sagacité. On a de lui : *Emendationes in Suidam*, Londres, 1760-1775, 4 vol. in-8. — *Epistola de Syracusis et addenda in Theocritum* dans l'édition de Théocrite par Wharton (Oxford, 1870), grand in-4. Enfin on lui doit encore une excellente édition de Longin (Oxford, 1778, grand in-4).

chez donc que Villoison, lorsque je lui ai montré une faible partie de mon ouvrage, en a été étonné ; il m'a encouragé à le finir et à le publier, en m'assurant, par serment, tous les jours et à toute heure, que le fameux Toup m'est bien inférieur et sera jugé tel lorsque mon ouvrage sera connu en Europe[1]. Il ne s'est pas contenté de cela ; mais, ayant des correspondances très-étendues avec tous les savants de l'Europe, il a écrit en Allemagne, en Hollande, en Italie et dans d'autres pays à ce sujet, en faisant de moi des éloges excessifs, et en me nommant le premier critique de l'Europe, à ce point qu'on m'a fourré dans les journaux philologiques de Leipzick, en ces termes : « Il se trouve aujourd'hui, à Paris, un médecin grec appelé Coray qui a fait les explications et les corrections les plus intelligentes sur Hippocrate. » Cela m'a contrarié de me voir dans un journal allemand, parce que Villoison l'a fait à mon insu et sans ma volonté, et parce que ce n'est pas d'un homme sage d'annoncer d'avance des choses qui ne sont pas encore terminées ; mais, d'un autre côté, voyant mon titre de Grec, j'ai pensé que cela pourrait être utile pour fermer au moins la bouche aux ennemis de notre race malheureuse et méprisée, et surtout à ce maudit de Pauw qui me fait devenir épileptique toutes les fois que j'y pense. Villoison m'a forcé d'envoyer en Angleterre un petit échantillon de mon ouvrage ; j'en ai adressé une partie à l'Académie d'Oxford, une partie à Londres à de fameux médecins qui savent le grec. Je rougirais de vous écrire ce qu'ils ont répondu, non pas directement à moi, mais à une troisième personne. En peu de mots, ce travail me paraît avoir produit une grande satisfaction et un véritable enthousiasme chez tous ceux qui l'ont vu ; plaise à Dieu qu'il satisfasse autant lorsqu'il sera imprimé !

[1]. « Je vous écris sur le redos d'une lettre de notre ami M. Coray. Cette lettre contient une superbe correction d'Hippocrate, telle qu'il en fait tous les jours. J'espère que, dans six mois, il sera dans le cas de nous donner ses remarques sur la moitié d'Hippocrate. Ce sera un chef-d'œuvre digne de Toup, d'Hemsterhuis et de vous. » (Lettre de Villoison à Chardon de la Rochette (1790) n° IV. — Voyez Lettres inédites de Coray p. 7.)

Je vous dis tout cela, mon ami, pour que vous ne soyez plus étonné du retard que je mets à mon retour. Soyez certain que je soupire souvent, en me considérant comme un exilé loin de ma patrie. Et quelle patrie! Un paradis où coulent le miel et le lait, si vous le comparez à ce lieu sauvage où règnent, pendant dix mois de l'année, les pluies, et, pendant les deux autres, un temps tout à fait inconstant. Je pleure sur le malheur de notre nation; je me lamente sur l'ignorance dans laquelle nous sommes tombés, nous les descendants de ces Grecs admirables et véritablement savants et intelligents; mais, dites-moi, que ferais-je maintenant à Smyrne? J'ai tant de matériaux rassemblés avec une peine incroyable, au prix de tant de veilles, aux dépens de ma propre santé; si j'allais à Smyrne, tous ces travaux deviendraient inutiles, parce qu'il est impossible de mettre en ordre tous ces matériaux sans le secours des livres. Tant que je suis ici, j'ai l'espérance de faire quelque chose pour le profit et pour l'honneur de notre nation. Je ne suis pas le seul; tous les savants qui veulent composer quelque chose se réfugient dans les grandes villes de l'Europe, comme Paris, Londres, etc., parce qu'ils y trouvent des ressources et des secours qui facilitent leurs travaux. Si les Grecs savaient ce qui leur est utile!... Mais je ne ne veux ni ne peux en dire davantage[1]. Ici, lorsque l'on trouve un homme capable de réussir en quoi que ce soit, on l'encourage, on le conseille, on vient à son aide. Aussitôt que ce jeune philhellène (je veux dire le juge) apprit et vit que je m'occupais d'Hippocrate, il a fait tout son possible pour m'attirer chez lui, afin que j'eusse le secours de sa bibliothèque, jusqu'à ce qu'enfin il ait réussi à me décider.

Villoison, bien que je demeure maintenant loin de chez lui, vient fréquemment me voir et m'envoie plus

---

1. « Ajoutez à cela les dernières lettres que j'ai reçues de chez moi, lettres pleines de reproches amers, et qui me somment de m'expliquer sur mes intentions au sujet de mon retour à Smyrne. » (Lettre de Coray à Villoison dans les Lettres inédites de Coray, p. 104.)

fréquemment encore son domestique, pour me prier et me conjurer même de ne pas me livrer à une autre étude qu'à celle à laquelle je suis occupé en ce moment, pour la terminer le plus promptement possible ; je vous assure que, si cette Révolution n'était pas arrivée en France, il m'aurait déjà fait obtenir quelque secours royal pour mes travaux, qu'il vante partout où il se trouve, avec une ardeur et une amitié sans pareilles. Sur toutes les difficultés et sur toutes les questions qui lui sont adressées, de différents endroits, par les savants de l'Europe (parce que les savants ont coutume de se consulter par lettres les uns les autres), il me fait l'honneur, surtout quand il s'agit d'auteurs grecs, de me demander mon opinion. Voilà, mon cher ami, les occupations que j'ai, et l'état dans lequel je me trouve. Quant aux diverses versions de l'Ancien Testament que j'ai été chargé de collationner[1], je n'ai accepté ce travail que par nécessité, parce que l'on me donne, pour cela, tant par copie. Cette occupation m'est très-pénible, en ce qu'elle retarde mon ouvrage ; mais qu'y faire, puisque je ne trouve pas d'autre moyen de gagner ce qui m'est nécessaire pour vivre ? Ne vous en réjouissez donc pas, car il ne m'en reviendra aucun honneur, et je n'en tire d'autre utilité, comme je vous l'ai dit, que de me procurer de quoi vivre.

Lorsque vous écrirez à notre ami le Protosyngélos du Sinaï, je vous prie de lui faire mes amitiés ; je pense vous avoir écrit de garder à Smyrne tout ce qui vous sera envoyé en produits de la mer Rouge par son entremise, d'en prendre note, de m'en écrire les différentes espèces, et alors je vous aviserai à qui vous devrez les livrer.

Saluez de ma part, nominalement, tous mes parents et amis ; priez-les de m'excuser si je ne leur écris pas, en leur disant, comme c'est la vérité, d'une part, mes nom-

---

1. Coray avait accepté de collationner les manuscrits de l'Ancien Testament pour M. Holmes ; il est souvent question de l'ennui que lui cause ce travail, dans les Lettres françaises inédites, où il dit : « Ce travail de collations, mon ami, me tue, et je ne le supporte que comme un moindre mal que celui de retourner parmi les Turcs », p. 15 et suiv.

breuses occupations, et, de l'autre, les longues lettres que je suis obligé, bon gré mal gré, de vous écrire pour éviter vos injustes reproches. Je ne puis, mon ami, digérer les dix mois de silence que vous m'accusez d'avoir gardés, car je crains que vous n'ayez oublié les lettres que je vous ai écrites de temps en temps. Ce qui me donne le droit de soupçonner un pareil oubli de votre part, c'est une autre erreur que j'ai remarquée dans votre lettre. Vous me dites que vous avez quarante-cinq ans; mais moi, mon cher ami, je me rappelle très-bien qu'il y a aujourd'hui près de douze ans que vous m'aviez dit avoir quarante-cinq ans : de deux choses l'une, ou bien vous avez perdu la mémoire, ou bien, certes par miracle, vous avez arrêté le cours de vos années, comme autrefois Josué de Navi arrêta la course du soleil.

Je vous prie, mon ami, encore une fois de plus, vous et mes parents, de diriger par vos sages conseils mon frère, surtout en lui montrant quelle conduite il doit tenir dans la nouvelle société qu'il a formée. Je crois bon que vous fassiez en sorte que leurs comptes soient fréquemment revus par eux; les vieux comptes, mon cher ami (comme je l'ai observé lorsque ma mauvaise fortune me condamna à perdre la meilleure partie de ma vie dans le commerce), tombent toujours en pourriture et finissent par sentir mauvais, comme les viandes que l'on garde trop longtemps.

Je vous prie de me mander le nom du patriarche actuel. Ne savez-vous pas que c'est mon condisciple et que nous avons étudié à la même époque la langue grecque chez feu Hiérothée? Lorsqu'il était chrétien, il s'appelait Nicolas[1].

J'ai encore beaucoup d'autres choses à vous écrire sur la situation de la France et aussi du reste de l'Europe; mais, mon ami, ayez un peu de compassion et de discrétion; j'en suis, vous le voyez, à la dix-neuvième page de

1. Pour comprendre ici la plaisanterie de Coray, il faut savoir que le nom de baptême de ceux qui entrent dans le sacerdoce doit être changé, selon la coutume de l'Église grecque. Par ces mots : « Lorsqu'il était chrétien, il s'appelait Nicolas », Coray veut dire qu'étant devenu prêtre il avait cessé d'être chrétien.

ma lettre, et je ne veux pas tourner la feuille pour la vingtième, quand même tout le monde devrait me le reprocher. Adieu. Portez-vous bien.

A. CORAY.

XVI

Paris, 31 janvier 1791.

C'est avec une très-vive affliction, mon cher protopsalte, que j'ai lu le tragique récit de cette maladie qui s'est déclarée sur les enfants, et qui, entre autres malheurs, est venu vous affliger encore de la perte de votre enfant chéri. J'espère que maintenant cette épidémie aura cessé, et surtout qu'elle n'aura pas frappé mes parents. J'attends à tous moments que vous m'écriviez au sujet des enfants de mon cousin M. Pétritzi, à qui je vous prie de vouloir bien faire mes amitiés ; assurez-le de la peine que j'ai éprouvée en apprenant la maladie de ses enfants.

Je n'ai pas reçu d'autre lettre de vous depuis votre dernière du 31 octobre. Sachez-le donc, mon ami, afin de ne pas rejeter tous les torts sur moi : quoique j'écrive rarement, empêché par la nécessité invincible de mes occupations, soyez bien sûr cependant que je ne suis pas ingrat au point d'oublier mes bienfaiteurs. Si vous saviez quelle chose terrible c'est de faire un livre en Europe, vous ne m'accableriez pas de tant de reproches. Cette difficulté m'a été rendue incomparablement plus lourde encore par l'extrême amitié et l'estime de mon ami Villoison. Sans attendre l'enfantement de mon œuvre, il a publié dans toute l'Europe ma grossesse et mes souffrances, à ce point, mon ami, que tous les savants de l'Europe, ceux surtout qui se vantent de savoir le grec, attendent chaque jour avec impatience pour voir si les malheureux Grecs sont capables de produire quelque chose. Je vous laisse donc à penser quels soucis, quels tourments me cause tous les jours ce travail : d'abord, pour ne pas faire rougir mon ami qui a crié sur les toits qu'il n'a encore jamais paru un pareil ouvrage de critique littéraire ; et secondement, pour fermer la bouche, s'il plaît à Dieu, aux méchantes langues, et aux ennemis irréconciliables de la nation grecque.

Des nouvelles que vous me donnez de la guerre, les unes sont vraies et nous les connaissons depuis longtemps ici ; mais il y en a aussi beaucoup de fausses, qui n'ont jamais existé, quoique vous les croyiez comme paroles d'Évangile. Tenez, par exemple, la réponse menaçante de Catherine au Sardanapale de Berlin. Catherine, mon ami, n'est pas seulement une souveraine puissante ; elle est aussi très-prudente, et une pareille réponse à un roi qui a 250,000 bons soldats et les Anglais pour alliés, une telle réponse, dis-je, personne ne la ferait, pas même Manoli. Les Anglais ont préparé, pour le printemps prochain, une flotte tellement formidable qu'ils n'en ont jamais eu de pareille, même lorsqu'ils faisaient la guerre aux trois nations alliées de France, d'Espagne et d'Amérique. La dette colossale qui écrase cette nation et les nouvelles dépenses de la flotte, près de 4 millions de livres sterling qu'ils vont ajouter à leur dette, annoncent qu'ils ont de grands et mauvais desseins. Les uns disent qu'une partie de cette flotte doit partir pour la mer Baltique afin de déclarer, sans pudeur, la guerre aux Russes ou les empêcher, s'ils en avaient l'intention (maintenant qu'ils sont débarrassés des Suédois), d'envoyer une flotte contre les Turcs ; d'autres croient que vos bons Anglais ont l'intention de venir dans l'Archipel, pour de là entrer dans la mer Noire et faire la guerre aux Russes. Il y en a encore qui disent que tous ces terribles préparatifs de l'Angleterre se font secrètement contre la France ; mais toutes ces choses-là ne sont que des paroles en l'air, des soupçons, des conjectures, car personne ne sait rien de positif.

Quant aux troubles de la France, je vous ai écrit tout au long ce qui s'est passé jusqu'au mois d'août dernier. Je vous ai dit qu'on avait dépouillé les moines. Beaucoup de ces saints personnages, voyant vendre leurs propriétés, sont devenus furieux comme des lions enragés, ont provoqué dans certaines villes et provinces des soulèvements et des émeutes, prêchant, du haut de la chaire, que la sainte Église catholique, apostolique et romaine, était en danger de disparaître complètement et de crever de faim, du moment qu'elle ne pourrait plus acheter de beaux poissons et payer de belles prostituées. De ces soulèvements sont résulté des meurtres, le pillage des maisons et un grand nombre d'attentats en différents endroits[1]. L'Assemblée nationale en a puni un grand nombre, et, à la fin, pour fermer la bouche à ces gens, elle a décrété que tous les évêques, prêtres, diacres, curés, abbés de monastère et frères[2] devaient prêter serment[3] qu'ils acceptaient la nouvelle Constitution, et que ceux qui ne voudraient pas prêter ce serment perdraient leur siège épiscopal, leur cure, leur diaconat et leur abbaye. Beaucoup se sont soumis de bonne grâce à ce décret; le premier d'entre eux a été l'évêque d'Autun. Beaucoup d'autres ont refusé le serment qui a été prêté le 9 de ce mois, jour de dimanche, publiquement, dans l'église, après la messe[4]. Un grand nombre de prêtres se sont enfuis le samedi, pour ne pas prêter ce serment; de sorte que, bon nombre d'églises n'ayant, le matin, ni curés ni messes, on a été obligé d'appeler d'autres prêtres pour dire la messe; ensuite, le lundi et les jours suivants, on a choisi des prêtres pour remplacer ceux qui s'étaient enfuis. Je ne sais pas si je vous ai dit que l'As-

1. Voyez, à ce sujet, Taine, *la Révolution*, tome I, livre II, ch. 2.
2. En italien *frari* et par mépris *frarazzi*, d'où le grec vulgaire φραράτζοι.
3. 27 novembre 1790. — Décret qui ordonne aux évêques, curés, et à tous les autres ecclésiastiques ou fonctionnaires publics de prêter serment de fidélité à la nation, à la loi et au roi, de maintenir la constitution décrétée par l'Assemblée constituante et acceptée par le roi, et de se conformer aux décrets relatifs à la constitution civile du clergé.
4. La formalité du serment fut demandée au clergé des paroisses de Paris, le dimanche 9 janvier. Vingt-neuf curés la refusèrent, entre autres ceux de Saint-Sulpice et de Saint-Roch, à la tête de près de cent

semblée nationale avait diminué aussi le nombre des évêques et l'avait réduit de cent vingt[1] à quatre-vingt-trois, tous égaux en dignité et avec le simple titre d'évêque, comme cela se faisait dans la primitive Église. Les moines ont fait du bruit, disant que c'était une mesure tyrannique et qu'on n'avait jamais donné à une puissance temporelle le droit d'augmenter ou de diminuer le nombre des saints pasteurs. On leur a répondu que les empereurs de Constantinople avaient toujours eu le pouvoir de restreindre ou d'étendre les limites des provinces ecclésiastiques, d'après les ordres du gouvernement temporel, comme cela ressort du canon du concile œcuménique de Chalcédoine, dans lequel les Pères, par ces paroles : — « Si quelque ville a été créée ou renouvelée par la puissance impériale, que l'ordre des communautés ecclésiastiques soit conforme aux formules politiques et publiques », — confessent hautement qu'une diminution, une augmentation, ou une modification des limites ecclésiastiques, était une œuvre qui dépendait de la puissance impériale et non des moines.

L'évêque d'Autun non-seulement a prêté de bonne grâce le serment, comme je vous l'ai dit, mais encore il a écrit à son diocèse une très-belle lettre pastorale pour engager tous les prêtres sous ses ordres à prêter, sans opposition, le serment demandé, en leur représentant, d'après l'Écriture sainte, que c'est un acte impie, pour un prêtre, de ne pas obéir aux lois de sa patrie, toutes les fois que ces lois ne touchent pas le dogme. Dans un village, un curé est monté en chaire le jour de la prestation du serment, et a beaucoup parlé contre l'Assemblée nationale, dans le but d'exciter le peuple contre elle. Les bons villageois, pendant que leur curé prêchait, montèrent à son presbytère, en déménagèrent tous ses meubles, et les chargèrent sur une charrette. Lorsque le prédicateur eut fini son ser-

prêtres de leur communauté, et l'on assure que, sur huit cents ecclésiastiques employés au ministère dans la capitale, on en compte plus de six cents qui renoncèrent à leurs places plutôt que de prêter le serment qu'on leur demandait.

1. Le nombre des évêques était de cent trente-cinq.

mon et sortit de l'église, les villageois lui dirent respectueusement : « Monsieur le curé, voilà tous vos effets prêts pour vous mettre en voyage, dites-nous maintenant où vous voulez que l'on vous conduise. » Le pauvre *frarazzo*, étonné d'une résolution si inattendue : « Mes chers enfants, leur dit-il avec beaucoup d'humilité, ayez pitié de moi, au nom de la miséricorde de Dieu ; j'ai vécu si longtemps avec vous ; où voulez-vous maintenant que j'aille, pauvre malheureux que je suis?... » — « Là où vous voudrez, choisissez, lui répondirent les villageois ; car, en aucune manière, nous ne voulons d'un curé rebelle aux lois de sa patrie. » Enfin le prédicateur fut obligé, bien malgré lui, de partir sans délai.

Il se passa beaucoup d'autres scènes du même genre, aussi curieuses et aussi comiques ; si je voulais les décrire, il me faudrait un mois entier et des centaines de feuilles de papier. Je vous dis cela seulement pour que vous sachiez que, s'il se trouve parmi vous quelques pauvres diables, comme vos charbonniers de Smyrne, qui, trompés par les moines, ont troublé la paix publique, la plus grande partie du peuple, néanmoins, a compris leurs mauvais desseins et a entièrement perdu confiance en eux. D'un autre côté, pour dire la vérité, il s'est trouvé aussi parmi les religieux beaucoup d'hommes pieux, sages et pacifiques, tel que votre Sinaïte[1]; tels, par exemple, ont été tous ceux qui non-seulement ont prêté le serment exigé, mais qui ont encore écrit différentes petites brochures pour engager leurs confrères à l'obéissance et à l'humilité qu'enseigne la religion chrétienne. « Que toute âme soit soumise à l'autorité supérieure. » Ces paroles de saint Paul ne s'adressent pas seulement aux laïques, mais encore aux moines. Tels sont encore de ce nombre l'abbé Grégoire et l'abbé Gout, membres tous deux aussi de l'Assemblée nationale. Quant à l'évêque d'Autun, il ne me paraît pas nécessaire de vous répéter ici ce que je vous en ai déjà dit tant de fois. Il s'est montré non-seulement très-

---

1. Prêtre ou moine qui dirige le Μετόχιον (succursale) du Sinaï.

savant dans les choses ecclésiastiques, mais encore très-supérieur dans les choses politiques. Il a publié, il y a quelques mois, plusieurs brochures sur différentes questions politiques, écrites avec beaucoup d'éloquence et une très-profonde connaissance des choses. Dans l'Assemblée, il y a un prêtre protestant aussi savant que notre ami de Smyrne, qui a souvent parlé, à la grande satisfaction de l'auditoire. Déjà, avant l'Assemblée nationale, lorsque j'étais encore à Montpellier, il avait composé un ouvrage très-savant sur l'ancienne mythologie des Grecs. Mais celui qui est au-dessus de tous, par son talent d'orateur, dans cette Assemblée, c'est un laïque appelé Mirabeau. Cet homme est aujourd'hui, pour eux, ce qu'était autrefois pour nous, Démosthène ; toutes les fois qu'il ouvre la bouche, les pauvres moines sont endiablés. Ils ont, eux aussi, un champion contre Mirabeau, dans la personne du très-éloquent abbé Maury ; mais l'éloquence de Maury est à celle de Mirabeau ce que le bégayement d'un enfant à la mamelle est aux discours prudents et sensés d'un homme mûr. Voilà la différence qu'il y a entre eux. Ils se ressemblent seulement en ce point, qu'ils sont, à ce qu'on dit, tous deux, les hommes les plus vils de France. Pour Mirabeau surtout, on assure qu'il n'y a pas de sorte de *vertus* qu'il n'ait pratiquées. Avant la convocation de l'Assemblée nationale, il se trouvait à la cour de Prusse, où il a reçu le meilleur accueil de la part de ce Sardanapale qui règne maintenant. De retour en France, pour témoigner sa reconnaissance au roi de Prusse, il a écrit une brochure anonyme, dans laquelle il a dévoilé toute la scandaleuse conduite de cette cour[1]. Par là, vous pouvez comprendre que ce bon Mirabeau est un diable déguisé sous une figure humaine. Mais les grandes et nombreuses qualités de son

1. Mirabeau avait été envoyé à Berlin en mission par M. de Vergennes ; il y arriva après la mort de Frédéric II, et, à son retour, n'ayant pu obtenir la place d'envoyé auprès de la cour de Bavière qu'il avait demandée, il publia une brochure intitulée : *la Monarchie prussienne sous Frédéric le Grand*, qui est une compilation médiocre.

esprit l'ont rendu cher et nécessaire à la nation, car tout le monde pense (et ce n'est pas à tort peut-être) que, sans lui, les choses ne seraient jamais arrivées au point où elles sont aujourd'hui. Jamais il n'a ouvert la bouche sans que son opinion prévalût à l'Assemblée ; son éloquence est comme un torrent grossi par les pluies d'hiver, qui, dans sa course violente et précipitée, déracine les arbres, renverse maisons, bestiaux, bois et rochers, et les entraîne avec lui sans rencontrer le moindre obstacle.

J'ai oublié de vous dire que, dans cette nouvelle division et délimitation en diocèses, et dans la question du serment que Mirabeau, le premier, avait proposé, le malheureux roi, pour l'amour de la paix et pour fermer la bouche aux moines, a voulu consulter le pape sur ce sujet ; il espérait que, si Sa Sainteté y consentait, les moines n'auraient plus aucun prétexte de rébellion. Il lui a donc écrit personnellement pour lui demander son opinion sur ce qui avait été voté par l'Assemblée nationale, de manière cependant à lui donner à entendre en même temps ce que dit le commun proverbe : « Si ce que tu ne veux pas se fait, veuille-le comme c'est fait. » Il y a maintenant près de deux mois et nous n'avons pas encore reçu de réponse de Rome, sous prétexte, tantôt que Sa Sainteté est malade, tantôt que le saint Concile des cardinaux n'a pas pu se réunir, et autres balivernes semblables. Au lieu de réponse, le Très-Saint-Père a fait ouvrir toutes les églises, ordonné un jubilé, des jeûnes et des prières à tous les fidèles, pour apaiser, dit-il, Dieu dont l'Église est en péril. Voyez-vous les malices de Rome : lorsque Rome avait la puissance de lier, elle liait et les rois et les nations entières sans recourir aux prières ; maintenant qu'elle a perdu même la puissance de délier, elle proclame des jeûnes et des prières ; mais ici, sans attendre la réponse ni du pape de Rome ni de l'archevêque de Smyrne, ils ont terminé leurs affaires comme ils les avaient votées dans le principe.

Puisqu'il est question du Saint-Père (dont je vous souhaite la bénédiction), il est temps que je vous parle aussi de toutes les autres afflictions qu'a éprouvées Sa Sainteté dans ces derniers temps. Vous savez, je pense, que la province d'Avignon, quoique se trouvant au cœur de la France et en faisant anciennement partie, appartient néanmoins aujourd'hui, et depuis déjà plus de quatre cents ans, au pape. Au mois de juin dernier[1], les habitants d'Avignon, vieux Français d'origine et de langue, voyant la révolution politique survenue en France, leur ancienne patrie, se sont révoltés contre le pape, ont chassé honteusement son légat (qui est le lieutenant et le satrape du pape), ont arraché de son palais les insignes de Sa Sainteté, c'est-à-dire les clefs du paradis, et ont mis à leur place les armes de la France ; écrivant en même temps à l'Assemblée nationale et au roi qu'en leur qualité d'anciens Français, ils s'unissaient de nouveau à la France, ne voulant plus, en aucune façon, continuer à être dominés par un moine.

Le vote de l'Assemblée sur cette question était délicat : si on ne les recevait pas, les malheureux Avignonnais restaient sans aucun secours, exposés à la vengeance du Saint-Père ; si on les recevait, on pouvait réveiller la jalousie et la haine des rois voisins dans un moment où l'on avait, par-dessus tout, besoin de paix et de tranquillité pour terminer ses affaires ; ce n'était pas chose prudente, ayant tant d'ennemis intérieurs, de provoquer encore ceux du dehors. Il y a eu, dans l'Assemblée, beaucoup de discours, pendant plusieurs jours, de la part de nombreux orateurs, sur cette question. Les uns prétendaient qu'il fallait recevoir les Avignonnais, mais les autres (et c'étaient les moines et quelques nobles) qu'il était injuste d'enlever ainsi au pape une province tout entière. Les premiers disaient que le pape Clément VI, en 1348, avait arraché artificieusement cette province à Jeanne, alors reine de Naples, pour lui accorder le pardon d'un horrible assassinat qu'avait commis cette bonne Jeanne, en massacrant injustement

---

1. La délibération des Avignonnais pour leur réunion à la France est du 11 juin 1790.

son mari. Les autres assuraient que Clément avait payé à Jeanne pour cette province quatre-vingt mille ducats. Quoi qu'il en soit de cette affaire (parce que les historiens ne sont pas d'accord entre eux), il paraît que le Très-Saint-Père Clément, successeur et vicaire de Jésus-Christ, qui n'avait pas de quoi reposer sa tête, engloutit pieusement une province tout entière en trompant Jeanne, la meurtrière de son mari. Enfin, Mirabeau se leva et proposa un moyen terme de manière que les Avignonnais ne se trouvaient ni abandonnés sans secours à la vengeance de la Rome philanthrope, ni acceptés ouvertement comme faisant partie de la France, ce qui aurait pu exciter la jalousie des autres souverains. L'opinion de Mirabeau fut : « que pour le présent, le roi de France devait envoyer quelques régiments de soldats à Avignon pour mettre un terme aux troubles présents et empêcher les désordres futurs, jusqu'à ce que l'Assemblée nationale eût décidé ce qu'il y avait à faire au sujet de cette province. » Cette opinion prévalut. Il y a donc présentement des troupes françaises à Avignon, sans que néanmoins cette province soit encore proclamée partie intégrante de la France.

Maintenant, aujourd'hui 24 janvier, Paris se trouve de nouveau dans le plus grand trouble. Quelques soldats du régiment dit des Chasseurs sont en lutte contre les soldats d'un autre régiment et se tuent réciproquement. Excusez-moi de laisser là un moment la lettre que je vous écris pour aller m'informer plus exactement de la cause de cet évènement, afin de pouvoir vous l'écrire.

Me voilà de retour dans ma chambre. Le tumulte a été grand, il y a eu sept à huit morts et une quinzaine de blessés, parmi lesquels deux femmes[1]. On soupçonne que c'est encore une intrigue des moines. Nous nous trouvons exposés tous les jours à de pareils dangers et ce ne sont pas les seuls. Il y a des gens qui croient que Léopold,

1. Dans une lettre du 8 janvier 1791, adressée à Bernard Keun (n° VI des Lettres inédites), Coray parle également, et presque dans les mêmes termes, de cette rixe entre les chasseurs et la garde nationale.

frère de notre reine, comme vous savez, doit tomber à l'improviste un de ces jours sur la France avec des troupes nombreuses pour venger, à ce qu'on dit, l'honneur de sa sœur et l'arracher au péril de la mort. Il n'a pas fait voir jusqu'à présent de pareils projets ; mais, si ces soupçons se réalisent, il y aura une épouvantable effusion de sang dans tout le royaume de France. Priez pour moi, mon ami, afin que je ne périsse pas avec mon Hippocrate.

Je vous ai écrit, si ma mémoire ne me trompe pas, que la dette de la France s'élevait à 3,000 millions (trois milliards) : c'est le prix auquel ont été évalués les biens du clergé ; mais, comme ces biens se vendent presque le double de ce qu'ils ont été estimés, ces biens du clergé s'élèvent donc à 5 ou 6,000 millions (cinq ou six milliards)[1]. Avez-vous jamais vu ou appris que les successeurs des Apôtres eussent de telles richesses ?

On a supprimé un grand nombre de monastères d'hommes et de femmes, et on a donné permission de se marier aux religieux et aux religieuses qui le voudraient : ce qui est un acte agréable à Dieu, selon mon opinion. Ne vous semble-t-il pas bien préférable, à vous aussi, que chaque bon moine ait sa femme à lui, plutôt que de l'entendre hennir comme un cheval en rut, à l'approche des femmes des autres ? « Il vaut mieux se marier que brûler », dit encore saint Paul[2], et saint Paul avait, je crois, plus de bon sens que le saint Synode des pieux cardinaux de Rome et que tous les patriarches et évêques de l'Orient, quoique (pour dire la vérité) les nôtres aient donné la permission à nos prêtres de se marier avant d'être ordonnés, et d'avoir, après leur ordination, leur femme et leurs enfants, tandis que ceux-ci ont entièrement aboli le mariage, comme une chose criminelle et abominable, eux qui sont les plus abo-

---

1. Le bon Coray ne comprend pas bien l'importance des chiffres qu'il cite, et il faut, pour l'argent, comme pour la foule, retrancher presque toujours un zéro aux chiffres qu'il donne. Lisez ici 300 millions et 5 ou 600 millions. Le texte grec porte bien τρεῖς χιλιάδες μιλλιουνίων.

2. Épître aux Corinthiens, chap. VII, v. 9.

minables des hommes, et qui ont accompli la prophétie de saint Paul : — « Dans la suite des temps, il y en aura qui renieront leur foi, s'attachant à l'esprit d'erreur et aux doctrines des démons, enseignées par des imposteurs pleins d'hypocrisie, qui auront la conscience noircie de crimes, qui interdiront le mariage, et l'usage des viandes que Dieu a créées pour être mangées avec action de grâces par les fidèles, et par ceux qui connaîtront la vérité, etc. [1]. » Et remarquez, mon ami, que le sage Apôtre appelle l'empêchement du mariage « un enseignement du démon ». Ce qui suit : « L'ordre de s'abstenir des aliments » vous regarde bien un peu, vous-même aussi, vous qui gobez pieusement des œufs à la coque, pendant la semaine du fromage [2], sans oser toucher à la poule qui les a pondus, et qui vous abstenez d'huile, dans le temps même où vous mangez un demi-litre d'olives à chacun de vos repas. Mais revenons à la question. On a pareillement aboli les différents costumes des moines. Vous savez que ces gens-là ont une infinité d'ordres monastiques différents qui tous portent des noms, des costumes et des couleurs variés, tandis que l'Église orientale, beaucoup plus raisonnable, en cela, que l'Église d'Occident, n'admit qu'un seul ordre et un seul costume pour les moines. Les évêques, à l'avenir, seront nommés par le peuple ; et cela aussi est bien. Cyprien, Athanase et Ambroise avaient été élus par le peuple, et furent tous les trois d'excellents pasteurs, car la voix du peuple est la voix de Dieu. Les papes sont élus par les cardinaux qu'éclaire (à ce qu'ils disent) le Saint-Esprit. Mais, comme les papes ont été, pour la plupart, des loups plutôt que des pasteurs, je ne sais plus quel est l'esprit qui éclaire actuellement les cardinaux.

J'ai fait vos compliments affectueux à Villoison, qui a lu de nouveau votre lettre avec le plus grand plaisir ; il

---

1. Saint Paul. Première épître à Timothée, ch. IV.
2. C'est la semaine avant le grand carême, une espèce de préparation à ce carême.

m'a chargé de vous remercier de sa part et de vous prier instamment de lui rendre le service que voici : Vous m'écrivez que les Turcs, après avoir été battus sur mer par Lampros, avaient massacré l'archevêque et les primats de Zéa. Villoison a beaucoup d'amis dans cette île. Il vous prie donc de vous informer si, dans le nombre des gens massacrés, se trouvent ses amis Georges Pancalos, baratarios et drogman de Naples et voïvode de Zéa; son frère Nicolas Pancalos, consul de France ; son troisième frère Philibert Pancalos ; son cousin Joseph Pancalos, consul d'Angleterre, et le beau-frère de Nicolas Pancalos, consul de Venise ; si la fille de Georges Pancalos n'a subi aucun outrage de la part des Turcs, ni la belle Maroula, la plus charmante de toutes les jeunes filles de l'île et dont la sœur est veuve. Il vous prie de vous informer de toute cette famille auprès des habitants de Zéa, dont plusieurs se trouvent à Smyrne, et surtout (à ce qu'il me dit) auprès d'un de ses amis, Kolpodinis, qu'il a laissé à Smyrne, après l'avoir connu d'abord à Zéa, lui et sa famille. Je vous prie, moi aussi, instamment de ne pas oublier de m'écrire tout au long au sujet de tous ces Pancalos, qui descendent de la race de Joseph le Pancalos, et qui ont magnifiquement reçu Villoison lorsqu'il était à Zéa. Vous ferez très-bien ($πάγκαλα$) d'écrire toute cette histoire des Pancalos sur une feuille séparée que je puisse envoyer aussitôt à Villoison, à qui vous rendrez véritablement ($παγκάλως$) un grand service en même temps que vous lui ferez un grand plaisir. Écrivez-moi aussi, au sujet de Lampros, tout ce que vous apprendrez de nouveau, et surtout s'il est vrai, comme on me l'a affirmé ici, qu'avant la guerre, il était garçon de café à Livourne, parce que, si cela est vrai, que deviendra la calomnie de cet éhonté de Pauw? Si les garçons de café grecs deviennent des Thémistocles et des Miltiades, que ne peuvent faire les protopsaltes[1] ?

---

1. Trente ans plus tard, au commencement de la guerre de l'Indépendance, un autre garçon de café de Psara devait immortaliser son nom et illustrer sa patrie; c'est le brûlotier Canaris qui incendia la

Faites mes compliments à mon frère, à ma belle-sœur, à tous mes parents nominalement et à tous mes amis.

XVII

Paris, 20 avril 1791.

Je ne me rappelle pas, mon cher protopsalte, l'endroit où j'ai arrêté mon récit de la révolution politique de la France, dans cette si longue lettre que je vous ai écrite le 31 janvier dernier. Je vous ai dit, si je ne me trompe, que l'on avait changé, dans toutes les villes et dans tous les villages, les curés qui n'avaient pas voulu prêter le serment de soumission à la nouvelle constitution du clergé. Ce même changement a eu lieu aussi pour tous les évêques rebelles, qui, rugissant comme des lions pour cette honteuse mais juste révocation, avaient employé tous les moyens possibles pour soulever le peuple et pour allumer, si cela était en leur pouvoir, dans le monde présent, les flammes de l'enfer éternel dont on parle pour l'avenir. Le peuple a été un peu trompé par eux, au commencement, mais bientôt il a refusé de les suivre ; il a vu les pièges pieux qu'on lui tendait : alors il les a chassés lui-même et a mis à leur place les curés et les évêques qui lui plaisaient. L'évêque de Lydda, en Palestine, est devenu archevêque de Paris[1], tandis que le précédent archevêque se trouve en fuite dans le royaume de Sardaigne, d'où il lance des excommunications contre le nouvel archevêque et les curés, pour avoir été soi-disant injustement renversé de son trône épiscopal. La réponse du Très-Saint-Père est

flotte turque à Chio et qui est mort président du conseil des ministres du royaume de Grèce en 1878.

1. Jean-Baptiste-Joseph Gobel, évêque constitutionnel, fut nommé archevêque de Paris, en remplacement de Mgr Léon Le Clerc de Juigné, qui se retira en Italie.

enfin arrivée de Rome, mais elle n'a pas encore été publiée, parce que, à ce que l'on dit, elle est tellement insensée et impertinente qu'elle ne saurait plaire aux prêtres rebelles eux-mêmes qui l'attendaient avec une grande impatience, comme la seule ancre de salut sur laquelle pouvait se reposer le vaisseau de l'Église battu par la tempête. Cependant le Saint-Père a écrit une lettre, qui a été publiée, à l'évêque de Toulouse qu'il avait créé cardinal, il y a environ deux ans, pour lui reprocher le serment qu'il avait prêté et la soumission qu'il avait faite à l'autorité politique. Ce bon évêque a répondu au petit pape de Rome que le serment qu'il avait prêté n'était contraire ni à l'Évangile, ni aux décisions des conciles, et, pour convaincre Sa Sainteté qu'en effet il se soucie fort peu des menaces de Rome, il lui a renvoyé avec dédain son chapeau cardinalesque, ne voulant plus être cardinal[1].

Venons maintenant aux religieuses françaises. Vous savez (ou bien, si vous l'ignorez, apprenez-le) que, dans cette ville de Paris, il y a beaucoup de couvents de femmes qui ont chacun une chapelle privée et un chapelain particulier qui leur dit la messe. Beaucoup de ces aumôniers de femmes, n'ayant pas voulu prêter serment, ont été chassés et, à leur place, on en a nommé d'autres pour dire la messe et bénir ces petites femelles imbéciles. Dans plusieurs de ces couvents, madame l'abbesse avec les autres religieuses ont levé la tête, prétendant garder leur ancien aumônier et ne voulant en aucune façon recevoir le nouveau. Le peuple, qui ne pouvait souffrir une opiniâtreté aussi déraisonnable, est entré dans plusieurs monastères, a levé pieusement les jupes de quelques religieuses et leur a donné un peu les étrivières sur le derrière. Cela était assurément une action tout à fait inconvenante de la part du peuple, mais la conduite des religieuses n'est pas moins

1. Coray semble faire ici une confusion ; ne s'agit-il pas du cardinal de Brienne, archevêque de Sens, et non de Toulouse, un des quatre prélats qui prêtèrent le serment constitutionnel, qui renvoya au Pape ce même chapeau de cardinal qu'il avait tant brigué auparavant et qu'il n'avait obtenu qu'à sa sortie du ministère ?

sotte, quand elles regardent maintenant cette correction comme une couronne de martyre [1] ; il y a cette différence toutefois, qu'au lieu de recevoir cette couronne sur la tête, elle leur a été appliquée sur le bas du dos. A ces évènements qui nous ont beaucoup troublés et qui nous troublent encore, il en faut ajouter beaucoup d'autres, parmi lesquels a été le danger qu'a couru le roi. Le roi a beaucoup d'ennemis parmi la noblesse et le clergé, car ces gens-là attribuent à sa faiblesse ce changement politique, et disent que si, dans le principe, il avait coupé une centaine de têtes, les choses n'en seraient jamais venues au point où elles sont aujourd'hui. Ils ont donc excité secrètement le peuple, le 28 février, en l'envoyant à une prison située à une lieue de la ville [2], sous prétexte que la cour avait le dessein de fortifier cet édifice et d'en faire ce qu'était autrefois la Bastille. Ils ont fait cela dans l'intention, à ce que l'on dit, d'obliger, par cette ruse, tous les régiments d'accourir du côté de cette prison, pour empêcher le peuple de l'envahir et priver ainsi le roi de ses gardes, afin de l'immoler. Tout le bas peuple a donc couru à la prison pour la démolir, et, après eux, le commandant de Paris avec toute la garnison. Alors beaucoup de nobles se sont rassemblés au palais après le dîner, comme ils ont coutume de le faire ; mais le petit nombre des gardes du corps qui étaient restés avec le roi, voyant une affluence bien plus considérable qu'à l'ordinaire, eurent des soupçons et envoyèrent aussitôt prévenir le général. Celui-ci, sans perdre de temps, revient à Paris, après avoir comprimé le mouvement populaire, entre dans le cabinet du roi et lui dit qu'il ne voyait pas avec plaisir le grand rassemblement de nobles qui se trouvait dans la chambre voisine. Le roi s'étant alors présenté à eux leur demanda pourquoi ils s'étaient réunis en si grand nombre. Ils prétextèrent que, voyant la ville dans un grand trouble, ils s'étaient rendus au palais

---

1. Voyez, sur ces faits, M. Taine, *la Révolution*, t. I, p. 240-241.
2. A Vincennes, où le peuple se porta en masse, le 28 février, pour démolir les parapets du donjon.

pour protéger le roi, s'il en était besoin. Le roi les renvoya en leur disant qu'il n'avait nul besoin de leur secours. Ils se dispersèrent alors, mais quelques-uns furent arrêtés, parce qu'on trouva sur eux, à ce qu'on prétend, des poignards qu'ils cachaient[1].

A peine étions-nous délivrés de cette alerte, que les deux tantes du roi, trompées par les évêques et les religieux de la cour et croyant que la sainte religion catholique de Rome avait été tout à fait bannie de la France, résolurent, dans leur superstition, de quitter la cour et la France et de partir pour Rome. De là un nouveau trouble, quoique plus modéré, parmi le peuple et résolution de s'opposer à ce voyage déraisonnable. On courut donc auprès du roi pour le prier d'empêcher ses tantes de partir. Mais celui-ci leur répondit que, bien que la séparation d'avec ses parents lui fît beaucoup de peine, il ne pouvait pas leur en faire à son tour, en enchaînant impérieusement leur liberté[2]. Enfin elles sont parties. Elles ont fait leurs pâques à Rome avec le très-saint Vicaire de Jésus-Christ, qui, dit-on, les a reçues magnifiquement. Ici beaucoup de personnes n'ont pas fait leurs pâques, cette année, ne voulant pas recevoir la communion des mains des nouveaux curés qu'elles regardent comme schismatiques. Si le pape et eux serrent encore un peu la corde, il est possible que nous voyions un schisme dans la religion, c'est-à-dire une petite partie d'insensés avec leurs anciens évêques, leurs prêtres et leur im-

---

1. Quatre cents jeunes gens se rendent au Tuileries pour protéger le roi contre les excès dont sa personne est menacée. Les chefs de la garde nationale prétendent que cette réunion a pour but de favoriser la fuite du roi. Louis XVI, pour épargner à ces jeunes gens de plus grands malheurs, prend le parti de les désarmer lui-même, et de les engager à se retirer. Ils défilent entre deux haies de gardes nationaux qui les accablent d'injures et même de coups, quelques uns de ceux qui les maltraitent, croyant ajouter le ridicule à l'insulte, les appellent : les *Chevaliers du poignard*.

2. Mesdames, tantes du roi, quittent Paris le 21 février et se rendent à Rome. Elles sont arrêtées à Arnay-le-Duc, par les autorités, mais un décret de l'Assemblée nationale les autorise à continuer leur route. (Voy. M. Taine.)

bécile de pape, et la plus grande partie avec les nouveaux, entièrement séparés de Rome. Cela me paraît très-probable parce que je vois l'évêque de Rome tout à fait méprisé aujourd'hui. Dans une ville de France dont je ne me rappelle pas le nom, il est arrivé aussi, il y a quelques jours, ce fait qui ne manque pas d'être curieux. Le peuple a allumé un bûcher au milieu de la ville et a brûlé publiquement un exemplaire de la lettre du Saint-Père à l'archevêque de Toulouse. Ici, on est arrivé même jusqu'à le jouer sur le théâtre. Les gazettes, chaque jour, impriment les plus cruelles injures contre Sa Sainteté ; en un mot, le pape est devenu un objet de risée pour toute la France ; et moi, de m'écrier, lorsque je lis ces choses-là : « Plaise à Dieu qu'il en soit fait de même à tous ceux qui agissent comme lui ! à tous ceux qui sont des loups au lieu d'être des pasteurs, qui font tourner en dérision la religion et son chef, qui gouvernent tyranniquement et non comme des pasteurs et s'imaginent qu'ils doivent régner sur la terre, comme lieutenants de celui qui a dit : « Mon royaume n'est pas de ce monde. »

Dans ma dernière lettre, je vous ai parlé de Mirabeau. Ce Démosthène français, mon ami, l'inexorable mort nous l'a enlevé au commencement du mois d'avril, à l'âge de près de 45 ans[1]. Il est mort noblement et philosophiquement, gardant toute sa connaissance jusqu'à son dernier soupir, parlant et écrivant sur les affaires politiques, et sans faiblir devant la mort. Ses dernières paroles ont été : « La mort ne diffère en rien du sommeil, » et il a expiré. Ce jour-là tous les théâtres ont été fermés, et au lieu de l'affiche que l'on met devant la porte pour annoncer le spectacle du jour on avait écrit : « Le libérateur de la France est mort. » La veille de sa mort, parlant de Pitt, le premier ministre de l'Angleterre, il l'appelait « le ministre préparateur », c'est-à-dire, qu'il se moquait de lui

---

[1]. Honoré-Gabriel Riquetti, comte de Mirabeau, mourut le samedi 2 avril 1791, dans son hôtel de la rue de la Chaussée d'Antin, âgé de 42 ans, étant né le 9 mars 1749.

et le raillait parce qu'il ne fait que se préparer et menacer toujours sans jamais oser tirer l'épée. « Si je ne meurs pas, disait-il, j'espère un jour lui faire beaucoup de peine et lui causer beaucoup d'ennui », car il était très-probable qu'avec le temps, Mirabeau serait devenu le premier ministre de France. A peine eut-il rendu le dernier soupir, que son secrétaire, dans un accès de désespoir causé par sa douleur, se retira dans sa chambre, et là, avec un poignard, il se fit trois blessures dans l'intention de se suicider; mais ceux qui se trouvaient près de lui, étant survenus à temps, l'empêchèrent de consommer son suicide[1]. Pour vous faire la description de la pompe extraordinaire de son enterrement, il faudrait remplir au moins douze pages de papier. D'abord on a fait l'autopsie de son corps pour s'assurer qu'il n'avait pas été empoisonné comme on le soupçonnait, mais on n'a pas trouvé la moindre trace ni le moindre signe de poison. Le corps a été enlevé à six heures du soir et c'est à peine s'il a pu arriver à l'église[2] à minuit. Douze mille soldats en armes marchaient devant. Après eux, le cercueil était porté dans une voiture de deuil; derrière la voiture marchaient tous les ministres du roi et les députés de l'Assemblée nationale, puis quatre mille soldats également en armes, et après eux une multitude innombrable de peuple. Les places et les rues de la ville, les portes et les fenêtres, les toits, les terrasses, les arbres, tous les endroits par où devait passer le corps, étaient remplis de monde. Je me suis trouvé moi-même spectateur de cette magnifique cérémonie funèbre, dont il n'y a d'exemple dans aucune

---

[1]. Le premier secrétaire de Mirabeau, nommé de Comps, qu'on accusait d'avoir volé de l'argent et soustrait des papiers, se donna des coups de canif. — MM. de Lamarck, Frochot et Pellenc, qui vivaient dans l'intimité de Mirabeau, donnèrent à Comps un certificat d'honneur et de délicatesse.

[2]. Mirabeau a été inhumé le 2 avril à l'église Sainte-Geneviève, qui ne prit que deux jours plus tard, le 4 avril, le nom de Panthéon, par un décret ainsi conçu : « Cette église se nommera Panthéon, recevra les cendres des hommes distingués de toute espèce et portera sur le fronton cette inscription : *Aux grands hommes la Patrie reconnaissante.* »

histoire. Au milieu de cette foule, on m'a volé mon mouchoir ; mais vous seriez bien content d'avoir perdu votre kalpack, pour avoir assisté à un tel spectacle. En peu de mots, jamais personne n'a eu de pareilles funérailles, ni empereur, ni roi, ni pape, ni patriarche, ni protopsalte. On lui a décerné le nom de Démosthène français et on a fondu sa statue sur laquelle on a tracé pour inscription les propres paroles qu'il prononça à l'ouverture de l'Assemblée nationale. Vous vous rappelez qu'au commencement, les trois ordres, c'est-à-dire le Clergé, la Noblesse et ce qu'on appelle le Tiers-État, n'ayant pas pu s'entendre, le roi conseillait à ses ministres, pour empêcher les choses d'arriver au point où elles en sont aujourd'hui, d'envoyer un serviteur de la cour[1] à l'Assemblée réunie, avec l'ordre de se dissoudre. Cet ordre inattendu surprit toute l'Assemblée; on était prêt cependant à y obéir, et, si l'on s'était séparé par crainte de déplaire à la cour, il n'y aurait plus eu d'espoir de se réunir jamais ; ainsi la victoire serait demeurée à la cour et les choses seraient restées dans leur ancien état. Devant cette consternation et ce silence de l'Assemblée, Mirabeau seul se leva et dit à l'envoyé de la cour ces propres paroles : « Allez dire à ceux qui vous envoient que nous sommes ici par la volonté du peuple, et que nous n'en sortirons que par la force des baïonnettes. » Ces paroles donnèrent du courage à l'Assemblée tout entière et produisirent une si grande terreur sur la cour, lorsqu'elle les apprit, qu'elle laissa les députés faire ce qu'ils ont fait jusqu'à ce jour. Ce sont ces paroles que l'on a gravées sur la statue de Mirabeau. Chose extraordinaire dans cet homme, c'est que tout le monde l'a universellement regretté, même ses plus implacables ennemis, je veux dire le Clergé et la Noblesse, car ils espéraient toujours l'attirer à eux en l'achetant pour de l'argent ; véritablement, la puissance de cette tête et de cette éloquence était telle, que, s'il était passé au parti des adversaires, il lui aurait été d'une très-grande utilité. Dans la bouche de Mirabeau, le blanc

---

1. Ce fut, on le sait, M. de Dreux-Brézé.

devenait noir et le noir blanc. Il était de l'ordre de la Noblesse. D'après l'ancienne législation de la France, les nobles ne pouvaient faire aucune espèce de commerce, sous peine de déchoir de leur rang. Lorsque le roi convoqua l'Assemblée nationale et envoya dans chaque ville et dans chaque village l'ordre à chaque communauté d'élire ceux qu'elle croirait devoir envoyer à l'Assemblée, ce rusé de Mirabeau qui se trouvait alors à Marseille, pour plaire au peuple et être élu par lui membre de l'Assemblée, que fit-il ? Foulant aux pieds sa noblesse, il ouvre un magasin de draperie, prend l'aune à la main et se met à vendre du drap. Ce stratagème le fit élire membre de l'Assemblée et envoyer à Paris ; là il se montra ce qu'il était en réalité, et il étonna l'Europe entière par la puissance de son intelligence. Vous avez entendu parler, je pense, de Fox qui est le Mirabeau de l'Angleterre : quelqu'un, dit-on, demandait à Fox son opinion au sujet de Mirabeau : « Si Mirabeau, répondit-il, n'existait pas, je serais le premier dans le monde. »

Au mois de juillet suivant, l'Assemblée nationale fut dissoute et une autre prit sa place, parce qu'une loi portait que l'Assemblée serait renouvelée tous les deux ans ; mais les troubles quotidiens n'ont pas encore cessé, et Dieu sait quand ils cesseront. A ces troubles s'ajoute aussi la crainte que les autres rois, et surtout l'empereur, le frère de notre reine, après s'être débarrassé de la guerre contre les Turcs, ne tombent sur nous comme des lions enragés, pour nous attaquer, pour renverser le nouvel état des choses et le remplacer par l'ancien. Si cela arrive, il coulera des flots de sang.

3 mai. — Enfin, la semaine dernière[1], est arrivée une en-

---

1. L'encyclique du pape arriva à Paris le jeudi 28 avril. — Pie VI adressa, le 10 mars et le 13 avril, deux brefs aux évêques et au clergé de France pour déplorer d'abord la défection des quatre évêques, d'Autun, de Sens, d'Orléans et de Viviers. Il ordonnait à tous les ecclésiastiques qui avaient prêté le serment de le rétracter dans le délai de 40 jours. Il déclarait les élections des nouveaux évêques illégitimes, sacrilèges et contraires aux canons de l'Église.

cyclique du pape à tous les évêques de France, dans laquelle il approuve ceux qui n'ont pas prêté serment et blâme ceux qui l'ont fait, surtout ceux qui ont été élus à la place des autres évêques. Il regarde leur ordination comme nulle et contraire aux canons de l'Église; il les menace de les supprimer et de les couper comme des membres pourris de l'Église catholique, apostolique et romaine, s'ils ne se repentent et s'ils ne descendent du siège sur lequel ils sont montés avec tant d'impiété. Sa Sainteté, pour prouver que tout ce que l'on fait en France contre le clergé est contraire aux canons de l'Église, entasse témoignages sur témoignages tirés des Pères de l'Église, surtout de ceux d'Occident ; mais tous, ne s'adaptant pas bien, sophistiqués, insensés et absolument pitoyables. Une pareille lettre, dans les circonstances présentes, ce fou de Manoli lui-même n'aurait pas voulu l'écrire ! La populace, indignée d'une telle audace du pape de Rome, a fabriqué un pape en carton, l'a revêtu de ses habits pontificaux, avec la croix d'or sur la poitrine et l'anneau à la main. Par devant, il a mis cette inscription : « Superstition », et par derrière, sur sa bienheureuse épaule : « Guerre civile », faisant entendre par là qu'il cherchait, par la superstition, à allumer la guerre civile en France. Après l'avoir ainsi revêtu, on l'a porté ce matin, 3 mai, sur une large place de la ville[1] ; on a allumé

---

1. L'effigie du pape fut brûlée par des hommes des dernières classes du peuple, dans le jardin du Palais-Royal à Paris, le 3 mai.

Au sujet de cette scène scandaleuse, nous croyons qu'on ne lira pas sans intérêt un très-curieux document inédit qui est en notre possession. C'est une lettre de M. de Montmorin, ministre des affaires étrangères, à M. de St-Essart (*sic*). La voici :

A Paris, le 7 may 1791.

Vous avez été le témoin hier au conseil, Monsieur, de la lecture que j'ai faite d'une lettre que j'ai reçue de M. le Nonce au sujet de la scène scandaleuse qui a eu lieu mardy dernier au Palais royal. Nous sommes convenus que j'aurois l'honneur de vous envoyer une copie de cette lettre, et que vous vous occuperiez, avec le directoire du département et la municipalité, des mesures à prendre pour procurer à M. le Nonce, de qui nous n'avons qu'à nous louer sous tous

un bûcher, on a lu sa lettre devant tout le monde, et ensuite on l'a jetée au feu. Après cela, on a ôté l'anneau pastoral de sa main et la croix de sa poitrine (comme pour bien faire voir que l'indignation n'avait pas pour objet la religion, mais seulement son premier pontife), et on a jeté ce pauvre pape aussi au feu. Vous seriez-vous jamais attendu à apprendre de pareilles choses? Je vous laisse à penser combien cet auto-da-fé de son image réjouira Sa Sainteté quand la nouvelle en parviendra à ses oreilles. S'il ne reste pas tranquille désormais, mais s'il continue à excommunier les nouveaux évêques et prêtres, il y a grand danger qu'il ne perde complètement la France, comme autrefois il a perdu les protestants. Les Français, en général, considèrent aujourd'hui le catholicisme comme la religion la plus insensée du monde, et je ne serais nullement étonné qu'ils se séparassent tout à fait de Rome.

Mais laissons là cependant Rome et le mufti de Rome (car c'est ainsi qu'aujourd'hui l'on nomme ici le pape), et passons en Angleterre. Je vous ai dit, dans mes précédentes lettres, et vous avez dû certainement apprendre, là où vous êtes, que les Anglais menacent la Russie. Lorsque je dis les Anglais, je ne veux pas parler de la nation tout entière, — comme je le croyais par erreur au commen-

---

les rapports, la juste satisfaction qu'il demande. Je dois ajouter ici qu'il est essentiel pour lui d'obtenir une démarche quelconque, dans cette occasion, ne fût-ce que pour lui donner le moyen de se justifier auprès de sa cour, et de lui prouver qu'il n'est pas resté dans l'inaction après une insulte aussi marquée et aussi publique faite à son souverain.

Vous sçavez aussi, Monsieur, que le bruit s'est répandu qu'on s'occupoit de traiter de la même manière le roi d'Espagne et l'empereur. Il seroit superflu, je pense, de vous faire observer l'effet qui pourroit résulter de pareilles scènes si elles se répétoient. Je crois qu'il est instant sous tous les rapports de les arrêter ; l'inaction du gouvernement ne seroit pas justifiée même par son impuissance, et l'on regarderoit son silence absolu comme une sorte d'approbation.

Le ministre des affaires étrangères,

MONTMORIN.

cement, — mais seulement de la cour d'Angleterre, que gouverne et dirige, comme il lui plaît, le premier ministre Pitt. Le roi d'Angleterre, d'après la constitution du royaume, peut déclarer la guerre lorsque et contre qui il le veut, sans le consentement du Parlement. D'un autre côté, cependant, le Parlement a aussi le pouvoir de ne pas accorder les subsides nécessaires, lorsque cette guerre n'est pas approuvée par la nation. Avant donc que Pitt propose au Parlement cette guerre injuste et impudente contre la Russie, le peuple anglais, et surtout les gens qui ont des relations commerciales avec la Russie, voyant que cela doit causer un grand dommage à leur commerce ou du moins ne leur rapporter aucun profit, ont commencé à se plaindre à haute voix, publiant, tous les jours, dans les journaux, de nombreuses accusations contre Pitt ; car vous savez que chez les peuples libres, comme étaient autrefois nos ancêtres, comme sont aujourd'hui les Anglais et comme sont devenus depuis peu les Français, chacun a le droit de contrôler, de critiquer et de publier, par la presse, les torts du roi lui-même ; non comme dans notre misérable pays, où l'on peut chasser impunément de sa place un pauvre protopsalte, sans qu'il ait rien fait pour mériter cette disgrâce, et sans que personne ose ouvrir la bouche, de peur d'être excommunié par un moine, qui est lui-même excommunié par le Christ, par les apôtres et tous les conciles pour sa conduite antichrétienne et tyrannique. La très-sage impératrice Catherine, voyant que le peuple anglais désapprouvait la guerre, que fait-elle pour accroître son mécontentement ? Elle mande tous les négociants anglais qui se trouvent à Saint-Pétersbourg et leur parle ainsi : « Vous savez, leur dit-elle, que l'Angleterre a l'intention de me déclarer la guerre. Cette nouvelle va peut-être vous troubler et arrêter votre commerce; c'est pour cela que je vous ai fait venir ici pour vous faire savoir que dès aujourd'hui je vous prends sous ma protection, et que ni vous ni vos marchandises ne courez aucun danger. Personnellement, j'ai toujours considéré et aimé, en général, les Anglais comme une nation juste et généreuse ; je sais très-bien que cette guerre contre moi est l'œuvre du ministre Pitt, et non pas de la nation anglaise. » A peine cette bienveillance habile de Catherine fut-elle connue en Angleterre, que le mécontentement du peuple s'accentua : Pitt, malgré cela, ligué avec les Prussiens et les Hollandais, ne pouvant retirer sa parole, a fait connaître, vers le milieu du mois passé, ses projets au Parlement, en lui demandant, selon la coutume, de voter les subsides nécessaires, afin d'envoyer quarante vaisseaux de ligne dans la mer Baltique, et douze dans l'Archipel. Il a éprouvé une grande résistance de la part de beaucoup de députés qui ont parlé pendant plusieurs heures contre lui, en lui représentant l'injustice de cette guerre. North, Fox et beaucoup d'autres ont pris la parole ; enfin s'est levé l'illustre Sheridan, homme aujourd'hui très-sage et jouissant, en Angleterre, de la plus grande considération. La lecture de son discours, dans les journaux anglais, m'a fait verser des larmes de joie, et vous en verserez comme moi, si vous êtes un véritable Grec, et non le bâtard d'un Germain trois fois barbare, comme le maudit de Pauw. Après avoir montré que cette guerre était tout à fait injuste, puisqu'elle est déclarée contre la Russie de laquelle les Anglais n'ont jamais eu à se plaindre ; après avoir représenté qu'elle est également injuste, en général, contre le peuple entier d'Angleterre, dont il faudra augmenter les impôts pour suffire aux dépenses de la guerre, le bon Sheridan tombe tout à coup sur les pauvres Grecs, non comme la foudre meurtrière, mais comme une pluie salutaire et bienfaisante tombe sur la toison des brebis. « Elle est injuste, dit-il, cette guerre, pour les Grecs eux-mêmes que nous empêchons de s'affranchir d'une nation barbare. Et, dit-il (faisant, à ce que je crois, allusion à de Pauw), on a cherché à nous représenter les Grecs d'aujourd'hui comme une nation tout à fait abâtardie et perfide ; mais il serait plus juste de se les représenter comme une nation opprimée sous un joug barbare. Dès que la Grèce aura secoué le joug qui l'oppresse, elle donnera encore naissance à des Démosthènes et à tous ces grands hommes qu'a produits l'antiquité. » Voilà ce que Sheridan a dit, et beaucoup d'autres choses encore, en faveur des Grecs[1]. Il nous a en quelque sorte vengés des calomnies de de Pauw. Cette séance du Parlement a duré jusqu'à trois heures du matin, et enfin la majorité a voté les subsides nécessaires à la guerre que demandait le ministre. Mais lui, quoiqu'il eût résolu d'envoyer des vaisseaux dans la Baltique et dans l'Archipel, modéra ses menaces contre Catherine, parce qu'il craignait l'opinion publique, et qu'il prévoyait que si la guerre causait le plus léger dommage à l'Angleterre, il perdrait honteusement son portefeuille. Au commencement du mois d'avril dernier, lorsque l'ambassadeur d'Angleterre à Pétersbourg, dans une conversation avec Catherine, osa, à ce que l'on dit, la menacer, celle-ci, sans se troubler, lui répondit en riant : « Monsieur l'ambassadeur, si votre roi me chasse de Saint-Pétersbourg, je serai obligée de transporter mon trône à Constantinople. » Ce ne sont, à la vérité, que des plaisanteries ; mais, ce qui prouve encore qu'elle songe à tout ce qui peut arriver, c'est qu'elle a demandé l'intervention du roi de Danemark, et que celui-ci a écrit au roi d'Angleterre et au roi de Prusse pour leur représenter l'injustice de cette guerre et la modération de Catherine, qui, après tant et tant de triomphes, se contentait de retenir seulement Oczakoff[2] ; mais, d'un autre côté, il est évident qu'une Providence veille exceptionnellement, sur les Grecs ou sur Catherine, je ne saurais le dire. A cet instant (9 mai), nous apprenons encore une grande victoire qu'a remportée Repnin[3] à Braïla. On dit

---

1. Coray parle encore de ce fameux discours de Sheridan qui lui fit une grande impression, dans une de ses lettres à Chardon de la Rochette. Lettre XLVIII, p. 112 (Lettres inédites). — Dans son enthousiasme, Coray écrivit à Sheridan une lettre dont il envoya à Chardon de la Rochette la minute qui n'a pu être retrouvée.

2. Ville forte de la Russie d'Europe, à l'embouchure du Dniepr, prise et rasée en 1788 par Potemkin, après un siège opiniâtre. Les Russes l'ont gardée depuis.

3. Nicolas Vassiliéwitch, prince Repnin, général russe, se distin-

que six à sept mille hommes ont été tués, deux ou trois mille faits prisonniers, et parmi eux deux pachas. La réception que l'impératrice a faite à Potemkin surpasse toute imagination. Parmi les présents innombrables et inappréciables qu'elle lui a faits, elle lui a donné aussi la permission de faire bâtir aux frais du trésor impérial un palais aussi riche et aussi spacieux qu'il l'entendrait, en mémoire de sa victoire contre les Turcs. La Russie a maintenant quarante vaisseaux de ligne et cinq cent trente-sept mille hommes de troupes, d'après le dernier recensement qui a eu lieu par l'ordre de l'impératrice. Si le roi de Suède s'unit à elle, ce qui est encore incertain, les Anglais s'en repentiront.

Il y a près de cinq mois que je n'ai reçu des lettres de vous. Et puis vous viendrez vous plaindre de ce que je ne vous écris pas! Si vous êtes parmi les morts, je vous en félicite, parce que vous verrez dans l'autre monde Mirabeau, que certainement vous devez désirer connaître, d'après la description que je vous en ai faite. Moi, malgré toutes mes occupations, je n'oublie pas de vous écrire de longues lettres, tandis que vous, vous n'avez d'autre occupation que d'aller de maison en maison pour donner et recevoir des nouvelles, énumérer avec la plus grande exactitude les noms des généraux en chef, des colonels, des montagnes, des fleuves, des plaines et des villes où se livrent les batailles, et refaire, avec votre imagination, ce qui échappe à votre mémoire. Les lettres, mon cher ami, sont écrites dans l'attente d'une réponse ; d'un autre côté, vous savez aussi le plaisir que me fait votre bavardage. Toutes les fois que je reçois une lettre de vous, je l'apprends par cœur ; ensuite je la donne à Villoison, qui, lui aussi, la lit avec beaucoup de plaisir. Lorsqu'il rencontre quelque passage difficile (car vous êtes obscur quelquefois, comme Héraclite), il m'en demande l'explication. Ainsi nous

---

gua dans la guerre contre les Turcs, en 1789, 1790 et 1791, força le blocus d'Ismaïl et signa les préliminaires de Galatz que suivit la paix de Jassy (1792).

passons notre temps à commenter et à éclaircir vos écrits.

Embrassez pour moi mon frère, ma belle-sœur, mes parents, tous, personnellement. Vous ne m'avez pas écrit si vous aviez reçu de votre Sinaïte les produits de l'Égypte. Si vous écrivez à Sa Révérence, je vous prie de lui faire part de toutes les nouvelles que je vous donne, et de la prier de m'excuser si je ne lui écris pas par ce courrier; je suis forcé, à cause de mes occupations, de négliger même mes devoirs les plus indispensables de la vie. Portez-vous bien.

A. CORAY.

12 mai.

XVIII [1]

De Paris, 15 novembre 1791.

Le sort a voulu, mon très-cher protopsalte, que je me trouvasse en France, dans le temps présent, pour voir de mes yeux et entendre de mes oreilles une révolution telle qu'on en trouve à peine des exemples dans l'histoire grecque et romaine.

Pendant que le Très-Saint Père de Rome était brûlé publiquement (sans cependant qu'il sentît le feu, car il était en carton), pendant que les moines de l'État français étaient contraints, bien malgré eux, de revenir à la pauvreté apostolique, j'ai appris avec une grande joie que vous vous mettiez à écrire des livres; je vous regarde donc aujourd'hui comme un autre Mirabeau de Smyrne. Cela n'était pas suffisant : vous vous êtes encore mis à bâtir une maison. Quand et où donc avez-vous lu Sterne, vous qui ne savez pas l'anglais ?

1. Cette lettre se trouve en partie dans le *second recueil*, p. 58, en partie dans le *premier*, page 98 à 102.

Ce très-spirituel écrivain dit expressément dans ses romans que tout homme raisonnable doit faire quatre choses dans ce monde : écrire un livre, bâtir une maison, faire un enfant et planter un arbre. De ces quatre choses, vous en avez déjà fait trois † et il ne vous reste plus qu'à planter un arbre devant votre nouvelle demeure. Gardez-vous bien seulement de planter l'arbre de la science du bien et du mal, mais plantez un arbre tout simple et sans malice à l'ombre duquel vos enfants puissent grandir, lire, quand le temps sera venu, les écrits de leur père et admirer ses constructions.

Les troubles de la France touchaient presque à leur fin, le 21 du mois de juin dernier, et nous espérions tous que le moment approchait où nous allions être délivrés de nos périls et de nos dangers quotidiens, lorsque le roi, soit de son propre mouvement, soit mal conseillé par les autres, au milieu de la nuit du 20 au 21, prend ses enfants, la reine et sa sœur, et s'enfuit, déguisé en valet de chambre de la reine, qui avait pris le faux nom d'une comtesse[1].

A la même heure, dans un autre carrosse séparé, s'enfuyait avec sa femme le seul frère du roi qui fût resté ici, car, ainsi que vous le savez, le plus jeune frère du roi était parti de France dès le début des évènements.

Le 21 au matin, vers les huit heures, les gardes du corps, n'entendant aucun bruit qui révélât la présence de quelqu'un ni dans la chambre du roi ni dans celle de la reine, se doutent de quelque chose, ouvrent les portes et ne trouvent personne. Je vous laisse à penser le trouble et l'émotion de toute la ville. Les sans-culottes (ψωρομανόληδες) courent à l'hôtel du premier ministre, résolus à le pendre, car ils le soupçonnaient d'être le conseiller et le complice de cette fuite inattendue. C'est à grand' peine que le ministre put s'échapper de leurs mains, en allant se mettre sous la protection de l'Assemblée nationale, et il a été forcé de

---

1. La reine avait pris le nom de baronne de Korff et un passeport pour la Russie.

se cacher jusqu'à ce que la colère du peuple se fût un peu calmée.

Ensuite, ils parcoururent toute la ville, effaçant ou détruisant le nom du roi, partout où ils le trouvèrent. Leur indignation était si grande que, s'ils l'avaient rencontré lui-même à ce moment-là, ils l'auraient mis en pièces lui et tous ses compagnons de fuite ; car ils avaient compris que tout cela était concerté avec les autres rois, et particulièrement avec l'empereur, qui ne pouvait secourir son beau-frère avant qu'il eût tout d'abord quitté la France, craignant avec raison que son intervention n'excitât le peuple à mettre impitoyablement la reine à mort.

Nous prévoyions donc tous que le but de notre Louis était de se délivrer d'abord de la crainte qu'il avait de ses sujets ; ensuite, une fois hors de France, d'y revenir, quelques jours après, avec les armées des autres rois et, rentré en France, d'y rassembler autour de lui tous les mécontents du nouvel ordre des choses, c'est-à-dire les moines et les nobles, de dissoudre l'Assemblée, et, s'il avait trouvé de l'opposition, de pendre et d'immoler tous ceux qu'il aurait trouvés les armes à la main.

En quittant Paris, il laissa une lettre cachetée pour l'Assemblée, dans laquelle il se plaignait et disait que le motif de sa fuite était que l'Assemblée dépassait ses pouvoirs, que le peuple avait pris une puissance démesurée, qu'il se révoltait contre ses propres maîtres, et autres choses semblables, sans cependant expliquer ni ce qu'il comptait faire, ni s'il avait l'intention de quitter la France à tout jamais.

Aux frontières, il y avait, par son ordre, un général, avec quelques régiments de soldats, pour recevoir le roi et le conduire sain et sauf en Allemagne.

Je n'ai jamais vu une journée aussi terrible que celle du 21, et peut-être n'en verrai-je jamais plus dans tout le cours de ma vie. Le peuple tout entier répandu sur les places publiques et dans les rues de la ville, hommes, femmes, enfants, chacun disant ce qui lui passait par la tête, invectivant et injuriant le roi et la reine, l'un le nommant traître, l'autre parjure, et lui donnant toutes les épithètes que vous pouvez vous imaginer. Seuls, les mécontents des actes de l'Assemblée se réjouissaient, mais ils n'osaient manifester leur joie, de crainte d'être mis en pièces par le peuple. L'Assemblée, craignant les malheurs qui pouvaient arriver à cause de l'indignation du peuple, ordonna sur-le-champ à tous les citoyens de s'armer. C'est ainsi que nous avons passé toute la journée du 21 et la nuit suivante, pendant laquelle personne, pour ainsi dire, n'a fermé l'œil, les uns dans la crainte, les autres dans l'attente de ce qui allait arriver. L'Assemblée resta en séance toute cette journée, toute la nuit, toute la journée du lendemain 22 et toute la nuit du 22, environ quarante heures, se consultant pour savoir ce qu'il y avait à faire dans cette terrible circonstance. Hors de l'Assemblée était réunie, en assemblée particulière, la Municipalité de Paris, attendant d'un moment à l'autre une réponse aux différents courriers qu'elle avait envoyés dans toutes les parties du royaume pour arrêter le roi, si c'était possible.

Enfin, le 22, vers onze heures de la nuit, au lieu de me coucher, j'allai, moi aussi, dans la salle de la Section avec celui de mes amis chez lequel je demeure, et nous assistâmes en auditeurs, comme beaucoup d'autres, au conseil des magistrats de la ville. Une heure après, c'est-à-dire vers minuit, ne pouvant plus supporter la chaleur et la foule incroyable du peuple qui y entrait avec la même curiosité, nous nous préparions à rentrer chez nous, lorsque, contre toute espérance, paraît un courrier apportant la nouvelle que le roi avec sa famille a été reconnu et arrêté dans une petite ville nommée Varennes, à cinq lieues seulement de la frontière. Je vous laisse à penser en quels transports de joie se changea la douleur et la tristesse de la ville, sans pourtant que l'indignation en ait été diminuée. Deux heures plus tard, et le roi était complètement hors des frontières. Mais ses conseillers, qui, dès le commencement, s'étaient montrés imbéciles, dans cette circonstance encore, firent voir leur sottise. Ils étaient à cinq lieues de la frontière ; et, au lieu de forcer les chevaux pour achever le plus tôt possible ces deux dernières heures, ils descendent dans une auberge pour se reposer un peu.

Le frère du roi, avec sa femme, qui s'était enfui par un autre chemin, avait été plus heureux ; car tous deux avaient franchi la frontière sans avoir été reconnus et sans avoir rencontré le moindre obstacle. Le général, qui attendait le roi[1], ne parut pas non plus lui-même à temps pour délivrer celui-ci dans son auberge. Dans la chambre même de cette auberge, où le roi se reposait, il y avait un de ses portraits accroché au mur : l'aubergiste, voyant que la figure du roi ressemblait à son portrait, eut des soupçons, et enfin, après s'être assuré qu'il ne se trompait pas, se découvrit et s'approchant de lui avec des marques de respect, lui dit : « Par quel hasard le roi se trouve-t-il ici ? » Le roi, épouvanté, lui recommande de se taire : la reine et lui le supplient et lui promettent une grande récompense. Mais lui, inflexible : « Je ne veux pas être, leur répondit-il, traître à ma patrie : si Votre Majesté sort de France, nous sommes perdus. » Il réveille aussitôt toute la ville (car la nuit était profonde), fait sonner les cloches, appelle tous les villages voisins au secours, pour empêcher le roi de s'échapper de ses mains, et donne l'avis à l'Assemblée de Paris.

L'Assemblée, à cette nouvelle, envoya sur-le-champ trois députés[2] pour ramener le roi à Paris et empêcher, par leur présence, le peuple d'attenter à l'honneur ou à la vie du roi ; on avait, en effet, une grande peur que le peuple ou des différentes villes par où devait passer le roi à son retour, ou même de Paris, ne fît à son entrée quelque chose d'inconvenant et qu'enfin il n'arrivât pis que ce qui était déjà.

Le 25 donc, après midi, le roi rentra dans Paris, entouré

---

1. Ce général était le marquis de Bouillé, lieutenant-général des armées du roi.

2. Ces trois députés étaient MM. de Latour-Maubourg, Barnave et Pétion.

d'une foule de plusieurs milliers de gens, hommes, femmes, enfants, qui le suivaient de ville en ville. Ajoutez à cette multitude d'autres milliers de Parisiens qui étaient sortis pour aller à sa rencontre, non pour lui faire honneur, comme autrefois, mais les uns indignés de sa fuite, les autres enchantés de sa capture, tous cependant gardant un profond silence, le visage étonné et sombre. Et là, il arriva une chose, digne d'être remarquée, qui montre que, chez les peuples éclairés, les va-nu-pieds eux-mêmes (ceux que vous appelez μπαλτιφιτξιμπλάκιδες) savent souvent se montrer convenables. Bien que l'Assemblée nationale eût donné au peuple les ordres les plus formels de ne rien faire d'inconvenant envers le roi, la foule cependant était si grande et si indignée que, si elle avait voulu l'injurier ou lui faire un mauvais parti, ni dieux ni diables n'auraient pu l'en empêcher. Un de ces va nu-pieds a donc écrit sur un morceau de papier, avec de grandes lettres, et collé sur un mur, dans un endroit par où le roi devait passer, pour qu'elles puissent être lues par tout le monde, ces paroles remarquables : « Le roi rentre à Paris ; celui qui ôtera son chapeau pour le saluer, sera bâtonné ; mais celui qui aura l'audace de lui faire quelque injure ou quelque avanie que ce soit, sera pendu. » Vous voyez par là, mon ami, que le peuple, sans instruction, sait souvent marcher dans la voie moyenne sans tomber dans l'exagération d'un côté ni de l'autre. A cette heure, un accueil gracieux fait à un roi coupable eût été un acte de servilité et de bassesse de la part de la nation ; par contre, cependant, si l'on avait fait contre lui quelque acte inconvenant, il y aurait eu un grand danger que de grands malheurs en eussent résulté.

On a donc conduit ce roi dans son palais, et là, doublant et triplant le nombre des gardes, éloignant de lui la reine, sa sœur et ses enfants, chacun dans un appartement séparé, on les garda à vue jusqu'à la fin de septembre afin qu'ils ne pussent pas s'échapper une seconde fois. Le roi paraît être un homme d'un bon naturel ; et, s'il lui arrive parfois de faire quelque chose de contraire au bon sens, c'est, de l'avis de beaucoup de gens, qu'il y est poussé et trompé par des conseillers scélérats, car c'est un homme très-simple. Si ce que l'on raconte est vrai, cela est encore une preuve de sa bonté, ou de sa bêtise, si vous aimez mieux donner ce nom à une pareille bonté. On raconte que, descendu de voiture et rentrant dans le palais, il se jeta brusquement dans un fauteuil pour se reposer un peu de la fatigue de voyage et qu'il dit ces quelques paroles :

« Quel est celui qui n'a jamais fait quelque sottise dans sa vie? je viens de faire la mienne. » Ensuite il demanda un poulet rôti, le mangea avec grand appétit et but une bouteille de vin ; après quoi, il se jeta sur son lit, avec beaucoup de plaisir, et dormit aussi tranquillement qu'auparavant, comme s'il ne s'était rien passé du tout. Cependant la reine était fort affligée et pleura souvent.

Vers la fin de septembre, l'Assemblée..... Mais reprenons un peu le récit, afin que je vous raconte d'abord ce qui est arrivé dans les mois intermédiaires.

Dès que le Très-Saint Père de Rome eut appris la fuite du roi, il montra publiquement, et toute la ville de Rome avec lui, une joie insensée sans attendre même que le roi fût sorti de France d'une manière sûre et certaine, car il espérait, par cette fuite, arranger les affaires selon son intérêt, c'est-à-dire que les religieux reprendraient encore avec leurs privilèges les richesses qu'ils avaient précédemment et que la France lui enverrait humblement, comme par le passé, des monceaux d'or. Mais, plus la joie de Rome avait été grande, plus grandes encore furent son affliction et sa terreur lorsque, deux jours après, on apprit, par le second courrier, qu'on avait arrêté et reconduit à Paris le fils aîné de l'Église. Vous savez que c'est là le titre que la rusée Rome donne au roi de France. Ce n'est pas tout : les moines ont encore éprouvé une autre affliction bien grande.

Peut-être[1] avez-vous appris qu'après la mort de l'illustre

---

1. Tout le passage sur Voltaire se trouve dans le 1er recueil, p. 98-102.

Voltaire le clergé parisien n'avait pas permis qu'on l'enterrât à Paris, et qu'il avait agi de telle manière que ses parents et ses amis avaient été contraints de l'enterrer à plusieurs lieues de Paris. Le prétexte des moines c'est que Voltaire était un homme tout à fait impie et qu'il s'était formellement moqué de la religion dans ses écrits. Que Voltaire ait écrit contre la religion, cela est incontestable ; mais les moines n'ont pas été poussés à cela par le zèle de la religion. Ils ont souvent dévoré la maison de Dieu, mais le zèle de la maison de Dieu ne les a jamais dévorés. Si Voltaire a écrit contre la religion, ce sont eux qui en sont la cause. Dites-moi, je vous prie, comment il est possible de respecter la religion lorsqu'on voit ses maîtres et ses guides faire tout le contraire de ce qu'elle enseigne ; et puis, la religion d'aujourd'hui est-elle à présent absolument la même que celle qui est sortie des mains de Jésus ? Les moines l'ont tellement transformée, ils l'ont mise dans un tel état, qu'il n'est plus possible de distinguer si c'est la religion de l'Évangile ou la religion de..... C'est cette religion des moines obscurcie et contraire à Dieu que Voltaire a poursuivie, et il a ouvert enfin les yeux du peuple : il l'a affranchi de cette *anthropolâtrie* superstitieuse qu'on a pour les moines. Ils avaient donc bien raison de haïr un homme qui les a attaqués, les a mis à nu et les a montrés tels qu'ils sont, c'est-à-dire de vrais loups. Le peuple, se ressouvenant de ce que Voltaire avait dit contre eux, des obstacles qu'on avait mis à son enterrement, a voulu venger ses restes de la persécution des moines et transporter son cadavre à Paris. Une foule innombrable s'est portée donc à son tombeau ; on l'a déterré, on l'a transporté à Paris le 10 juillet 1791, un dimanche vers le soir, et on l'a placé à l'endroit où se trouvait la Bastille, dans un faubourg de la ville, pour l'enterrer avec grande pompe le lendemain.

1. L'abbaye de Scellières, où les cendres de Voltaire se trouvaient déposées depuis 1778, étant en vente, M. de Villette s'adressa au maire de Paris, afin que la municipalité les réclamât et leur procurât une autre sépulture. M. Charron, officier municipal, fit

Vous savez que la Bastille est cette fameuse prison que le peuple a renversée au commencement des troubles. Je demeure près de là, et tout le cortège devait passer sous mes fenêtres. On avait mis Voltaire exprès à la Bastille pour le venger ainsi de l'ancienne tyrannie de la cour qui l'avait enfermé dans cette prison quand il n'était encore qu'un jeune homme de vingt ans ; on l'a donc mis à la Bastille, sur l'emplacement qu'occupait la tour dans laquelle il avait été réellement emprisonné, pendant sa vie, élevant avec ces mêmes pierres de la Bastille renversée une pyramide sur laquelle on mit cette inscription :

« Reçois, en ce lieu où t'enchaîna le despotisme, Voltaire, les honneurs que te rend la Patrie. »

Le lendemain matin, 11 juillet, on a mis le cercueil contenant ses ossements sur un char magnifique. Le char est sorti, traîné par douze superbes chevaux blancs. D'un côté du char étaient écrits ces mots :

« Si l'homme est créé libre, il doit se gouverner. »

De l'autre côté :

« Si l'homme a des tyrans, il les doit détrôner. »

Sur le cercueil était la statue de Voltaire très-ressemblante ; elle était couchée et couverte, sauf la figure. Sur le cercueil il y avait l'inscription suivante : « Poète, philosophe, historien, il a fait prendre un grand essor à l'esprit humain et nous a préparé à devenir libres. » Chaque che-

part de cette demande à l'Assemblée nationale, ainsi que de la prétention des deux communes de Troyes et de Romilly, qui avaient décidé qu'elle se partageraient cette dépouille. L'Assemblée nationale, sur la proposition de Regnault de Saint-Jean-d'Angély, décréta, le 8 mai, que les restes de Voltaire seraient transportés dans l'église paroissiale de Romilly jusqu'à ce qu'il eût été statué sur la pétition de la municipalité de Paris. Le 30 mai, un décret déclara que Marie-François Arouet de Voltaire était digne de recevoir les honneurs décernés aux grands hommes ; qu'en conséquence ses cendres seraient transférées de l'église de Romilly dans celle de Sainte-Geneviève de Paris. On a publié, de cette translation des cendres de Voltaire, une relation officielle à laquelle nous renvoyons les lecteurs.

val était monté par un écuyer habillé en Romain. Devant le char il y avait une autre statue de Voltaire assise sur un trône, et, autour d'elle, des images de tous les grands hommes portées sur des piques, comme, par exemple, celles de Rousseau, de Mirabeau et autres. Derrière la statue assise, dans une petite bibliothèque, toutes ses œuvres, en volumes au nombre de 70, richement reliés (car vous savez que Voltaire a commencé à écrire dès l'âge de 17 ans et qu'il a continué jusqu'à 83 ans). Son premier ouvrage a été une tragédie, intitulée *Œdipe*, que notre Sophocle aussi avait faite avant Voltaire. Tous les savants et les académiciens de Paris marchaient autour de cette bibliothèque. Je ne vous parle pas des instruments de musique, de la multitude immense qui précédait et suivait ce convoi extraordinaire et de la foule répandue dans tous les endroits de la ville par où devait passer le cortège, non plus que de la foule des étrangers qui étaient venus de toutes les parties de l'Europe, « Parthes, Mèdes et Lamithes » ; car la nouvelle avait été annoncée depuis près d'un mois. Je ne vous dis que ceci : j'avais déjà vu l'enterrement de Mirabeau, mais je ne sais lequel des deux était le plus magnifique. Le cortège est sorti de la Bastille à neuf heures du matin, et c'est à peine s'il est arrivé à l'église à minuit. J'ai vu tout cela de ma fenêtre avec beaucoup d'autres savants français et anglais qui étaient venus exprès chez moi, ce jour-là. Ce n'est pas, mon cher ami, la magnificence de l'enterrement qui m'a frappé ; ce n'est pas non plus l'or et l'argent qui étincelait de tous côtés, qui a ébloui mes yeux ; mais, lorsque j'ai vu ses livres portés en triomphe et entourés par une foule d'académiciens, c'est alors que j'aurais voulu vous avoir auprès de moi, témoin et de mon indignation et de mes larmes ; oui de mes larmes, mon ami, des larmes véritables, des larmes amères, que m'a fait répandre le souvenir qu'ainsi autrefois nos ancêtres, les inimitables Grecs, savaient honorer la sagesse ; et quels autres, si ce n'est eux, ont donné les modèles et les exemples de tout ce que l'on voit de beau aujourd'hui, chez les Européens? N'est-ce pas les Athéniens qui ont nommé Sophocle archonte de Samos pour le récompenser d'une tragédie qu'il avait composée? N'est-ce pas eux..........? Mais pourquoi renouveler en vain d'anciennes et incurables blessures? Race barbare et maudite, disais-je en moi-même, méchants Turcs, combien de gens de ma nation auraient pu être aujourd'hui les égaux de Voltaire, si votre tyrannie n'avait rendu stérile la Grèce, cette mère féconde des sciences! Et cependant[1], vous autres, misérables, au lieu de chercher à guérir les maux de la nation, vous êtes devenus pires que les Turcs eux-mêmes; vous qui devriez être le sel et la lumière de votre peuple, vous êtes devenus des imbéciles, des ignorants, et vous vous êtes avilis tout à fait! Et puis vous venez réclamer le respect et les hommages du peuple, vous qui ne respectez pas Dieu et qui ne rendez pas hommage à la religion! Revenons maintenant à l'Assemblée nationale.

Donc cette Assemblée, devant se dissoudre vers la fin de septembre, parce que le temps fixé pour ses réunions était terminé, songea à rendre au roi sa première liberté : d'un côté, parce que l'intérêt de la royauté elle-même l'exigeait ainsi; et de l'autre, parce qu'elle craignait que les souverains étrangers ne fissent par la force ce qu'elle n'aurait pas fait d'elle-même, surtout le roi d'Espagne qui est parent du nôtre et qui faisait en quelque sorte menacer l'Assemblée par son ambassadeur. Cela causa un grand trouble dans l'Assemblée; car beaucoup de députés étaient d'avis qu'il fallait mettre le roi en accusation et le juger comme un simple particulier, à cause de sa fuite; tous ceux qui partageaient cette opinion excitèrent aussi quelques gens du peuple, qui, s'étant rassemblés, demandèrent impérieusement à l'Assemblée que le roi fût mis en jugement; si bien qu'on craignit qu'il n'arrivât en France ce qui avait eu lieu en 1648 en Angleterre, où le roi Charles Ier fut jugé publiquement et décapité. Enfin l'opinion des gens raisonnables l'emporta; mais ce ne fut pas sans effusion de

---

1. La rédaction du second recueil reprend ici, p. 65.

sang ; car, pour disperser le peuple rassemblé, on fut obligé de faire tonner le canon et il y eut une trentaine de personnes de tuées[1].

L'Assemblée avait donc terminé sa Constitution[2]. Elle l'envoya au roi par une commission de douze membres afin qu'il la signât, en lui disant que, pour qu'il ne pût pas protester qu'il l'eût signée par force, il avait la permission de sortir de Paris et d'aller dans n'importe quelle ville du royaume l'examiner librement et à loisir, afin d'y apposer ensuite sa signature, si elle lui convenait. Le roi prit cette Constitution et répondit aux députés qu'il ne jugeait pas à propos de sortir de Paris, mais qu'il avait besoin de quelques jours pour l'examiner.

Peu de jours après[3], le roi fit donner avis à l'Assemblée qu'il avait l'intention de se rendre dans la salle de ses séances, afin de signer la Constitution devant tout le monde. Il se présenta donc à l'Assemblée, y fit un discours qui était long, mais beau et persuasif. Il y répéta les raisons qu'il avait eues de s'en aller. Il dit que, bien que dans la Constitution il y eût certaines choses qui ne lui convenaient pas, il l'acceptait cependant telle qu'elle était, laissant à la sagesse de l'Assemblée et au temps, notre grand maître, le soin de corriger ce qu'elle pouvait avoir de défectueux. Ensuite il prit la plume et signa. Son discours était si beau qu'il fut interrompu presque à chaque phrase par les députés et les gens du peuple présents, qui poussaient de grands cris de : Vive le Roi ! vive Louis ! Cette

---

1. Le 17 juillet, rassemblements tumultueux au Champ-de-Mars pour rédiger une pétition demandant la déchéance du Roi. La loi martiale est proclamée. Bailly, en sa qualité de maire de Paris, et la municipalité accompagnée de la garde nationale commandée par La Fayette, se rendent sur les lieux. Le rassemblement refuse de se séparer ; il est dissipé par la force ; on fait feu sur le peuple, et plusieurs personnes sont tuées.

2. Le 3 septembre.

3. Le 13 septembre, le roi écrit à l'Assemblée qu'il accepte la Constitution, et le 14, il descend à l'Assemblée pour la signer ; il jure de la maintenir, et de la faire exécuter.

résolution inespérée du roi nous étonna tous à ce point, que beaucoup de gens doutent encore de sa sincérité et craignent qu'elle ne nous prépare en cachette quelque nouvelle sottise comme la première. Tous ceux qui la croient sincère (et je suis de ce nombre) se fondent premièrement sur le caractère du roi, qui est, comme je vous l'ai dit, un bon homme; ensuite sur la reine elle-même, qui a, dit-on, appris que l'intention de ses beaux-frères émigrés était de rentrer en France à la tête des troupes, non pour rétablir leur frère dans sa première autorité absolue, mais pour le renverser, comme trop faible et, par conséquent, incapable de régner avec un sceptre de fer, puis de saisir eux-mêmes les rênes de l'État; on dit que la reine, ayant appris ces intrigues, a écrit à son frère l'empereur, pour le prier de ne prêter aucun secours aux frères du roi; d'un autre côté, elle représentait au roi lui-même le grand danger qu'il courait de perdre sa couronne, et lui disait qu'il n'avait de salut à espérer qu'en s'unissant avec le peuple. S'il en est ainsi, comme c'est probable, vous devez bien penser que la conduite du roi doit être sincère.

Après avoir accepté et signé la Constitution, le Roi la communiqua par lettres à tous les souverains de l'Europe, en les assurant qu'il l'avait acceptée librement. L'empereur répondit avec bienveillance en félicitant son beau-frère; et, à partir de ce moment, il commença à regarder d'un œil sévère les émigrés français qui se trouvaient dans ses États. Cela confirme encore que ce que l'on disait de la reine était vrai. La même chose a été faite par le roi de Prusse, d'Angleterre, de Pologne et d'autres souverains; le roi d'Espagne cependant persiste dans la résolution d'être brouillé avec nous. La Russie non plus n'a pas voulu faire de réponse et envoie chaque jour de l'argent aux frères émigrés du roi, en leur faisant de grandes promesses. Le roi de Suède n'a même pas voulu ouvrir la lettre du roi : il l'a renvoyée avec colère à l'ambassadeur de France, prétendant que le roi n'avait signé la Constitution que contraint et forcé. A cette heure même, nous apprenons que ce roi a formé une nouvelle alliance avec

Catherine, et cette alliance, dans laquelle entrera aussi le roi d'Espagne, n'a certainement pas d'autre but que de venir nous égorger, si c'est possible, au printemps prochain.

Voilà les craintes que nous avons maintenant, craintes auxquelles viennent s'ajouter les mauvaises nouvelles venues des colonies françaises d'Amérique, où les noirs se sont révoltés et ont égorgé impitoyablement plusieurs milliers de blancs ; ils ont brûlé d'innombrables plantations de café et de sucre et ont fait mille choses semblables [1]. Ajoutez à cela encore le schisme de l'Église de France, schisme qu'ont fait nos bons religieux, si bien qu'il y a maintenant en France deux partis de catholiques dont les uns vont entendre la messe, se font baptiser et enterrer par des prêtres assermentés tandis que les autres ont recours aux prêtres inassermentés, et regardent comme une impiété même de saluer un prêtre assermenté.

J'ai oublié de vous parler de la rareté du numéraire dans toute la France, et du prix excessif auquel sont montées toutes les choses nécessaires à la vie. Si nous pouvons être délivrés de tous ces maux, sans en recevoir un trop grand dommage, bien des gens en seront fort étonnés ; mais le pire de tout cela, c'est que Mirabeau est mort. La tête de cet homme seule était capable de dissiper un si épais nuage de malheurs. Tout le monde sent sa perte, tout le monde le pleure. Dans la seconde Assemblée nationale qui a commencé le 1er octobre, il y a quelques hommes remarquables, mais il n'y a plus de Mirabeau.

Parlons encore un peu de la Russie, puisque vous êtes si russophile.

Le fameux prince Potemkin, se trouvant à Jassy, capitale de la Moldavie, y est tombé malade d'une fièvre pernicieuse. Après quelques jours de maladie, il a demandé à être transporté en voiture dans un monastère à trente lieues de Jassy, où l'air était pur. Mais, en route, la maladie a fait de tels progrès qu'il a été obligé

---

(1) 22 août 1791. — Révolte des nègres à Saint-Domingue.

de revenir. Avant d'arriver à Jassy, souffrant des douleurs intolérables, il est descendu de voiture et s'est couché sur un tapis, étendu au milieu de la route, où il a expiré peu de temps après.

Sa mort est regardée généralement en Europe comme un très-grand bonheur pour Catherine et pour son successeur. L'ambition de ce prince était insatiable; son intention était certainement de s'emparer du trône de Russie à la mort de l'impératrice, ou même pendant sa vie, et de l'enfermer alors dans un monastère. Si cela était arrivé, c'eût été assurément la faute de l'impératrice, car elle l'avait élevé à une si grande hauteur qu'il lui eût été difficile de l'en faire descendre. Dieu seul peut élever et humilier à sa guise ; mais les hommes, lorsqu'ils élèvent inconsidérément quelqu'un qui ne le mérite pas, tout le mal en retombe sur eux. Voyez quels malheurs éprouvent les Français de la part de leurs moines qu'ils ne peuvent encore dompter. Voyez quels maux éprouvent vos bons Smyrniotes à chaque changement d'archevêque. Ils commencent par porter aux nues leur petit archevêque ; ensuite ils s'étonnent et s'indignent si, du haut de son trône, il les inonde d'une pluie de sang.

Je vous ai dit, si je ne me trompe, dans mes précédentes lettres, avec quelle politique Catherine avait traité les Anglais quand ceux-ci ont voulu la menacer. Je vous ai dit encore comment, dans le parlement anglais, entre autres orateurs, avait parlé aussi le Renard (car Fox, en anglais, signifie renard) en représentant avec beaucoup de sagesse la grande injustice d'une guerre contre la Russie. L'impératrice, dès qu'elle connut ce discours de Fox, écrivit à son ambassadeur en Angleterre, d'aller remercier Fox de sa part et de lui demander sa statue pour « la placer, disait-elle en propres termes dans sa lettre, parmi les statues de Démosthène et de Cicéron, qui se trouvent dans le trésor royal de Saint-Pétersbourg » ; car elle a, elle aussi, les statues des grands hommes, comme vous avez, vous, le portrait de Mirabeau dans votre chambre. Je ne sais si c'est l'impératrice qui vous a imité, ou si c'est vous qui avez imité l'impératrice. Quoi qu'il en soit, un fameux sculpteur de Londres a fait d'une façon absolument ressemblante le buste de Fox, et on l'a envoyé à Saint-Pétersbourg. Si, par hasard, je trouve aussi cette image, je vous l'enverrai pour que votre pinacothèque ne soit pas inférieure à celle de l'impératrice.

Il est temps que je vous parle également des plaisanteries du peuple anglais. Vous savez qu'il a été fort excité contre Pitt, lui reprochant la guerre injuste qu'il méditait contre la Russie. Dès que la Russie eut réussi à conjurer cette guerre, on a imprimé à Londres et vendu publiquement dans les boutiques une gravure qui représentait Catherine, dans tout l'éclat de sa gloire, sur un char de triomphe à cause de ses brillantes victoires contre les vils portefaix[1]; derrière son char était la figure tout à fait ressemblante de votre bon Pitt, en livrée, c'est-à-dire comme un laquais de Catherine.

Vous craignez, me dites-vous, que je ne vous blâme d'être russophile. Aimez les Russes tant que vous voudrez, je ne m'y oppose nullement. Je ne crains qu'une chose : c'est que vous ne jugiez et n'espériez par eux la liberté des Grecs, comme en juge le commun peuple. La plupart des Grecs d'aujourd'hui attendent impatiemment la liberté, non pour devenir plus sages et pour changer leurs mœurs serviles et barbares en des mœurs meilleures; non pour avoir de vrais pasteurs ressemblant aux apôtres, au lieu des loups qui les oppriment aujourd'hui, mais pour pouvoir entendre la messe dans le temple de Sainte-Sophie, pour aller avec une plus grande facilité en Palestine, comme si la messe de Saint-Georges ou de Sainte-Photine n'était pas aussi bonne que celle de Sainte-Sophie ; comme si Dieu habitait dans des édifices construits par la main des hommes; comme si une autre adoration, un autre culte, pouvait lui plaire si ce n'est celui qui est dans l'esprit et dans la vérité ; comme si, enfin, le nom, le nom barbare, le mot turc de hadji qui convient aux seuls adorateurs de Mahomet, était nécessaire aux adorateurs du Christ ! Quant aux

1. Sans doute les Turcs.

Russes, je les aime, moi aussi, et peut-être plus que vous. Mais comment et pourquoi je les aime, ce n'est pas le moment de vous le dire. Peut-être, dans une autre lettre vous écrirai-je, sur ce sujet, quelques choses utiles et nécessaires pour vous et pour nos compatriotes.

. . . .

J'ai encore beaucoup d'autres questions, les unes se rapportant à Hippocrate, les autres à notre langue vulgaire, pour laquelle j'ai rassemblé un grand nombre d'observations curieuses que je mettrai quelque jour en lumière, si la mort ne vient pas me prendre sans m'en demander la permission. Présentement, je n'en ai pas le temps.

Vous me questionnez sur mon ouvrage. Que vous en dire, moi qui ne sais pas moi-même quand il pourra être fini ? C'est long, fatigant, et cela demande une grande attention. Je n'ai pas encore achevé le premier volume. Portez-vous bien, soyez heureux !

Tout à vous,

O. O.

15 novembre 1791.

Dans ce moment arrive la réponse du roi d'Espagne à notre roi ; il paraît que lui aussi a fini par se laisser fléchir ! La reine de Portugal a répondu de même avec plus de bienveillance et de bon sens que le roi d'Espagne. Mais le très-saint archevêque et prince de Mayence, un des électeurs d'Allemagne, a répondu comme un moine qu'il est, c'est-à-dire avec une audace éhontée, prétendant que l'Assemblée nationale de France avait détruit l'état ecclésiastique. Notre roi lui a renvoyé sa lettre avec impatience et colère. Il a écrit également à l'ambassadeur de France en Suède de présenter de nouveau sa lettre au roi et de s'obstiner à en demander la réponse, et, si le roi de Suède s'obstine de son côté dans son entêtement, de quitter sur-le-champ Stockholm, sans en demander la permission.

L'alliance de la Suède avec la Russie est presque certaine, et nous ne savons pas ce qui doit en résulter.

Potemkin laisse une fortune de 40 millions de roubles. Que vous en semble?

XIX

Paris, 12 février 1792.

Vous vous rappelez certainement, mon cher protopsalte, tout ce que je vous ai écrit sur la nouvelle secte des Svedenborgiens, ou Illuminés. Un d'eux, en Allemagne, a prédit dernièrement que le 29 de ce mois de février, à 10 heures 40 minutes du soir, devait arriver la fin du monde, la seconde résurrection et le jugement dernier. En prévision de cette catastrophe (car je crois, aveuglément, aux prophéties de tous les Illuminés), je vous écris aujourd'hui, 12 février, pour vous faire mes derniers adieux, vous souhaiter une heureuse fin, et une bonne réception parmi les élus.

Le 15 novembre dernier, je vous ai écrit une très-longue lettre, mais il y a bien longtemps maintenant que je n'ai reçu la plus petite ligne de vous; et, comme si ce n'était pas assez pour moi de m'inquiéter de ce long, incompréhensible et peu amical silence, j'ai encore le tourment de Villoison, qui vient me demander tous les jours si j'ai reçu une lettre de vous. Ce savant avait écrit dernièrement, pour des affaires particulières, au consul de France; il vous a de nouveau recommandé très-chaudement à lui, comme si vous étiez son frère, et cela, de son propre mouvement, de lui-même, sans que j'aie eu besoin de lui rien dire. Le hasard m'a conduit chez lui au moment où il écrivait sa lettre; il m'a lu le passage qui vous concernait et je vous assure qu'il n'aurait pas pu en dire davantage pour moi-même. Je vous engage donc à le remercier de nouveau dans la lettre que vous m'écrirez. Ne négligez pas de rendre visite au consul deux ou trois fois dans l'année, surtout au premier de l'an où il ne serait pas mal de lui envoyer quelque petit présent. Le consul est très comme il faut et d'un bon naturel, d'après la description que m'en ont fait Dom. Keun et Villoison ; certainement il ne vise pas aux présents ; d'un autre côté, connaissant votre pauvreté, mon ami, je suis fâché de vous conseiller de prendre sur le peu que vous avez pour donner à de plus riches que vous. Cependant vous n'ignorez pas qu'un présent est un témoignage de de reconnaissance ; Homère lui-même a dit que « les présents rendent les dieux mêmes favorables ! » Puis, rappelez-vous combien de cadeaux vous avez été obligé de faire inutilement aux divers évêques de Smyrne ; et ces hommes peu consciencieux, que vous ont-ils donné en retour ? Au lieu de l'honneur, la honte ; au lieu de l'amour, une haine irréconciliable ; au lieu de la protection, la persécution et une injurieuse destitution de votre emploi. Le consul, au contraire, je n'en doute pas, vous protégera en cas de besoin ; et ce besoin, — car personne ne connaît l'avenir, — peut se présenter le jour où vous vous y attendez le moins.

Vous devez savoir maintenant que la paix est faite entre les Turcs et les Russes. Elle a été conclue et signée le 9 janvier, nouveau style[1], toute à l'avantage de Catherine. Entre autres articles, elle contient ces deux-ci : par le premier, la Sublime Porte s'engage à payer douze millions de piastres à la Russie pour les frais de la guerre ; par le second, elle s'engage à ne plus se permettre de déposer ni le prince de Valachie ni celui de Moldavie, si son crime n'est pas clairement démontré, en présence et avec le consentement de l'ambassadeur de Russie à Constantinople. Ce second article est une ruse politique de l'astucieuse Catherine pour se réserver un prétexte plausible de faire la guerre quand et comment elle le voudra. Et il ne se passera pas (rappelez-vous bien ceci) cinq années avant que la guerre ne recommence. Quant aux douze millions, voici une autre manœuvre politique de Catherine qui a

---

1. C'est la paix de Jassy dont les préliminaires avaient été signés par le général Repnin.

étonné les imbéciles Européens, fait rougir Pitt, le tyran de Suède et le roi si éclairé de Berlin, qui ont été les complices, ou mieux les premiers auteurs de la guerre. Dès que le traité de paix a été signé par les deux parties, le plénipotentiaire de la Russie s'est levé et a dit au représentant de la Porte : « Voilà la guerre finie, car il n'y a aucun doute que vous ne vouliez remplir fidèlement tous les engagements que vous avez pris. Cependant ma très-puissante et très-magnanime souveraine, qui a toujours à sa disposition de l'argent et des hommes pour faire la guerre à ses ennemis, fait cadeau à la Porte de la redevance des douze millions. » À ces paroles, mon ami, les plénipotentiaires de la Turquie sont restés muets et stupéfaits, ils ne savaient s'ils étaient éveillés ou s'ils n'étaient pas le jouet d'un songe. Vous comprenez fort bien la ruse de ce stratagème. D'abord il augmente la peur des Turcs qui voient leur ennemi tellement puissant, qu'après une guerre si dispendieuse, il leur fait encore grâce de douze millions de piastres comme si c'était seulement douze piastres. En second lieu, les Russes, par ce présent habile, s'attachent tout le bas peuple turc, parce que ce peuple, pour payer ces douze millions, aurait dû être soumis à de nouvelles taxes ; troisièmement, ils se ménagent une cause plausible de guerre prochaine ; le manifeste de cette future guerre, entre autres griefs, accusera incontestablement aussi les malheureux Turcs d'ingratitude.

Je vous ai écrit dans ma précédente lettre la mort de Potemkin et les grands trésors qu'il a laissés à ses parents. Il n'était âgé que de cinquante-deux ans. C'était, dit-on, dans le principe, un moine ou un garçon au service de moines, qui était venu à Saint-Pétersbourg en sabots ; ensuite il est entré à la cour impériale ; c'est là qu'il s'est élevé peu à peu à cette grande hauteur d'où la mort vient de le précipiter, peut-être pour le bien de Catherine et celui des Grecs eux-mêmes. Ses immenses richesses, l'amour et l'obéissance aveugle que l'armée montrait pour lui, l'avaient rendu dangereux ; et c'est une opinion, communément répandue et qui n'est pas improbable, que s'il était entré à Constantinople c'est lui qui se serait fait proclamer empereur. C'était un homme cruel, entêté, injuste, moissonnant là où il n'avait pas semé, de mœurs barbares, orgueilleux, ambitieux à l'excès, en un mot, un véritable portefaix.

Je n'ai certes pas le temps d'étendre davantage cette lettre, mais votre curiosité réclamera de moi à présent des nouvelles sur la situation de la malheureuse France. Je ne sais ni par où commencer ni où je m'arrêterai. Lorsque vous recevrez cette lettre, baisez pieusement l'image de Mirabeau et allumez un cierge devant elle. Cet homme extraordinaire a prévu et prédit, en mourant, tous les grands maux au milieu desquels nous nous agitons aujourd'hui et d'autres innombrables qui arriveront encore. Notre situation est si triste et si périlleuse, que ses ennemis eux-mêmes les plus acharnés le regrettent aujourd'hui et le pleurent. Lui seul, s'il vivait, serait capable de nous faire sortir du labyrinthe de malheurs où nous nous trouvons engagés. Des hommes envieux et sans aucune valeur qui, du vivant de Mirabeau-Démosthène, n'osaient pas ouvrir la bouche, se sont mêlés de politique après sa mort, et, sous le prétexte d'être amis de la liberté, ils renversent toutes choses. D'un autre côté, les moines mettent tout en mouvement pour nous ramener à notre première situation. Ajoutez à cela la guerre civile dans les colonies françaises d'Amérique, où les esclaves noirs révoltés ont tué sans pitié plusieurs milliers de colons français, hommes, femmes et enfants, brûlé une quantité infinie de champs de café et de sucre, au point que le prix de ces denrées a doublé, et que le sucre, qui se vendait autrefois 25 sous, se vend aujourd'hui 50. Cette élévation des prix a excité de nouveau la populace, qui s'est jetée dans beaucoup de magasins pour piller le café et le sucre et tout ce qu'elle a pu trouver. Ce pillage a duré trois jours, les 22, 23 et 24 janvier, et nous attendons d'heure en heure de semblables émeutes, et de plus terribles encore. On ne trouve plus d'argent; on se sert d'assignats au lieu d'argent, et ces assignats perdent 40 pour 100, c'est-à-dire que, pour un assignat de 100 piastres, par exemple, on ne vous en donne que 60. Ces maux sont peu de chose en comparaison de ceux auxquels nous nous attendons. Les deux frères du roi, son cousin le prince de Condé avec le méchant comte de Mirabeau, frère indigne du Mirabeau défunt, recrutent des soldats en Allemagne, avec l'aide de la Russie, de la Suède, de la Prusse, de l'empereur d'Allemagne, du roi d'Espagne et du roi de Sardaigne, pour venir nous faire la guerre au printemps prochain. Cette terrible alliance s'est formée depuis longtemps, mais en secret, tandis qu'à présent il paraît que le masque est jeté ; mais cependant on ne sait pas encore positivement si la résolution prise est ferme et inébranlable, ou si l'on veut seulement nous faire peur. Il y a d'autres causes encore à ce retard : l'une, c'est qu'ils n'ont pas pu gagner à eux l'Angleterre, parce que Pitt, malgré son désir de faire la guerre à la France, craint le peuple, surtout depuis qu'il a vu le mécontentement manifesté au sujet de la guerre contre la Russie. Une autre cause, c'est que les rois ennemis de la France sont divisés entre eux ; les uns voudraient nous ramener à notre ancien régime, c'est-à-dire donner tout le pouvoir absolu au roi, comme auparavant ; les autres, jugeant que c'est impossible, se contenteraient d'établir une seconde Chambre, appelée la Chambre des nobles, qu'ils joindraient à l'Assemblée que nous avons aujourd'hui, afin de rendre notre état politique semblable à celui de l'Angleterre, où le Parlement est divisé en deux Chambres, que l'on appelle la haute et la basse ; ou bien encore comme celui de l'antique Athènes, où il y avait le sénat composé des nobles et l'Assemblée du peuple ; ce n'aurait peut être pas été une mauvaise chose, si on en avait fait une loi dès le principe ; mais, à présent que le peuple a conçu tant de haine contre les nobles, cela ne pourrait certainement se faire sans une très-grande effusion de sang.

Aujourd'hui c'est le 1er mars ; je ne sais pas si, là où vous êtes, la fin du monde prédite par les Svedenborgiens pour hier 29 février est arrivée, et si vous vous trouvez présentement dans les demeures des justes. Ici il n'est rien arrivé du tout; nous vivons encore et nous habitons ce pauvre monde, malheureusement avec de grands tourments et des craintes excessives. L'alliance des souverains de l'Europe nous menace toujours, et ce n'est pas seulement nous qu'elle menace, mais aussi la malheureuse Pologne; car vous avez appris, je pense, dans le temps, que la Pologne aussi avait changé son état politique, au mois de mai passé. L'ambitieuse Russie avait été fort mécontente de cette révolution, mais elle n'avait rien pu faire alors, se trouvant au milieu des difficultés de la guerre contre les Turcs. Libre maintenant du côté des Ottomans, elle désire remettre de nouveau la main sur la Pologne qu'ont trompée d'une façon déloyale les rois de Prusse et d'Angleterre. De grands, d'incroyables changements se préparent peut-être dans presque toute l'Europe. Nous sommes nés, mon ami, dans un siècle fertile en miracles. De notre temps a eu lieu la suppression de l'ordre des Jésuites, le partage de la Pologne, le changement de la dynastie suédoise, la séparation des colonies américaines de l'Angleterre de la mère-patrie, et leur constitution en République indépendante, la soumission de la Hollande sous leur prince appuyé par le roi de Prusse, la révolution du Brabant suscitée par les Anglais et la Prusse, enfin la Révolution française.

Tous ces changements, soyez-en bien certain, mon ami, ne surviennent pas sans la volonté ou au moins la permission de la divine Providence. Il y a une main invisible qui gouverne et dirige tout, et les hommes ne sont rien que des instruments et des machines, les uns d'honneur, les autres de honte, selon ce que chacun fait, l'un pour le bien public, l'autre pour son propre intérêt.

15 mars. — Qui aurait pu s'attendre à la nouvelle que nous venons d'apprendre il y a quelques jours? Le jeune empereur Léopold, à la fleur de son âge, vient de mourir dans l'espace de trois jours, d'une fièvre rhumatis-

male¹. Cet étrange accident a causé au peuple français une grande joie et, à la cour royale de notre Louis, une douleur indicible. Beaucoup de gens regardent cette mort comme un grand soulagement pour nous ; car, à tout le moins, elle nous fait gagner du temps. Il se passera certainement une année tout entière, avant que son fils François soit élu empereur. De plus, on croit généralement ici que le roi de Prusse a aussi envie de se faire nommer empereur. Si cela arrive, voilà nos ennemis divisés entre eux et luttant à qui obtiendra la couronne impériale. Vous savez, je pense, que, selon les anciennes conventions de l'Allemagne, appelées les bulles d'or, l'Empereur doit être de la religion papale : or le roi de Prusse est calviniste. Mais cela n'est nullement un obstacle, car notre bon roi de Prusse se ferait tout, même Turc, si les Turcs manifestaient l'intention de le prendre pour empereur de Constantinople.

Je vous ai dit plus haut que la Pologne avait changé, il y a un an, la forme de son gouvernement. Cette révolution a eu lieu avec le consentement et même par la volonté du roi et de tout le sénat, à l'exception de deux gentilshommes nommés Résévowski et le comte Potocki. Ces deux personnages sont protégés maintenant par la Russie pour susciter de nouveaux troubles dans leur patrie. Par cette révolution, on voulait rendre le trône de Pologne héréditaire d'électif qu'il était auparavant. On avait donc envoyé, il y a environ un an, une ambassade à l'Électeur de Saxe pour lui offrir la couronne de Pologne, bien entendu après la mort du roi de Pologne actuel, et, après lui, par succession, à ses descendants. L'Électeur, qui, d'un côté, redoute la Russie, mais qui, de l'autre, a bien envie du trône, n'a répondu jusqu'à présent, ni oui, ni non; il essaye de gagner du temps pour voir comment les choses vont tourner.

1. L'empereur Léopold II mourut à Vienne, le 1ᵉʳ mars, à l'âge de 44 ans. Son fils François II, lui succéda comme roi de Hongrie et de Bohême, et ensuite comme empereur, le 7 juillet suivant.

Ici, comme on voyait que l'Angleterre était la seule puissance qui ne se fût pas alliée à nos ennemis, on a envoyé en secret l'évêque d'Autun, comme ambassadeur à Londres, pour contracter une alliance. S'il réussit, les troubles cesseront, car l'Angleterre entraînera la Prusse dans son parti ; or, si la Prusse rêve la couronne impériale, il faut qu'elle renonce à l'alliance avec François. Cependant l'astucieux Pitt ne nous a encore donné aucune réponse nette ; il cherche à gagner du temps, et nous amuse avec de vaines espérances. Les choses sont de toutes parts tellement troublées, que personne ne peut ni prévoir, ni prédire l'avenir. Les têtes des Français sont surexcitées à ce point, que l'on n'entend plus rien ici que ce cri : LA LIBERTÉ OU LA MORT !

La semaine dernière, l'Assemblée nationale a été envahie par trois cents femmes portant une pétition dans laquelle elles demandaient des armes pour s'exercer à la guerre, et être prêtes à mourir pour la patrie lorsque paraîtraient les ennemis. Ces choses-là ne sont-elles pas étranges et curieuses? Cependant un homme de bon sens doit en attendre la fin avant de les louer ou de les blâmer. On voit, il est vrai, des sentiments véritablement grecs ; mais, lorsque les Grecs, avec trois cents Spartiates et quelques méchantes barques, détruisirent la nombreuse flotte et l'innombrable armée des Perses, ils n'étaient pas encore dépouillés de leurs vertus. Voyez ensuite, lorsque leurs mœurs se furent corrompues, avec quelle facilité ils ont été réduits en esclavage par les successeurs d'Alexandre et bientôt après par les Romains eux-mêmes. La liberté sans la vertu ne peut pas durer longtemps. Or, ici, les Français, et particulièrement les habitants de Paris, sont complètement corrompus. Le seul salut pour eux, serait de changer de mœurs.

Je vous ai dit plus haut que nous vivions dans un siècle fertile en miracles et qu'il fallait nous attendre à voir des révolutions extraordinaires et inouïes dans toute l'Europe. Les hommes ont enfin ouvert les yeux et ne veulent plus être gouvernés ni par des tyrans, ni par des moines qui ne sont pas de moindres tyrans.

Aujourd'hui, 4 avril, on nous apprend l'attentat commis sur la personne du roi de Suède. Vous savez que l'état politique de la Suède était à peu près semblable à celui de l'Angleterre, c'est-à-dire que le roi ne pouvait rien faire sans la Chambre des Députés et le consentement du Sénat. Or, en 1772, à l'époque où je me trouvais en Hollande, Gustave, le roi actuel, a supprimé le Sénat, de son autorité privée, et a pris pour lui-même tout le gouvernement, sous prétexte que le Sénat était vendu à la Russie. Depuis ce temps, il est resté dans le cœur de beaucoup de gens un secret désir de vengeance. Cependant ce roi, par son activité et sa perspicacité, s'est montré jusqu'aujourd'hui plus fort que ses ennemis. La guerre folle et injuste que, pour notre malheur, il fit à la Russie, lui a fait contracter des dettes énormes, ce qui l'a obligé à convoquer une Assemblée nationale pour lui faire voter le payement de ces dettes. Nous ici, nous craignions, comme toute l'Europe du reste, et nous nous attendions à chaque instant à voir cette Assemblée nationale faire ce qu'a fait l'Assemblée nationale en France, c'est-à-dire reprendre sa première autorité et ne vouloir pas laisser les richesses du pays, sans contrôle, à la disposition d'un seul homme. Mais, comme je vous l'ai dit, ce roi, supérieur à notre Louis, par son intelligence, son activité et son éducation (il est en effet orateur, poète et excellent écrivain), a trouvé le moyen de charmer par son éloquence le Sénat tout entier, et de lui arracher la promesse que les dettes du trésor royal seraient payées encore une fois. Le roi a donc dissous paisiblement l'Assemblée, au grand étonnement de toute l'Europe. Mais, le 16 mars, à l'heure du dîner, pendant qu'il était à table, il reçut une petite lettre anonyme dans laquelle son futur assassin lui écrivait les paroles suivantes : « Quoique depuis longtemps votre ennemi déclaré et bien résolu à vous tuer, pour délivrer ma patrie de votre tyrannie, je ne veux cependant pas vous assassiner par ruse et par trahison ; je vous préviens donc que, ce soir, lorsque vous viendrez au bal, vous recevrez, de ma main, le coup mortel. » Or, cette nuit-là même, il y avait au palais un grand bal où tout le monde devait être masqué. Sans se troubler, le roi, après avoir dîné, prit son masque et alla au bal. A peine entré dans la salle, une multitude d'hommes l'entoura, le pressa, et, dans cette foule, il reçut un coup de pistolet dans les côtes. Le roi, se sentant blessé, ôta son masque et dit à celui qui l'accompagnait, qu'il avait été frappé. On le ramena au palais ; aussitôt rentré, il tomba sur son lit. La blessure parut d'abord légère, car le roi parlait avec beaucoup de sérénité à ceux qui l'entouraient ; mais, vers le matin, la fièvre se déclara et jusqu'à présent le chirurgien n'a pu extraire de la plaie qu'une seule balle. On craint beaucoup, car le pistolet était chargé avec des clous, que les entrailles du roi ne soient déchirées, qu'il ne se produise une suppuration intérieure, puis la gangrène, et enfin la mort. Le meurtrier, qui a été arrêté, se nomme Ankastroëm ; c'est un ancien garde du corps. Lorsque le roi déclara la guerre à la Russie, cet homme avait empêché dans beaucoup de provinces le recrutement des soldats, disant que cette guerre était injuste (elle l'était en effet), et pour cela il avait un grand nombre de complices, qui alors furent ou bannis, ou condamnés à diverses peines. Quant à lui, il fut condamné à mort, mais le roi lui fit grâce de la vie. Cette grâce suprême n'apaisa point la haine qu'il nourrissait contre le roi, et, dès ce moment, il n'attendît que l'occasion de le tuer. Cette mort, si elle arrive, jointe à la mort inattendue de Léopold, peut nous délivrer des craintes de la guerre ; car, bien que Gustave fût le moins redoutable des ennemis de la France, il en était cependant le plus actif. En outre, il se trouvait en quelque sorte engagé par son propre intérêt à rétablir la cour de France dans sa première situation, parce qu'il en recevait tous les ans, comme ancien allié, une grande somme d'argent, qu'on ne lui paie plus depuis le changement de notre état politique.

Enfin les Français, lassés de ces craintes journalières et de l'incertitude de l'avenir, ont pris le parti de s'adresser à tous leurs ennemis personnellement pour leur demander une réponse précise, formelle et sans détours, afin de savoir quelle est leur intention, et s'ils veulent ou la paix ou la guerre. La réponse du roi de Sardaigne est arrivée aujourd'hui 5 avril ; il assure qu'il veut être notre ami et non point notre ennemi. Nous attendons vers le 10 du présent mois la réponse de François, le futur empereur. Cette même question sera posée à la Prusse, à la Russie, à la Suède et à l'Espagne. Nous espérons que la réponse de ces puissances sera dans le sens de la paix, non pas tant à cause de leur bienveillance à notre égard que parce qu'ils ont peur de leurs propres soldats. La mort de l'Empereur, l'attentat contre le roi de Suède, et la récente nouvelle (voilà encore quelque chose d'étrange!) que, le 28 mars, une sérieuse insurrection a éclaté à Turin, capitale de la Sardaigne, tout cela réuni oblige nos ennemis à réfléchir beaucoup et à agir peu. Nous ne connaissons pas encore les détails de cette insurrection de Turin ; elle était attendue néanmoins depuis deux ans et plus. Il y a environ deux ans, le roi de Sardaigne a trouvé, dans son lit, une brochure anonyme portant le titre de « la Voix commune du peuple, et le désir de la liberté ». On dit que le roi, à la lecture du seul titre de cette brochure, tomba évanoui sur sa chaise. Les Français sont décidés, si les ennemis veulent la guerre, à frapper les premiers et à soulever toutes les nations de l'Europe contre leurs princes. Ils proclameront la liberté et chercheront à gagner les soldats de leurs ennemis par la promesse de grands présents, et la confiscation de toutes les propriétés de ces Français nobles, qui, émigrés aujourd'hui hors de France, excitent les rois contre leur patrie, ou qui, restés en France, nourrissent l'espérance et le désir de voir leur pays retourner à son ancien état politique. Ce moyen, si les amis du nouvel état de choses étaient assez sages pour vivre en bonne intelligence les uns avec les autres, suffirait à dissiper les mauvais desseins des princes de l'Europe. Car que peuvent faire les rois sans soldats, ou les moines sans gens superstitieux ?

Le roi de Sardaigne n'aurait certes pas fait une réponse si pacifique, s'il n'avait été rendu sage par l'insurrection du peuple qui eut lieu le jour même où arrivaient à Turin les lettres de notre cour. Si j'apprends de nouvelles nouvelles avant de fermer ma lettre, je vous écrirai plus au long au sujet de cette émeute.

Moi aussi, vous le voyez, je vous écris de longues lettres, et vous, vous gardez le silence comme si vous aviez été, ainsi que Zacharie, frappé de mutisme par un ange. Le savant Villoison m'a chargé de vous faire ses compliments et de vous prier de nous écrire avec précision ce que signifie le μαφόριον[1]. Il sait que c'est un ornement sacerdotal, mais il désire en connaître la forme, la grandeur, la matière, la manière de le mettre, s'il se place sur les épaules, par-dessus les autres vêtements et tout ce que vous savez là-dessus.

J'ai aussi beaucoup de questions à vous adresser, mais le temps est court et mes occupations sont nombreuses. Dites-moi si le mot : ΑΝΕΚΟΥΡΚΟΥΔΑ est une expression particulière à Chio, et s'il signifie cette position du corps quand on est accroupi sur ses deux genoux comme lorsqu'on est assis sur ses genoux pour vider ses entrailles. Dites-moi dans quelle île ou dans quelle ville les Grecs nomment ΚΤΗΜΑΤΑ[2] les bêtes (comme les moutons,

---

1. Voyez Du Cange : *Glossarium græcum medii ævi.*
2. M. Bikélas, dans une curieuse dissertation dont il a fait profiter *l'Annuaire de l'Association pour l'encouragement des études grecques en France* (12ᵉ année, 1878), sur la *Nomenclature moderne de la faune grecque*, dit à propos du mot Ἄλογον (page 212, note 10) : « Dans quelques îles de l'Archipel, notamment à Mélos, on donne au cheval le nom de κτῆμα — propriété, bien. D'après Sakellarios (τὰ Κυπριακὰ, t. III), les Crétois désignent par κτῆμα tous les animaux domestiques en général, ce que les Chypriotes expriment par le mot χτηνὸν = κτῆνος. » Coray dit lui-même que c'est de même en Crète ; voyez : Ἄτακτα, IV, 260.

les chèvres, etc.), et ce que signifie ΤΖΕΙΡΙΆΖΩ ou ΤΣΙΡΙΆΖΩ[1]. Prenez garde de confondre avec ΤΣΙΡΙΆΝΩ. Quels sont les Grecs qui se servent du mot propre ΠΡΌΣΌΨΙ[2] au lieu du mot barbare ΜΑΡΧΑΜΆ? Employez-vous quelquefois à Smyrne le mot ΒΛΈΠΕΙ, au lieu de ΠΛΟΥΤΕΙ, pour dire : il est riche? Notez-moi exactement ce que signifie ΏΡΑ ΑΙΦΝΙΔΙΟΣ[3] ou ἘΞΑΦΝΙΚΟΝ ΤΟΝ ἮΛΘΕ[4] ou comme disent en jurant les gens sans éducation : ἘΞΑΦΝΙΚΟΝ ΝΑ Σ'ΕΥΡΗ[5]? Cela a-t-il quelque rapport avec la croyance superstitieuse aux fantômes? Que souffre l'homme qu'a trouvé le ΞΑΦΝΙΚΟΝ? A quelle heure du jour vient-il? Serait-ce à midi? Et en quelles localités en particulier? Je vous prie de m'écrire exactement, sur tout cela, après vous être renseigné vous-même d'une manière certaine.

De même qu'il y a des choses, pour lesquelles il faut interroger les savants, il en est d'autres aussi sur lesquelles on ne peut se renseigner qu'auprès des ignorants, comme par exemple Nicolas le Toutountzi[6] et autres hommes éminents de cette espèce pleins d'esprit et de savoir. Vous n'ignorez pas que ce Nicolas, toutes les fois qu'il voulait communier, ne se contentait pas de la règle de la communion, mais lisait par-dessus le marché le Grand Canon, et en plus les deux prières paraclétiques. Aussi ces savants personnages sont-ils parfaitement au courant et des ΞΑΦΝΙΚΆ (lutins) et des ΒΟΥΡΒΟΥΛΆΚΟΥΣ (revenants) et des ΣΤΟΙΧΕΊΑ (fantômes).

1. Τζειριάζω, signifie : se rétrécir, se raccourcir par la chaleur. Voyez Coray : Ἄτακτα, II, 362.

2. Dans la ville de Bérée, en Macédoine, on se sert du mot προσόψι pour désigner une serviette; il y a même dans cette ville, où l'industrie des serviettes turques est très-répandue, plusieurs familles qui portent le nom de Prosopsas. Voyez aussi Coray : Ἄτακτα, I, 200; IV, 463.

3. Heure subite.
4. Un évènement subit lui est venu.
5. Que la mort l'écrase.
6. Le marchand de tabac.

Embrassez particulièrement de ma part tous mes parents et amis.

Portez-vous bien et soyez heureux.

6 avril. L'évêque de Bourges, Torné, a proposé à l'Assemblée nationale de France de décider que les moines, les prêtres, en un mot, tous les membres du clergé de France, ne fussent plus à l'avenir distingués des laïques par un costume particulier. L'Assemblée a voté à l'unanimité la suppression des costumes ecclésiastiques. Maintenant les moines n'ont plus la permission de porter des vêtements qui les distinguent des autres personnes, sauf leurs habits sacerdotaux dans l'église, c'est-à-dire seulement lorsqu'ils chantent la messe ou célèbrent les mystères. Cette proposition doit vous sembler étrange, surtout venant d'un évêque. Cependant, en réfléchissant que le Christ et les apôtres, c'est-à-dire les premiers prélats de l'Église, bien supérieurs, sans aucun doute, à tous les très-révérends, très-amis de Dieu, très-grands, très-bienheureux et très-saints de nos jours, ne portaient pas à cette époque d'autre costume que celui de tout le peuple juif; en pensant, en outre, que ce costume noir et sombre a contribué, d'une part, à augmenter l'orgueil et l'insolence des moines, au point qu'ils lui donnaient même le nom d'*angélique* (comme si jamais les anges eussent porté le froc dans le ciel), et de l'autre, notre stupidité et notre dévotion insensée, nous qui confondions sous ce même vêtement le moine vraiment bon et pieux avec le moine hypocrite et impie, professant également pour tous le même respect; en réfléchissant à tout cela sans préjugé, on comprend facilement que l'intérêt de l'Église, le culte de Dieu et l'amélioration des mœurs chrétiennes réclamaient la suppression de cette distinction absurde.

7 avril. L'insurrection de Turin n'était qu'une rixe des étudiants de l'Université avec quelques canailles du bas peuple. On dit qu'elle est terminée maintenant, mais non point sans effusion de sang.

Nous avons reçu également la nouvelle que des troubles avaient éclaté dans différentes villes des États pontificaux. Ces évènements étranges, qui arrivent ainsi coup sur coup, menacent tous les souverains de l'Europe. Maintenant, on dit que Catherine envoie vingt-neuf vaisseaux de ligne chargés de troupes; mais où? Personne encore ne le sait. On suppose cependant que c'est contre nous.

Encore une fois, portez-vous bien et rompez ce long, étrange et insipide silence.

15 avril. J'ai gardé ma lettre jusqu'à ce jour et à cette heure, pour vous annoncer la mort du roi de Suède. Nous l'apprenons aujourd'hui. Il est mort le 29 mars. Dans l'autopsie que l'on a faite de son corps, on a trouvé, entre autres, une balle quadrangulaire, que ni la nature ni l'art n'avaient pu faire sortir.

Encore une fois, portez-vous bien.

Tout à vous,
A. Coray.

XX

Paris, 18 avril 1792.

Mon cher Protopsalte,

Le 15 avril, je vous ai écrit une longue lettre, dont l'épilogue était la mort du roi de Suède. Les évènements nouveaux et étranges se multiplient tellement chaque jour et à chaque heure, qu'il m'est désormais impossible de vous écrire même la dixième partie de ce que je vois ici, ou de ce que j'apprends par les différents journaux, relativement aux évènements qui se passent dans toutes les parties de l'Europe, sans faire de mes lettres une sorte de journal où je vous noterai les différents évènements le jour même où ils se sont produits, ou bien où on les a appris.

Je commence donc à partir d'aujourd'hui 18 avril (notez que je n'ai pas encore reçu une seule lettre de vous) et je vous annonce, qu'après la mort du roi de Suède, on a découvert parmi les nobles un très-grand nombre de complices de l'assassinat. Quelques-uns sont en fuite ; le plus grand nombre a été arrêté et mis en prison. Un d'entre eux, le baron Bielke, appelé chez le ministre une heure après que Gustave eût rendu le dernier soupir, pour être interrogé au sujet de cet assassinat, répondit ainsi : « Non-seulement j'ai conseillé ce meurtre, mais c'est moi qui suis le chef de la conspiration. Si vous me demandez pourquoi je suis entré dans ce complot, je vous répondrai que l'intérêt de ma patrie réclamait impérieusement la mort du roi. Je n'ai rien de plus à vous dire ; j'ai à peine encore un quart d'heure à vivre, car je viens de m'empoisonner pour me soustraire à votre vengeance, et je meurs content. » Aussitôt qu'il fut mort du poison qu'il avait pris avant d'aller chez le ministre, son cadavre fut traîné par le bourreau, d'après l'ordre du peuple, sur les places et dans les rues de la ville. Le reste des prisonniers parmi lesquels se trouve l'auteur du crime, Ankastroëm, n'a pas été encore interrogé. C'est le fils du roi qui lui succède sur le trône ; mais, comme il y a une loi qui ne permet pas qu'un roi soit proclamé avant d'avoir atteint l'âge de dix-huit ans, le duc de Sudermanie, frère du feu roi, gouvernera le royaume, jusqu'à ce que le successeur au trône, qui a maintenant quatorze ans, ait atteint sa majorité.

20 avril. Je vous ai écrit précédemment que l'Empereur, la Prusse, la Suède, la Russie et l'Espagne faisaient des préparatifs contre nous. Le chef de ce terrible complot est l'Empereur, qui s'est mis à la tête des autres souverains. Mais le pire, c'est que tous ces rois ne cessaient de rassembler des armées; et qu'ils ne répondaient pas clairement quand on leur demandait si c'était contre nous. Ils avaient à la fois envie et peur. Ils voulaient et ils ne vou-

laient pas. D'un côté, pour des projets secrets avec la Russie, se trouvaient la Prusse et l'Empereur (parmi ces projets, on soupçonnait qu'il était question d'un nouveau partage de la Pologne); d'un autre côté, voyant nos dissensions intérieures, et surtout les troubles que provoquent chez nous, jusqu'à ce jour, les moines dépossédés, ils espéraient nous voir assez affaiblis par nos propres discordes civiles, pour pouvoir tomber sur nous et nous démembrer avec plus de facilité, comme ils avaient fait des Polonais, ou bien nous obliger à rendre à la cour l'autorité absolue et irresponsable qu'elle avait auparavant pour eux. Les rois de l'Europe regardent en effet cette révolution de la France comme un mauvais présage, et chacun d'eux craint qu'elle ne se répande comme une peste parmi ses sujets. Notre roi, de concert avec l'Assemblée, avait souvent demandé au feu roi Léopold une réponse précise et sincère au sujet des armées qu'il rassemblait; il le priait de lui faire savoir quels étaient ses projets, et pourquoi il faisait alliance avec les autres souverains? L'astucieux Léopold nous a toujours répondu par des paroles de paix, disant qu'il rassemblait ses armées pour sa propre sûreté, parce qu'il craignait une attaque soudaine des Français; qu'il faisait des alliances, parce que beaucoup de Français, surexcités par leur propre révolution politique, parcouraient les autres États, engageant les nations à secouer le joug de leurs souverains. Voyant que Léopold cherchait à nous endormir, le roi et l'Assemblée lui ont demandé formellement de licencier son armée, s'il voulait vraiment demeurer en paix avec nous. La mort l'a empêché ou de lever le masque et de marcher contre nous, ou de cesser de se jouer de nous. L'opinion générale est qu'il aurait pris le second parti, parce que, de tous les souverains de l'Europe, il aurait été le moins excusable de se formaliser ainsi cruellement de la nouvelle révolution française. En effet, beaucoup des lois nouvelles des Français, il les avait données lui-même, de son propre mouvement, et sans aucune Assemblée nationale, lorsqu'il était duc d'Étrurie. Le successeur de François, le roi de Hongrie, a voulu imiter son père, en ne nous donnant que des réponses vagues et indéterminées. Enfin notre Louis (qui paraît maintenant sincèrement d'accord avec la nation) s'est rendu ce matin à l'Assemblée et lui a représenté que, n'ayant pas pu jusqu'à présent obtenir de réponse définitive au sujet de la paix, ni de son beau-frère Léopold, ni de son neveu François, voyant d'un autre côté les troubles intérieurs de la France augmenter et craignant que nos ennemis ne se précipitent sur nous de tous côtés, lorsqu'ils nous croiront entièrement affaiblis, il a pensé que nous ferions mieux de déclarer les premiers la guerre à François, sans attendre davantage. L'Assemblée, se rendant aussitôt à cet avis du roi, a voté, aujourd'hui 20 avril, la guerre contre le roi de Hongrie.

21 avril. Hier au soir (comme je vous l'ai dit) la guerre a été déclarée par les Français. A minuit, trente courriers ont été expédiés dans différentes villes et provinces pour leur porter la décision de l'Assemblée, afin de faire marcher aussitôt les armées vers les frontières de l'Allemagne. A présent il nous reste à savoir si les alliés de François viendront à son secours, comme ils l'ont promis. Si cela arrive, comme c'est probable, nous avons beaucoup à redouter; mais je dois cependant vous dire que nous avons de grandes espérances de dissiper cet épouvantable nuage d'ennemis. D'un côté, appuyés que nous sommes sur l'amour de la liberté, nous avons, de l'autre, de nombreux exemples anciens et nouveaux de nations, incomparablement moins importantes que la France par le nombre et les richesses de ses habitants, qui sont cependant restées invincibles devant leurs innombrables et terribles ennemis. Pour moi, je suis un spectateur, curieux de voir la fin de cette extraordinaire péripétie. La nation française, seule parmi les nations de l'Europe, est arrivée au même degré de gloire que nos ancêtres dans les arts et dans la science. Les Français le savent et ils s'en vantent. Beaucoup même prétendent qu'ils ont surpassé les Grecs; car les Français, entre autres présents de

la nature et avantages de l'éducation, ont aussi le privilège d'être fous et remplis de vanité. S'ils réussissent encore à être supérieurs à leurs ennemis et à sauvegarder leur nouvelle constitution, toutes les chaînes de la maison des fous[1] de Magnésie ne suffiront pas à retenir un seul d'entre eux. Mais malheur à eux s'ils se laissent envahir par la crainte et s'ils souscrivent aux exigences de leurs ennemis ! Ils deviendront la risée de toute l'Europe, et moi, le premier, je leur cracherai au visage. Je le dis chaque jour, sans me gêner, à beaucoup de Français, d'abord pour rabattre un peu leur vanité, et ensuite pour venger ma nation qu'ils ont souvent injuriée cruellement, quoique non sans justice.

22, 23 et 24 avril. Il est impossible de vous décrire la joie, l'enthousiasme et l'élan invincible qu'a montrés toute la nation à la déclaration de guerre. On n'entendait sortir de toutes les bouches d'autre cri que : « *La liberté ou la mort.* » — Avant-hier, hier et aujourd'hui, pendant trois jours, beaucoup de personnes de différentes classes se sont présentées à l'Assemblée pour lui porter des dons volontaires en argent, chacun selon ses moyens, afin de pourvoir aux dépenses de la guerre : non-seulement des Français, mais encore des étrangers habitant la France depuis longtemps ou venus dans l'intention de l'habiter après le changement politique du gouvernement. Un Allemand, appelé Klootz[2], homme plein de l'esprit de progrès, mais aussi un peu fou (on dit qu'il est le neveu de l'aventurier de Pauw qui, dans ses écrits, a traîné les Grecs dans la boue), a déposé, en don volontaire pour la guerre, 12,000 livres de France. Un membre de l'Assemblée nationale a proposé de ne pas employer ces dons volontaires à payer les dépenses de la guerre, mais de déclarer dans tous les journaux, par toute l'Europe, qu'ils serviront à récompenser

---

[1] Τημαρχανᾶς, mot turc.
[2] Le baron de Klootz, qui s'appelait lui-même Anacharsis Klootz, l'orateur du genre humain, guillotiné le 24 mars 1794.

les soldats de nos ennemis, qui, abandonnant le drapeau des autres rois, déserteraient pour passer du côté des Français ; de proclamer, de plus, qu'on promettrait des propriétés immobilières, c'est-à-dire des champs et autres biens appartenant aux nobles émigrés, à tous ceux qui, abandonnant leur pays, viendraient s'établir en France. C'est un moyen habile de corrompre les soldats ennemis. Malheur aux rois, s'il réussit! Cette guerre, mon ami, ne ressemble pas aux autres. Elle sera cruelle et meurtrière, si les Français imitent véritablement les Grecs qu'ils se vantent d'avoir surpassés; ou bien ce sera une guerre ridicule de souris et de chats, si, oubliant leurs vanteries actuelles, ils courbent, comme des ânes, leurs têtes sous la verge de François et de ses alliés. Personne ne peut connaître l'avenir, mais j'espère qu'ils finiront par faire bonne figure. La joie, comme je vous ai dit, est générale et universelle ; c'est-à-dire qu'elle éclate chez les amis de la nouvelle Constitution politique qui espèrent triompher, et même chez ses ennemis, surtout chez les moines dépouillés qui attendent, au contraire, le triomphe des ennemis pour recouvrer une seconde fois leurs anciennes richesses, leur ancienne gloire et leurs anciennes voluptés. Mais les misérables se trompent, car, si les Français sont vaincus, les anciennes dettes du royaume et toutes les nouvelles que la guerre va leur faire contracter, ne permettront jamais qu'on rende aux moines les possessions immenses et antichrétiennes qui leur ont été si justement enlevées.

25 avril. Des dons volontaires sont encore présentés tous les jours. Je vous ai écrit que la Russie préparait vingt-neuf vaisseaux de ligne pour la Méditerranée. L'opinion la plus accréditée est que son dessein est d'inquiéter Marseille et l'île de Corse, qui appartient à la France. D'autres pensent que la Russie se soucie fort peu maintenant que la France soit gouvernée par les anciennes ou par les nouvelles lois, mais qu'elle saisit l'occasion et le prétexte de la guerre de France pour tromper l'habile mi-

nistre anglais Pitt, qui ne lui a pas permis de laisser passer ses vaisseaux lorsqu'elle faisait la guerre aux Turcs; tandis que maintenant, comme l'Impératrice est secrètement l'ennemie de la France et, d'un autre côté, en paix avec les Turcs, il ne s'y opposera plus. Dès qu'une fois elle aura fait passer ses vaisseaux, si elle trouve les Français vaincus et domptés par François, elle s'emparera facilement de la Corse, et y fera mouiller sa flotte jusqu'à ce qu'il y ait une seconde guerre avec les Turcs. Si, au contraire, les Français se conduisent avec courage, elle inventera contre la Turquie un nouveau prétexte (vous savez que les prétextes ne manquent jamais), et elle lui déclarera la guerre. Cette prédiction n'est pas sans probabilité, et il serait curieux de voir l'habile Catherine tromper l'habile Pitt.

27 avril. Les présents se multiplient à chaque heure. Hommes, femmes, enfants mineurs, riches, pauvres, négociants, artisans, chacun offre, selon sa fortune, ce qu'il peut, à la patrie en danger. L'enthousiasme est si grand que je ne trouverais pas extraordinaire que cette seule nouvelle terrifiât les ennemis et leur fît changer leurs projets et leurs discours. Le Danemark, que la Russie engageait à s'entendre avec les autres puissances alliées contre la France, a repoussé cette demande en disant qu'il n'avait aucune raison plausible d'inquiéter la France. Je vis dans un perpétuel étonnement: je ne sais que penser, que dire, que prévoir, que prophétiser. Lorsque je songe aux victoires de nos ancêtres, je juge facile le triomphe des Français contre toute l'Europe; lorsque, au contraire, je pense que parmi les Français il se trouve beaucoup d'hommes nuls et mal intentionnés, ou plutôt des hommes de rien; que les moines dépouillés vont partout comme des lions rugissants, cherchant, surtout à l'heure présente, tous les moyens d'exciter les peuples pour faciliter l'entrée des ennemis en France, je crains quelque trahison, et j'ai peur que le juste ne périsse avec l'impie. Quoi qu'il arrive, je suis prêt soit à cracher sur les Français, soit à leur tresser

des couronnes. Quiconque préfère une vie honteuse à une mort glorieuse, qu'il soit Français ou Grec, celui-là ne mérite ni la vie, ni la liberté, ni même le nom d'homme :

> Je ne fais aucun cas du mortel
> Qui se repait de vaines espérances.
> Vivre avec gloire, ou mourir avec gloire
> Tel est le devoir d'un homme de cœur [1].

C'est ce que dit Ajax dans la tragédie de *Sophocle*. Voilà quels étaient les sentiments des Grecs, redoutables, tant qu'ils les gardèrent, pour le formidable empire des Perses. Dès qu'ils les eurent perdus, ils furent soumis aux Romains, et cependant ceux-là n'étaient pas bien terribles, car les Romains étaient une nation généreuse qui avait été éclairée par les Grecs eux-mêmes..... mais..... La plume me tombe des mains, les forces du corps et de l'esprit me manquent, et je ne sais plus que dire lorsque je songe à ces malheurs de notre nation.

28 avril. Les dons ne cessent d'affluer tous les jours et à toutes les heures. J'ai oublié de vous parler du beau discours que fit avant-hier un des députés, appelé François [2], contre les moines et contre la cour de Rome qui les protège en secret et leur apprend à soulever le peuple. Après ce discours, qui a duré deux heures, l'Assemblée a voté que, à l'avenir, tout moine qui serait trouvé excitant ouvertement ou d'une manière cachée le peuple contre la nouvelle Constitution, serait exilé. Quelques députés étaient d'avis qu'il fallait les renvoyer tous à Rome. Certainement les moines français auraient fait mourir de faim les moines de Rome s'ils s'y étaient rendus tous en même temps, nus, affamés et armés de leur appétit légendaire. Mais l'Assemblée, voulant agir contre eux avec modération, ordonna de ne faire sortir de France que ceux seulement qui seraient trouvés en contravention, et qu'alors ils pourraient aller où ils voudraient.

1. Sophocle. *Ajax*, v. 475-478.
2. François (de Neufchâteau).

1ᵉʳ mai. Aujourd'hui nous avons appris la nouvelle de la première rencontre de la guerre qui a eu lieu le 28 avril entre les Français et les Autrichiens. Si les autres batailles doivent ressembler à celle-ci, malheur aux Français ! La perte certainement n'est pas grande, mais la manière dont elle est arrivée est triste, honteuse et dangereuse. Le malheureux Dillon, commandant un petit détachement de soldats français, a marché sur Tournay pour attaquer les Autrichiens. Au moment même de l'attaque, six ou sept misérables soldats français se mettent à crier de toutes leurs forces : « Camarades, nous sommes trahis, le général Dillon nous livre aux Autrichiens. » Toute l'armée est troublée, prend peur, se disperse et s'enfuit. Grâce à ce tumulte, je vous laisse à penser combien la victoire était facile aux ennemis. Cela n'a pas suffi. Au milieu du trouble et du désordre, ces misérables et d'autres qui leur ressemblent se sont emparés du pauvre général Dillon ainsi que de deux officiers, et les ont immolés comme traîtres à la patrie[1]. Cette épouvantable nouvelle a produit ici une grande confusion. Mais ce qui est pis, c'est que l'on a de terribles soupçons contre la cour de Louis, surtout contre la reine elle-même. Les ennemis de cette malheureuse reine (et elle en a beaucoup) l'ont accusée d'être la cause de cette déroute, s'imaginant qu'elle avait donné des ordres secrets pour occasionner une pareille panique. D'autres accusent les moines. Tout cela est possible et même probable, mais ce n'est ni évident ni démontré. Quoi qu'il en soit, la cour est à chaque instant dans un grand péril. Ne vous étonnez donc pas si je vous écris quelque jour pour vous apprendre l'assassinat de ce malheureux roi et de sa femme. Le grand malheur du roi est que non-seulement, parmi les défenseurs du nouvel état de choses, il a des ennemis puissants qui conspirent contre sa vie, ou qui du moins cherchent à le repré-

---

1. Le général Théobald de Dillon, repoussé par les Autrichiens à Tournay, rentre à Lille, où, accusé de trahison par les troupes et la populace, il est pendu par ces furieux.

senter comme indigne du trône pour le déposer, mais encore que ses propres frères, émigrés avec leurs partisans, l'accusent d'être la cause de la révolution. Ils disent qu'il s'est montré trop doux dès le principe et qu'il a eu trop d'égard pour les caprices du peuple. Ils cherchent donc à l'attirer en Allemagne, de gré ou de force. Une fois qu'ils l'auront éloigné de France, leur intention est de le détrôner et de mettre à sa place son fils mineur. De cette façon, ils espèrent, avec l'aide des autres souverains de l'Europe, rentrer en France.

Du 2 mai au 24. Dans ces vingt-trois jours qui viennent de s'écouler, il s'est passé bien des évènements; mais il faut résumer, car ce serait la chose la plus impossible du monde que de vous écrire le tout en détail. Hier et aujourd'hui il y a eu de nouveau de grandes craintes relativement à la fuite du roi. Dans l'Assemblée, on a formellement accusé la reine d'être la cause de tous les maux présents et à venir. On a dit, mais sans en donner la preuve, que toutes les nuits elle tenait un conseil secret, dans lequel, avec ses fidèles, elle cherchait les moyens de faire entrer en France les armées de son neveu François. Nous nous trouvons dans de terribles embarras.

29 mai. Ce soir, à 10 heures, grand trouble dans toute la ville : on se réunit sur toutes les places, par l'ordre des chefs; on bat le tambour, on rassemble les soldats et on court au palais du roi, parce que le bruit a couru que, cette nuit, le roi devait fuir de Paris.

30 mai. Le tumulte a duré toute la nuit. Le malheur est que nous, qui sommes mêlés à tous ces évènements, nous ne pouvons même pas découvrir la vérité. Nous avons des yeux et nous ne voyons pas; nous avons des oreilles et nous n'entendons pas : notre bouche seule dit sans raison et sans jugement ce que nos yeux n'ont pas vu et ce que nos oreilles n'ont pas entendu. Beaucoup de gens veulent que le soupçon de la fuite du roi ne soit qu'un bruit sans

fondement. D'autres, au contraire, pensent que ses ennemis ont inventé cette calomnie pour exciter le peuple dans le but ou avec l'espérance que, à la faveur des ténèbres de la nuit et dans ce grand trouble, il se trouverait quelqu'un pour le tuer. Je vous ai dit une autre fois que l'Assemblée avait permis au roi de former un régiment à lui, régiment composé de gardes du corps et fort de 1,800 hommes ; à présent on soupçonne ces gardes du corps eux-mêmes de vouloir faciliter la fuite du roi pour l'accompagner et le faire sortir de France. L'Assemblée a prévenu le roi que, puisque le peuple croyait que ses gardes du corps étaient conjurés pour comploter sa fuite et qu'il les regardait comme ennemis de la patrie, elle le priait de les licencier et d'en former un nouveau régiment, en même nombre que le premier. Le roi a consenti, sans opposition, à la demande de l'Assemblée[1].

1ᵉʳ juin. Nous avons enfin reçu la réponse de l'Angleterre qui nous assure ne pas partager l'inimitié des autres rois à notre égard, et son intention de rester neutre. C'est le zèle de l'évêque d'Autun, ou, pour mieux dire, la crainte du peuple anglais, qui lui a fait prendre cette bonne résolution. Mais, malgré toutes ces promesses, il est difficile de croire au rusé Pitt. Le Portugal paraît aussi devoir rester neutre. L'Espagne et la Sardaigne ne nous ont pas encore répondu, quoiqu'elles se préparent. La Russie n'a pas même ouvert la bouche ; mais nous avons appris que ses armées marchent contre la Pologne, à laquelle elle a fait connaître par son ambassadeur que le nouvel état de choses ne lui convenait pas. Le peuple polonais a montré une grande indignation, et, un soir, il a brisé toutes les vitres des fenêtres du grand chancelier de Pologne, parce que celui-ci avait dîné, à midi, à la table de l'ambassadeur de Russie. Nous apprenons aujourd'hui que les armées du

---

[1] 29 mai. Décret qui licencie la garde constitutionnelle du roi, comme accusée d'incivisme, et qui renvoye son commandant, M. le duc de Brissac, devant la haute cour d'Orléans.

roi de Prusse seul se sont mises en marche pour venir au secours de l'Autriche.

3 juin. A cet instant même, je reçois votre lettre, datée du 1⁽ᵉʳ⁾ mars : j'y répondrai bientôt en peu de mots.

8 juin. Pas un jour ne se passe, depuis la déclaration de guerre, sans que quelque don ne soit offert par le peuple. Beaucoup d'Anglais ont aussi envoyé d'Angleterre des présents. Aujourd'hui, il y a quelques négociants qui ont envoyé d'Irlande différentes sommes d'argent.

20 juin. Journée terrible. Je vous ai écrit ci-dessus que vous ne devriez pas vous étonner si je vous apprenais un jour le meurtre du roi. Cette sinistre prophétie paraît devoir se réaliser aujourd'hui. Il y a quatre ou cinq jours que nous attendions l'évènement qui vient d'arriver. D'après la nouvelle Constitution, c'est l'Assemblée qui fait les lois, mais ces lois ne peuvent être mises en vigueur qu'après la sanction du roi. Le roi, d'après la nouvelle Constitution, a le pouvoir d'annuler une loi, pendant deux sessions de deux ans, c'est-à-dire pendant quatre ans. Par exemple : si une Assemblée fait une loi, et que le roi ne trouve pas cette loi bonne, il peut ne pas la signer. Si cette session de deux ans est passée, et que l'Assemblée qui la remplace vote de nouveau la même loi, le roi a encore, s'il le veut, le pouvoir de repousser cette demande de la seconde session; mais si, après la deuxième session, la troisième Assemblée persiste à proposer pour la troisième fois la même loi, alors le roi est obligé quand même de la sanctionner. Je vous ai écrit plus haut que l'Assemblée avait voté contre les moines turbulents une loi qui les bannissait du royaume. Le roi, ou mal conseillé, ou (ce qui est probable) craignant d'irriter davantage Leurs Grandeurs, c'est-à-dire, ces gens qui, si on les empêche de troubler ouvertement le peuple, ont, par la confession, un autre moyen terrible et caché de le faire pour arriver à leur but, n'a pas voulu sanctionner cette loi par sa signature. Les jours suivants, l'Assemblée a voté

une autre loi pour recruter dans toutes les provinces du royaume 20,000 hommes qui viendraient garder Paris pour nous protéger contre les nombreux dangers que nous courons à chaque moment, tantôt de la part des ennemis du dehors, tantôt de la part de ceux du dedans, qui méditent, comme beaucoup de gens le soupçonnent, d'enlever le roi, soit de son plein gré, soit malgré lui, et de le conduire en Allemagne. Tel était le but apparent de cette loi. Mais le roi, soupçonnant que l'Assemblée, ou du moins quelques-uns de ses membres, le voyant aimé et même chéri par les soldats de Paris, avait voulu faire venir de province d'autres soldats, pour le gouverner comme ils l'entendraient par la crainte des soldats étrangers, ou même pour attenter à sa vie, a refusé également de la sanctionner. L'Assemblée, quelque mécontente qu'elle fût de cet acte du roi, s'est néanmoins tenue tranquille, parce que le roi, à tort ou à raison, n'avait fait qu'user du droit que lui donnait la nouvelle Constitution. Mais la vile multitude, les sans-culottes, mon ami; que les droits importunent, se sont réunis aujourd'hui, à midi, en grand tumulte, dans le faubourg dit Saint-Antoine, au nombre de 12 à 15,000 personnes; ils ont pris des armes de toutes espèces et se sont rendus au palais du roi, pour lui demander, pacifiquement, comme ils disent, la sanction de ces deux décrets. Le malheureux roi avait prévu depuis plusieurs jours ce qui devait arriver. Il avait fait son testament; on dit même qu'il s'est confessé. Je laisse donc la plume et cours au palais, avec mon ami, pour voir de mes yeux et vous raconter, à mon retour, la fin de ce terrible soulèvement.

Aujourd'hui même, à dix heures du soir. Je reviens du palais, qui est entouré de quatre cent mille spectateurs ou curieux pour le moins. La canaille a brisé les portes de la cour qu'elle avait trouvées fermées ; mais cela n'a pas suffi. Elle est montée dans les appartements mêmes du roi, et, à l'heure où je vous écris, toutes les chambres du palais sont remplies de cette vile multitude. Jusqu'à présent, on n'a encore rien fait au roi; mais on lui parle avec ironie et grossièreté. On lui a demandé, dit-on, s'il voulait être le roi des Français ou bien le roi des émigrés et de ceux qui conspiraient la perte de la patrie. Cependant on craint beaucoup que, pendant la nuit, si on ne parvient pas à faire sortir ces gens-là du palais, quelque mauvais drôle ou quelque ivrogne n'assassine le roi. On soupçonne beaucoup certains membres de l'Assemblée d'avoir excité le peuple ainsi pour épouvanter le roi.

Il doit vous paraître étrange que je vous écrive toujours : *on soupçonne, on dit, on pense,* mais sachez bien que les affaires de la France sont en ce moment si confuses et si troublées, que même, quand on les voit de ses propres yeux, on ne peut pas distinguer qui a raison ou qui a tort. L'infortune de la royauté est si grande, qu'il lui sera impossible, sans un secours divin, d'échapper à son sort. Nous avons déclaré la guerre, mais nous n'avons pas encore assez de troupes sur nos frontières et nous ne savons pas quelle est la cause de ce retard. Les généraux rejettent la faute sur les ministres, et les ministres sur les généraux. Nous avons dépouillé les moines de leurs richesses immenses, et nous n'avons pas d'argent, parce que le peuple devenu audacieux ne veut plus payer les impôts accoutumés. Ainsi, il y a quatre ans que nous dépensons l'argent des moines, et les dettes du royaume restent encore comme auparavant sans être payées. A cette heure, nous apprenons que les armées de la Russie se sont approchées des frontières de la Pologne, et, de plus, que l'Angleterre prépare sa flotte. Malheur à nous si les Anglais nous trompent aussi et viennent nous attaquer à l'improviste par mer ! Aujourd'hui nous avons appris une bonne nouvelle : notre général Lückner s'est emparé de deux villes autrichiennes, Ypres et Courtrai. Mais c'est une bien petite consolation comparée à tous nos malheurs. On craint que, le mois prochain, le nombre de nos ennemis du Nord, ne soit de deux cent mille, rien que pour les Autrichiens et les Prussiens, et beaucoup plus considérable encore, si la Russie et les autres princes de l'Allemagne viennent se joindre à eux. Qu'allons-nous devenir si nous sommes encore attaqués du côté du Sud, par l'Espagne, la Sardaigne et Naples ? Mais il faut que je me couche, je vous souhaite donc bonne nuit.

21 juin. Bonjour ! C'est un bon jour aussi pour la malheureuse France. Il s'en est fallu de peu qu'hier soir nous fussions sans roi. Je vous ai dit que la foule avait enfoncé les grilles de la cour du château. Après être montés dans le palais même, les gens du peuple coururent comme des forcenés, les uns dans la chambre du roi, les autres du côté de la reine. Le roi s'était enfermé dans son cabinet avec quelques gardes du corps. Mais, voyant que la multitude se servait de haches pour enfoncer la porte de son appartement, il se leva, avec un grand courage, et alla seul ouvrir les deux battants de la porte. Aussitôt l'appartement fut envahi par tant de brigands en armes, qu'il était impossible que le roi fût sauvé avec un aussi petit nombre de gardes du corps. Le roi se retira dans une embrasure de fenêtre, et de là se mit à haranguer les gens de la foule, leur demandant pourquoi ils étaient venus vers lui avec des couteaux et des bâtons. Ne pouvant parvenir à se faire entendre, au milieu de ce tumulte et de ce bruit, il monta sur une chaise. On lui dit alors ce que je vous ai écrit hier, et on lui demanda de sanctionner les deux lois votées par l'Assemblée. Dans une circonstance aussi terrible, Louis se conduisit avec une fermeté extrême et une prudence vraiment royale, unies à un calme et à une bonté extraordinaires. Son visage, dit-on, ne changea nullement et ne fit point paraître, dans un pareil moment, le moindre signe de frayeur. C'est peut-être cette fermeté qui l'a sauvé de la mort. Il a dit à ces gens, avec un visage souriant, que cette démarche était contraire aux lois, qu'il était, quant à lui, résolu à observer toujours scrupuleusement, même au péril de sa vie ; que, s'il n'avait pas sanctionné les lois, il l'avait fait pour plusieurs motifs, et que ce droit lui avait été donné par la nouvelle Constitution elle-même. Alors, on lui présenta un bonnet rouge, en le priant de le mettre sur sa tête comme signe de la liberté (parce que le bonnet

rouge est aujourd'hui ici le signe de la liberté ; depuis quelques mois on rencontre même dans les rues beaucoup de forcenés avec des bonnets rouges au lieu de chapeaux). Le malheureux roi couronna donc sa tête royale du bonnet phrygien. Alors quelques-uns de ces misérables se mirent à crier : *Vive la nation! Vive la liberté!* A tous ces cris, le roi lui-même répondit de toute sa force : *Vive la nation!* Cependant l'Assemblée, apprenant ces évènements, et craignant avec raison qu'il ne s'ensuivît quelque attentat contre la vie du roi, envoya vingt-quatre députés avec l'ordre d'entourer le roi, d'apaiser le peuple par des paroles de paix, ou, s'ils ne pouvaient y parvenir, de mourir avec le roi plutôt que de le laisser sans secours dans cette ignominie.

Quelques-uns parmi les députés ne voulaient pas consentir à ce que l'on envoyât des députés au roi, et, par là, ils ont fortifié le soupçon que c'étaient eux qui avaient excité secrètement le peuple. Malgré cela, les vingt-quatre députés allèrent vers le roi. A chaque demi-heure l'Assemblée les changeait, en envoyant vingt-quatre autres pour apprendre des premiers ce qui se passait. Un de ces derniers (ceci est certain), voulant rassurer et fortifier le roi, lui dit de n'avoir pas peur. — « Que je n'aie pas peur! répondit le roi avec dignité : dans de telles circonstances, ce sont les méchants seuls qui ont peur ; pour moi, je n'ai rien à craindre, car ma conscience n'a rien à me reprocher. » Alors il prend la main d'un garde du corps et la met sur son cœur, en lui disant : « Mon ami, dites la vérité à tous ceux qui m'entourent ; sentez-vous mon cœur battre plus vite ? » Et, comme le garde du corps lui disait : « Non, sire. » — « Non, certes, ajouta-t-il lui-même. Et pourquoi craindrais-je mon peuple, quand je ne lui ai jamais fait de mal ? » Voilà, mon cher ami, ce qui a eu lieu dans cette grave circonstance. Après plusieurs harangues et supplications de la part des députés, à grand' peine et par force, la foule se dispersa peu à peu, nous laissant Louis encore vivant.

Aujourd'hui le roi a écrit à l'Assemblée la lettre suivante : « L'Assemblée n'ignore pas ce qui est arrivé hier. Je ne doute pas que Paris ne se trouve dans un grand désordre et dans une grande terreur, et que la France n'apprenne ces évènements avec douleur et effroi. Je vous dois une grande reconnaissance pour le zèle que vous m'avez montré en cette malheureuse circonstance. Quelque chose qui puisse arriver, soyez certains que jamais rien ne pourra m'empêcher de remplir les devoirs que m'impose la nouvelle Constitution que j'ai acceptée, et que je veux garder, au péril même de ma vie, pour le bien de la nation française. »

22 juin. Bien que, pour le moment, on ait laissé le roi tranquille, cependant les esprits ne se sont pas encore calmés. Aujourd'hui, on a trouvé, collées sur différents murs de la ville, un grand nombre d'affiches, dans lesquelles on dit contre le roi les choses les plus épouvantables. On menace d'attenter à sa vie, s'il ne fait pas ce que veulent les sans-culottes. Non, mon ami, ni Louis, ni la France, ni nous tous qui habitons ce malheureux royaume, nous ne sommes encore délivrés de nos maux. Je ne sais vraiment où, comment et quand les calamités prendront fin, et je crains que nous n'ayions encore le spectacle d'épouvantables évènements et de catastrophes terribles.

23. Les dons n'ont pas cessé un seul jour d'être offerts pour la guerre. Des femmes apportent leurs colliers et d'autres bijoux précieux ornés de pierreries ; des enfants mineurs sortent des collèges et courent offrir à l'Assemblée leurs étrennes (ce qu'à Smyrne, vous nommez les cadeaux de Noël et les cadeaux de saint Basile[1]). L'empressement est incroyable ; plût à Dieu qu'il fût assaisonné d'un peu de prudence! Vous savez que, depuis que le nombre des archevêques et des évêques a diminué en France, il a fallu nécessairement supprimer de même beaucoup d'églises métropolitaines. Ces églises avaient des

---

1. Χριστουγεννιάτικα καὶ Ἁγιοβασιλιάτικα.

chantres et des premiers chantres. Ces docteurs en musique mangeaient comme Votre Excellence. Puisqu'ils servaient l'Église, il était bien juste qu'ils fussent nourris par l'Église. L'Église supprimée, ces illustres musiciens n'ont pas vu leur appétit supprimé pour cela, et continuent à vouloir manger de même qu'auparavant. En conséquence, ils ont représenté à l'Assemblée la misère dans laquelle les plongeait la suppression de leurs charges. L'Assemblée a pris en considération cette juste requête, et décidé aujourd'hui que leurs traitements annuels leur seraient payés à chacun d'eux pendant leur vie comme par le passé. Cette nouvelle est une pure niaiserie. Je vous l'ai écrite cependant pour vous faire voir la vérité du commun proverbe : « παντοῦ τὰ πάντα, c'est partout la même chose! » et vous montrer que vous n'êtes pas le seul malheureux. Il y a seulement cette différence que les chantres de France parlent à des oreilles qui les écoutent et qu'on ne leur cause pas de dommage injustement et sans raison, tandis que votre indigence est accompagnée de mille autres persécutions. Cependant, mon ami, plus les maux sont violents, plus grande et plus méritoire est la résignation à les supporter.

24 juin. Crainte sérieuse pour demain. Le peuple se trouve dans une grande agitation. De là, d'énormes préparatifs de troupes dans la ville ; les armes s'aiguisent ; les canons se chargent pour qu'il n'arrive pas une seconde fois quelque malheur à ce pauvre roi. O Dieu ! quand verrons-nous la fin de tout cela ! Voilà quatre ans entiers que nous sommes à la torture. Nous n'avons plus d'argent ; le prix de toutes les choses nécessaires à la vie a doublé ; notre existence se trouve journellement en péril. On craint aussi, du côté des provinces elles-mêmes, que quelques fous ne viennent (nous avons appris cela aujourd'hui) nous piller ou même nous assassiner, sous prétexte qu'il y a ici de nombreux amis de l'ancien régime qui cherchent par tous les moyens possibles à rendre à la cour sa première puissance. C'est la vérité. Mais moi, misérable, qui ai

toujours eu la tyrannie en horreur, pourquoi en serais-je injustement la victime, et tant d'autres comme moi? Si le nouvel état politique est renversé, ce ne seront pas tant les nobles ni le clergé qui en seront la cause que beaucoup des protecteurs de la liberté qui, par leur zèle aveugle, ont compromis les affaires. Plus ils déshonorent le roi, ou plus ils permettent qu'il soit déshonoré, plus ils le rendent cher à tous, parce que c'est un mouvement naturel au cœur de l'homme d'être toujours ému de pitié en faveur de celui qui souffre injustement. Cette pensée n'est pas le fruit de mon imagination, mais l'expérience m'en a personnellement prouvé la vérité. Je ne puis vous dire combien Louis a gagné dans le respect et l'affection de tous depuis le 20 de ce mois jusqu'aujourd'hui. Moi-même, qui n'ai jamais aimé les rois (et j'ai fait en cela comme nos ancêtres), je l'ai plaint du fond du cœur et je l'ai admiré en même temps, pour le courage qu'il a montré dans cette terrible journée du 20. Je suis amoureux fou de la liberté, mais, mon ami, j'aime aussi la justice. La liberté sans la justice est un pur brigandage. Si je voyais faire une injustice à mon ennemi mortel, toutes les puissances du ciel et de la terre ne pourraient pas m'empêcher d'aller lui porter secours.

25 juin. Jusqu'à ce moment, cinq heures après-midi, il n'est encore rien arrivé. Les grandes précautions qui ont été prises hier ont, à ce qu'il paraît, effrayé le peuple. Nous apprenons à l'instant la nouvelle que les armées de Pologne se sont battues avec les Russes, en deux endroits, et que ce sont les Polonais qui sont restés victorieux ; mais je ne le crois pas encore.

Vous ferez bien, lorsque vous répondrez aux questions de Villoison, de lui adresser directement à lui-même votre lettre, non pas cependant une lettre aussi longue que celle que vous m'écrivez, mais une lettre brève, claire et composée avec soin. Moi, je vous supporte, parce que je suis accoutumé à supporter bien des maux, mais Villoison est un homme heureux, qui n'a jamais su ce que c'était que le malheur. Si vous avez quelque facétie à lui raconter, vous pouvez la lui écrire (non pas dans la première lettre, mais dans la suivante, parce qu'il est certain qu'il vous fera des questions aussi sur bien d'autres choses), car c'est un pur Chiote quant aux mœurs et aux coutumes, c'est-à-dire qu'il aime à rire au-delà de toute expression. Il y a quelques semaines, je vous ai envoyé l'évêque d'Autun, non pas lui personnellement, puisqu'il se trouve maintenant en Angleterre, mais son portrait. L'abbé Maury, l'adversaire de l'immortel Mirabeau, est allé à Rome, et le Saint-Père le Pape l'a nommé évêque de Nicée, c'est-à dire « *in partibus infidelium* » [1]. Adieu, fortifiez-vous et soyez heureux.

J'ai reçu votre lettre datée du 1er mai, le 3 du présent mois de juin, et j'ai appris avec beaucoup de peine que la peste sévit encore chez vous. Plaise à Dieu qu'elle cesse sans avoir attaqué personne de mes amis et de mes connaissances ! J'ai été aussi affligé de la maladie de notre commun ami, M. Nicolas Bachatoris, mais j'espère, maintenant que les médecins ont reconnu la cause du mal, qu'il en est débarrassé. Je vous prie de le saluer très-amicalement de ma part, et de lui conseiller de suivre un régime sévère à l'avenir, tant pour sa nourriture que pour ses vêtements et pour ses affaires commerciales. Je sais qu'il aime excessivement le travail, mais, lorsqu'on est attaqué de maladies pareilles, il faut éviter les trop grands travaux, surtout ceux de la tête et de l'esprit. Qu'il mange peu de viande et beaucoup de légumes pour avoir toujours le ventre libre. Toutes les fois que la nature n'opérera pas d'elle-même ses fonctions digestives, qu'il ait recours à des lavements. La constipation et l'échauffement sont très-nuisibles pour ces maladies. Qu'il ait bien soin de se tenir toujours les pieds chauds avec des bas de laine, et, toutes les fois que ses souliers seront humides, de changer de chaussure, pour ne pas laisser l'humidité séjourner longtemps à ses pieds. Qu'il considère comme une chose indispensable de porter toujours sur la poitrine un gilet

---

[1]. Littéralement : L'a nommé le majordome d'un khan vide.

de flanelle d'Angleterre. Toutes les fois qu'il ressentira le moindre mal à la poitrine, sans perdre de temps, qu'il se fasse frictionner les pieds avec un morceau de laine, ou mieux encore, avec une brosse ou σπασούρα, comme on l'appelle à Smyrne, faite avec des soies douces de cochon pour attirer en bas les élans et les mouvements de la nature. Saluez aussi de ma part son très-honorable frère, M. Dimitrios. Je voudrais écrire à tous les deux, comme c'était mon devoir; mais que faire? Mon cher ami, soyez assuré que mes occupations ne me laissent pas un moment de répit. Assurez-les, ainsi que mes parents et mes amis, après les avoir salués nominalement, que les longues lettres que je vous adresse, je les regarde comme vous appartenant à tous. Comme je suis sûr que vous conversez avec eux tous les jours et que vous leur communiquez tout ce que je vous écris, je suis tranquille là-dessus. Je vous prie de communiquer également quelque chose de ce que je vous écris à Dom. Keun, si vous le pouvez (par exemple, je ne sais quelle langue vous parlez avec lui, car vous ne me l'avez jamais écrit : est-ce français, anglais, italien, latin, belge ou allemand?). Voici deux lettres pour vous sans que je lui aie écrit, à lui, et, toutes les fois que je lui écris, ma lettre se borne simplement à le prier de vous remettre celle qui est pour vous. Lui cependant connaît et apprécie les raisons de mon silence, il ne se fâche pas, il ne déchire pas ses vêtements comme vous. Lorsque je n'écris pas à Dom. Keun, personne au monde n'a le droit de se fâcher, parce que je ne puis aimer plus que lui personne au monde, et tous ceux qui m'aiment véritablement, ou qui ont pour moi quelque considération, doivent l'aimer et le respecter comme mon maître. Ce que je sais, c'est lui, ou bien qui me l'a enseigné lui-même, ou bien qui m'a enseigné la manière de l'apprendre des autres. Saluez de ma part mon frère et surtout ma belle-sœur, dont l'éloge m'a fait plaisir. Encore une fois, portez-vous bien. Une prompte réponse.

XXI

Paris, 8 septembre 1792.

Le 25 juin, je vous ai écrit, mon très-cher Protopsalte, une lettre excessivement courte de vingt-deux pages, dans laquelle, après avoir raconté les malheurs de la France, je vous disais aussi que j'avais reçu votre lettre du 1er mars.

Quoique le temps me manque absolument, je me vois obligé de nouveau de vous raconter quelques-uns des évènements survenus récemment, pour que vous ne criiez pas à l'injustice en les apprenant par d'autres.

Mon intention était de vous les noter de nouveau, comme dans ma précédente lettre, un à un, et jour par jour, ainsi qu'ils sont arrivés depuis le 26 juin jusqu'aujourd'hui 13 août. Mais ces évènements se sont tellement multipliés et entassés les uns sur les autres qu'il me faudrait vous écrire un livre entier, si je suivais l'ordre des dates. Je me contente donc, et il faut nécessairement que vous vous en contentiez aussi, du récit de ce qui est arrivé la semaine dernière, qui restera à jamais mémorable dans l'histoire de la France.

Après l'émeute de la foule du 20 juin et son irruption dans le palais du roi, dont je vous ai parlé en détail, plusieurs provinces ont écrit à l'Assemblée pour se plaindre de l'outrage qui avait été fait au roi. De même, les armées qui se trouvent à la frontière ont envoyé à l'Assemblée leur général en chef la Fayette, pour porter de vive voix leurs plaintes sur le même sujet. Ce voyage de la Fayette a ému tellement quelques membres de l'Assemblée qu'ils ont proposé de punir le général parce qu'en temps de guerre il avait quitté l'armée et était venu sans permission à Paris, pour menacer l'Assemblée. Quoique le vote de la majorité ait, ce jour-là, absous le général de toute culpabilité, ses ennemis cependant ne lui pardonnent pas, parce qu'ils voient clairement que, tant qu'il protégera le roi avec ses armées, ils ne pourront parvenir à leurs fins. D'un autre côté, le désaccord de l'Assemblée qui avait commencé il y a déjà longtemps, à ce sujet et pour d'autres causes, est arrivé à un tel degré que les députés ont failli, dans plusieurs séances, en venir aux coups de couteau.

Dans la séance du 7 juillet, l'évêque de Lyon a exposé à l'Assemblée les raisons de ce désaccord. Il a dit que les soupçons quotidiens des députés les uns contre les autres n'avaient d'autre cause que celle-ci : on accusait les uns de vouloir changer la Constitution actuelle, en établissant deux Chambres ou Assemblées, l'une composée des nobles et l'autre du peuple ; on accusait les autres de vouloir abolir la royauté, et faire de la France une démocratie pure comme celle de l'Amérique. Pour faire disparaître entièrement ce soupçon et faire renaître la concorde désirée, il priait l'Assemblée de décider qu'on fît un serment solennel de garder, sans aucun changement, la Constitution actuelle telle qu'elle avait été votée par la première Assemblée en 1789. Aussitôt tous les membres de l'Assemblée se sont levés d'un seul mouvement, se sont jetés dans les bras les uns des autres, se sont embrassés en pleurant, et se sont juré de ne rien changer à l'état présent des choses.

Mais cette réconciliation et cette bonne entente n'ont duré que trois jours à peine (j'ai oublié de vous dire que le roi, en apprenant cette nouvelle, avait couru, lui aussi, le malheureux, à l'Assemblée pour la féliciter). Cependant, chaque jour, il arrivait, des différentes provinces, beaucoup de soldats que l'on envoyait ensuite à vingt lieues d'ici afin de former un camp pour la sûreté et la garde de Paris, dans le cas où l'ennemi viendrait à vaincre les armées qui se trouvent aujourd'hui aux frontières. Beaucoup de ces soldats, ou bien excités secrètement par quelques membres de l'Assemblée, ou même de leur propre mouvement, proposèrent à l'Assemblée de déposer le roi, sous prétexte qu'il était suspect à toute la nation et complice de la coalition des souverains étrangers. Dans ces pétitions, on avait même attaqué la Fayette, en disant que, durant les évènements du 20 juin, son intention avait été de venir assiéger Paris pour délivrer le roi de ses ennemis, et que, s'il ne l'avait pas fait, c'était son collègue de Lückner qui l'en avait empêché, en refusant de s'associer à cette démarche de la Fayette. L'Assemblée écrivit donc à la Fayette et à Lückner pour leur demander : à la Fayette si réellement il avait conçu un tel projet, et à Lückner, si la Fayette lui avait réellement proposé de se mettre en marche.

Le 30 juillet, la réponse des généraux arriva. La Fayette disait que c'était une calomnie évidente de ses ennemis, et le vieux Lückner, soit pour venir en aide à la Fayette, soit parce que c'était la vérité, disait que jamais la Fayette ne lui avait fait une pareille proposition. Pourtant les esprits étaient dans un très-grand trouble, et l'arrivée de nouveaux soldats, chaque jour et à chaque heure, nous jetait tous dans une grande terreur, à ce point que, pendant une seule semaine, il est parti de Paris 30,000 hommes de différentes classes. Nous nous attendions à chaque moment à voir éclater quelque mouvement terrible et inouï. Ce qui a encore augmenté le trouble et avivé la haine contre le roi, c'est le manifeste insensé du duc de Brunswick, qui, général en chef des deux armées (c'est-à-dire des Autrichiens et des Prussiens), cherchait à nous épouvanter, en nous disant que, lorsqu'il viendrait à Paris, il n'en laisserait pas pierre sur pierre, si le roi et sa famille avaient à souffrir quelque dommage de la part de leurs ennemis.

J'appelle insensé ce manifeste qui arriva le 31 juillet, parce que, sachant, lui, ainsi que les rois ses maîtres, que la vie de Louis était en danger depuis longtemps, il ne devait pas écrire de pareilles menaces. Le 3 août, quarante-huit sections de Paris ont envoyé une pétition à l'Assemblée pour lui demander la déposition du roi. Une partie des membres de l'Assemblée (c'est-à-dire tous ceux qui étaient les ennemis du roi) ont accueilli cette pétition avec joie ; mais, réfléchissant qu'il était dangereux de voter la déposition du roi avant d'être délivrés de la crainte de la Fayette, ils ont renouvelé leurs accusations contre lui.

Donc le 8 août, mercredi, jour qui fut le commencement

des malheurs du roi, on fit la motion que, si Lückner, par amitié ou par sympathie, refusait de dénoncer les projets de la Fayette, beaucoup de preuves cependant concouraient à fortifier ce soupçon. La question fut mise aux voix, et, sur 630 députés qui se trouvaient ce jour-là à l'Assemblée, 424 déclarèrent la Fayette innocent. A peine l'Assemblée eut-elle levé sa séance à six heures du soir, que beaucoup de gens de la plus vile populace tombèrent comme des bêtes féroces sur quelques-uns des députés qui avaient défendu la Fayette, les insultèrent sur les places de la ville, déchirèrent leurs vêtements, et les auraient sans aucun doute mis en pièces, si d'autres personnes, arrivant à propos, ne les avaient arrachés de leurs mains. Ce mouvement étrange du peuple, qui jusqu'alors s'était montré plein de respect pour l'Assemblée, nous a fait comprendre que la chute du roi était prochaine.

Le 9 août, jeudi, l'Assemblée, forcée par de nombreuses pétitions de s'occuper de la déposition du roi, se mit à examiner cette question. Condorcet, un des premiers savants de Paris, quoique ennemi déclaré du roi, a fait un long discours, dans lequel il a cherché à prouver que, bien que le roi, suspect au peuple pour beaucoup de raisons, méritât d'être déposé, il n'était pas sage cependant de voter cette déposition dans un moment où les ennemis extérieurs et intérieurs menaçaient le royaume d'une destruction complète, sans demander d'abord l'avis de la nation tout entière; que, par conséquent, il fallait écrire à toutes les provinces et ne rien faire sans leur consentement exprès. Le bruit que faisait le peuple augmentait de plus en plus lorsqu'il voyait que sa volonté n'était pas immédiatement exécutée, et l'Assemblée fut obligée de rester en séance toute la nuit du 10 août. Le roi, voyant ce grand tumulte, appela autour de lui tous ses gardes du corps, suisses pour la plupart, pour le protéger cette nuit-là. Quant à nous, nous nous sommes couchés en proie à une grande frayeur. Mais, vers les deux heures après minuit, à la pointe du jour du 11 (vendredi), le bruit que faisait le peuple réveilla tout le monde. 30 ou

40,000 hommes, rassemblés dans le faubourg Saint-Antoine, forcèrent l'Arsenal, enlevèrent des armes de toute espèce, prirent quelques canons, et vers les sept heures, marchèrent sur le palais du roi. L'Assemblée, qui, comme je vous l'ai dit, avait siégé toute la nuit, invita le roi à venir se réfugier auprès d'elle pour plus de sûreté, parce qu'il était évident que le but de la foule était de le mettre à mort. Le malheureux Louis, avant que le peuple arrivât au palais, partit donc avec la reine, son fils et sa fille, et se rendit à l'Assemblée. A la porte, le roi, ne voyant pas auprès de lui son fils (enfant de sept ans) et croyant l'avoir perdu, s'est troublé un moment, mais il s'est remis bientôt après en le voyant porté par un soldat qui l'avait pris dans ses bras. Le roi s'est approché du président de l'Assemblée, et s'est assis, ainsi que ceux qui étaient avec lui, après avoir dit à l'Assemblée, ces paroles :

« J'ai quitté ma demeure et je suis venu au sein de l'Assemblée pour empêcher le peuple de commettre un grand crime ; j'espère que ni moi ni ma famille ne courrons aucun danger, au milieu des représentants de la nation. » Le peuple, arrivé devant le château, y braqua des canons qu'il tourna contre le palais. Ici nous ne savons pas si c'est le peuple qui a commencé à tirer, ou si le premier coup de feu est venu du côté de ceux qui étaient dans le château, car chacun colore les choses d'après les idées de son esprit et le désir de son cœur. Le roi, en entrant dans l'Assemblée avait assuré le président qu'il avait donné ordre à tous ceux qui se trouvaient dans le palais de ne pas faire la moindre résistance au peuple : et certes, une telle résistance eût été insensée et inutile, puisque le roi, ne se trouvant plus dans le palais, était hors de danger. Cependant il est probable que quelqu'un des gardes qui avait la tête plus chaude que les autres aura tiré, des fenêtres du palais, le premier coup de fusil. Mais, ce qui n'est pas seulement probable, ce qui est certain, c'est que ce malheureux évènement causa, en deux heures, la mort de plus de 5,000 hommes, soit du côté de ceux qui étaient dans le château, soit du côté du peuple qui l'assiégeait.

La victoire resta au peuple qui pénétra dans le palais et brisa, en un clin d'œil, tous les meubles royaux. On ouvrit les magasins et le trésor; cependant personne ne vola rien, pas même une épingle. Tout ce qui fut trouvé en argent et en or, les bijoux et les pierres précieuses de la reine, tout fut ramassé et porté à l'Assemblée. Ce qu'il y eut de curieux, c'est que les Sans-Culottes (c'est ainsi que l'on appelle ici ceux que vous appelez là-bas des ψωρομανόληδες) ont pendu quelques-uns de leurs camarades[1] qu'ils avaient pris en flagrant délit de vol de quelques objets appartenant au roi. Ils ouvrirent également les caves royales, et, y trouvant différentes espèces d'excellents vins, ils s'enivrèrent tous, de telle façon qu'ils ne pouvaient plus se tenir debout. Rendus ainsi furieux et par l'ivresse de la vengeance et par celle du vin, ils se mirent à massacrer tous ceux qu'ils trouvèrent cachés dans les différentes parties du palais. Leur rage était telle que beaucoup de gens ont vu des femmes du peuple danser sur les cadavres. Cela, je ne l'ai pas vu moi-même parce que, pour plus de sûreté, j'ai passé toute cette journée dans ma chambre. Mais il est une autre chose que je puis vous certifier, car je l'ai vue de mes propres yeux. Vers le soir, la curiosité l'emportant chez moi sur la crainte, je voulus aller du côté du palais pour voir le mal qui avait été fait. Dans la rue, je rencontrai beaucoup de femmes qui portaient, au bout de longues lances, comme trophées de leur victoire, les vêtements ensanglantés de ceux qu'elles avaient massacrés, et qui chantaient diverses chansons. Mais revenons encore au roi. Je vous ai dit souvent qu'il avait été trompé toujours par de mauvais et perfides conseillers. Son malheur a voulu que, parmi les différentes choses apportées à l'Assemblée, on trouvât non-seulement des lettres de la reine, mais aussi d'autres documents prouvant que Louis était secrètement d'accord avec ses frères émigrés et avec les rois étrangers, nos ennemis. L'Assemblée, avant même que ces lettres

---

1. Μουγτάσιδες.

eussent été rendues publiques, ce même jour du 10 août, soit qu'elle craignît la violence sans frein du peuple, soit qu'elle trouvât le moment propice pour faire ce qu'elle désirait depuis longtemps, vota à l'unanimité la suspension temporaire du roi[1]; et, pour se justifier du soupçon d'avoir fait une chose contraire à la volonté expresse de la nation, elle envoya, ce même jour, à toutes les provinces l'ordre d'avoir à nommer de nouveaux députés pour les envoyer à Paris le 26 septembre. Cette nouvelle Assemblée doit avoir pour mission de décider si Louis doit être replacé de nouveau sur son trône, ou bien son fils à sa place, ou bien même si la Constitution politique de la France doit être absolument changée en République, la royauté étant abolie à tout jamais. Après avoir déposé le roi, il fallait le garder à vue afin qu'il ne pût s'enfuir de nouveau, comme il l'avait fait l'année précédente. Aussi, le 13 août, après l'avoir retenu trois jours à l'Assemblée, on le mit en prison, lui et sa famille, dans une tour près de laquelle il n'était permis à personne d'approcher. Je me trouvais par hasard, le soir du 13, sur le chemin par lequel le malheureux roi passa, en se rendant à la Tour. Il est impossible, mon ami, de vous décrire cette ignominie. Ils étaient là, lui, la reine, son fils, sa fille et sa sœur, dans une voiture, accompagnés par plusieurs milliers de soldats à pied et à cheval. Pour aller de l'Assemblée à cette Tour qui est près de la maison où je demeure, la distance est de trois quarts d'heure environ. Imaginez-vous quatre ou cinq cent mille personnes répandues sur tout ce parcours pour le voir; représentez-vous cinq cent

---

1. Voici le texte de l'acte de déchéance du roi, d'après un extrait du procès-verbal de l'Assemblée nationale que nous avons sous les yeux :

« L'Assemblée nationale déclare que le roi est suspendu, que lui et sa famille resteront en otage;

« Que le ministère actuel a perdu la confiance de la nation;

« Que l'Assemblée va s'occuper à le remplacer;

« Que la liste civile cesse d'avoir lieu ».

Gensonné, ex-président.
Le Cointe-Puyraveau, secrétaire.

mille bouches criant en même temps : *Vive la Nation !* *Vive la Liberté !* aux oreilles de Louis, accoutumées autrefois à n'entendre que le cri de : *Vive le Roi !* Et vous pourrez comprendre un peu l'ignominie d'une telle infortune ! Je les ai vus de près dans la voiture. Le roi avait un visage impassible, soit par courage, soit peut-être aussi par insensibilité. La reine était sombre, comme aussi sa fille et sa belle-sœur. L'infortuné Dauphin, encore tout enfant, tournait ses yeux de tous côtés pour voir le peuple innombrable. Aussitôt après l'emprisonnement du roi, on arrêta plusieurs grands seigneurs et autres personnages notables chez lesquels on trouva des lettres et d'autres preuves d'un complot. On les a tous mis en prison. On les juge chacun séparément et ils sont condamnés à mort. Parmi eux, on a déjà décapité le trésorier du roi[1], parce que l'on a trouvé dans ses livres la preuve qu'il avait payé beaucoup de dépenses faites par les frères émigrés du roi pour lever des armées contre nous. Il y en a encore beaucoup d'autres en prison qui auront eux aussi le même sort et qui seront décapités. A quoi bon vous donner plus de détails ? Les esprits sont tellement troublés qu'il ne me paraîtrait pas absolument impossible que le roi lui-même fût mis en jugement et condamné à mort, comme les Anglais, en 1648, ont mis en jugement et condamné à mort leur roi, le malheureux Charles Stuart. Mais l'Assemblée actuelle n'a point le pouvoir de faire cela. Lorsque la nouvelle Assemblée sera réunie, le 26 septembre, je ne serais pas surpris, je vous le répète, qu'elle condamnât Louis à la mort. Tous les signes de haine que je vois rendent la chose probable. Le

1. Armand de Laporte, après avoir été intendant-général de la marine en 1783, fut, en 1790, rappelé par Louis XVI d'Espagne, où il avait cherché un refuge dès les premiers excès de la révolution, et nommé par lui intendant de la liste civile. Il devint bientôt le confident et l'ami du roi. Après le 10 août, il fut une des premières victimes du tribunal révolutionnaire, qui le fit guillotiner le 28 août 1792.

Voyez la liste très-exacte... des personnes condamnées par le tribunal révolutionnaire. (Paris, *Channaud*, An III de la République.)

plus grand malheur de cet homme, c'est que personne n'ose plus même exprimer sa compassion en sa faveur. Les preuves contre lui, ces preuves qu'il a écrites de sa main inconsidérément, et qu'inconsidérément il a négligé de jeter au feu (surtout depuis qu'il voyait, depuis environ six mois, que la haine de ses ennemis était arrivée à son comble), ont fermé la bouche même à ses défenseurs. La Fayette, aussitôt qu'il apprit le malheur du roi, voulut soulever son armée et la faire marcher sur Paris pour délivrer le roi, et peu s'en est fallu qu'il y ait réussi. Mais dès qu'arrivèrent à l'armée, imprimées et publiées, les lettres et les autres preuves trouvées dans le palais du roi, les soldats changèrent d'opinion, et, au lieu de suivre la Fayette, ils ont failli se saisir de lui et l'envoyer chargé de chaînes à l'Assemblée. Heureusement, plus sensé que Louis, il s'est hâté de sauver sa tête par la fuite. On ne sait pas encore s'il a passé en Hollande ou en Angleterre. Dans les révolutions politiques des peuples, mon ami, il arrive des choses monstrueuses et incroyables. La nation française a toujours professé pour ses rois un amour exceptionnel, un amour plus grand que toutes les autres nations, amour qui allait jusqu'à l'idolâtrie. « *Mon Dieu et mon Roi!* » Voilà quel était le symbole des Français. Ils en étaient venus à un tel degré de bassesse et d'avilissement, qu'à la naissance du Dauphin, ils avaient nommé une certaine couleur de drap jaune « Caca-Dauphin » (vous savez que l'héritier du trône de France s'appelle Dauphin) et ce caca, cette étoffe, tout le monde alors, petits et grands, en portait comme si tous voulaient avoir l'honneur d'être couverts du caca de leur Dauphin. Ce culte insensé a fait place à une haine implacable, et aujourd'hui on n'entend plus que *Louis le Traître*, ou *Louis le Dernier*, et non plus Louis XVI, insinuant par cela qu'on ne veut plus de rois. Il y avait sur différentes places de la ville des statues de bronze, statues équestres, d'Henri IV, de Louis XIII, Louis XIV, Louis XV, chefs-d'œuvre d'artistes illustres ; on a renversé tous ces rois de bronze, ne voulant plus supporter de voir même les images inanimées de ceux dont, vivants, on avait fait des dieux. On a effacé le nom de Louis XVI de tous les édifices publics. La Bibliothèque royale a été baptisée Bibliothèque de la Nation, et ainsi du reste. Je vous ai dit qu'on avait voulu chasser tous les moines qui n'avaient pas prêté serment, et que le roi avait refusé de sanctionner cette loi. Dès que le roi eût été déposé, on renouvela aussitôt ce décret contre les moines, et maintenant on expulse de France tous ceux qui n'ont pas voulu se soumettre par serment à la nouvelle Constitution.

Le 15, nous avons reçu la nouvelle que la Russie avait de nouveau trouvé le moyen de faire ce qu'elle voulait contre la malheureuse Pologne et de renverser toute la Constitution de cet infortuné pays. En même temps nous apprenons que l'ambassadeur de France à Pétersbourg a été obligé de s'en aller, parce que l'Impératrice le voyait d'un mauvais œil. Lorsqu'elle apprendra l'emprisonnement de Louis, sa colère augmentera encore davantage. Reste à savoir si les Français courberont la tête comme les Polonais et retourneront de nouveau à leur Caca-Dauphin, ou s'ils se comporteront véritablement comme autrefois nos ancêtres se sont conduits envers les Perses. L'enthousiasme que je vois me donne l'espérance qu'ils triompheront de leurs ennemis. Cette guerre (comme je vous l'ai dit autrefois) ne ressemble pas aux autres guerres. Des femmes se sont armées et se trouvent aux frontières pour combattre les Autrichiens et les Prussiens.

27. Ces jours-ci nous avons reçu la triste nouvelle que les Prussiens nous ont enlevé une ville frontière, nommée Longwy, après un combat de quinze heures. Ce qui est plus triste encore, c'est que cette ville, à ce que l'on dit, était si bien approvisionnée d'hommes, de vivres et de canons, qu'elle aurait pu résister plusieurs jours aux ennemis. Aussi pense-t-on qu'elle a été livrée par les amis du roi.

30 août. Nous nous trouvons de nouveau dans une grande terreur. Des armées se réunissent de toutes parts pour garder Paris. Si, pour notre malheur, les ennemis (qui ne sont pas loin) arrivent jusqu'à nous, je ne sais pas, mon ami, ce que nous deviendrons. Je regrette de n'avoir pas passé en Angleterre, il y a deux mois, lorsqu'il y avait encore moyen de s'en aller. Maintenant on ne permet plus à personne de sortir de Paris. Depuis hier, on a commencé à faire des perquisitions domiciliaires pour rechercher les armes, sous prétexte qu'on en a besoin pour la défense de la patrie; mais, en réalité (à ce que je crois), parce que l'on craint, qu'à l'approche des ennemis, les amis cachés du roi ne se montrent tout à coup en armes et qu'il n'en résulte un massacre double : à l'intérieur, de la part de ceux qui sont mécontents des évènements; au dehors, de la part des ennemis. Là où l'on trouve deux ou trois armes, on prend ce qu'il y a de trop, en en payant la valeur, et on ne laisse à chacun que ce qui lui est strictement indispensable pour sa sécurité personnelle. Cette perquisition a duré toute la nuit dernière et n'est pas terminée encore aujourd'hui. On a eu raison de la faire, car on a trouvé beaucoup d'armes inutiles et beaucoup d'hommes suspects, parmi lesquels des moines qui étaient cachés sous des lits, pour ne pas aller en exil et pour rester nous tourmenter encore. On est venu aussi chez moi aujourd'hui, vers les neuf heures du matin ; mais on n'a rien trouvé qu'un sabre que j'avais acheté, il y a quelques jours, en prévision de ces malheureuses circonstances, on me l'a laissé. Nous voilà, mon cher Protopsalte, dans de grands dangers. Il faut que je finisse ma lettre pour vous l'envoyer au moins avant qu'il m'arrive quelque malheur. Si cette lettre doit être ma dernière, ne m'oubliez pas, même après ma mort. Souvenez-vous toujours que j'ai été votre ami véritable, l'ami de mes amis, de mes parents, de l'honneur de tous mes compatriotes, que mon cœur a toujours brûlé d'un zèle véritable pour l'honneur des Grecs, auxquels j'aurais peut-être été utile, si les circonstances me l'avaient permis. Les craintes ne viennent pas seulement du

dehors, mais de la part de la populace de Paris. Si les ennemis approchent, il s'ensuivra peut-être de grands périls ; peut-être nous forcera-t-on tous, petits et grands, bon gré mal gré, à marcher à la rencontre de l'ennemi. Si les ennemis entrent dans Paris (ce que je ne souhaiterai jamais), ils pilleront peut-être et brûleront nos maisons. Et si cela arrive, mon ami, si je vois tant de travaux, tant de matériaux, tant de notes rassemblées sur Hippocrate et sur beaucoup d'autres écrivains, livrées aux flammes, ou déchirées par les Autrichiens pour en faire des cartouches à leurs fusils, je vous assure que je ne veux plus vivre, parce qu'il ne me serait plus possible de rassembler de nouveau des matériaux aussi considérables. J'ai mal fait de ne point passer en Angleterre, pour quelques mois, jusqu'à ce que les choses se soient un peu calmées ; mais qui aurait pu croire ou prévoir que je me serais trouvé jeté au milieu d'évènements qui arrivent à peine une fois tous les mille ans ?

2 septembre. J'ai gardé ma lettre jusqu'aujourd'hui, comme si je prévoyais que d'autres malheurs allaient survenir. A cette heure, minuit, le peuple s'est soulevé de nouveau, et on court dans les différentes prisons pour massacrer les malheureux qui y sont détenus.

3 septembre, 10 heures du matin. Toute la nuit passée, on a massacré impitoyablement tous ceux qu'on a trouvés en prison, détenus pour complots politiques. Parmi ces gens se trouvent beaucoup de moines, d'évêques, de prêtres et autres qui n'avaient pas prêté serment et qui étaient gardés pour être envoyés en exil. A cette heure même on égorge encore, et ces massacres vont durer plusieurs jours, parce que les prisons sont pleines. L'Assemblée a envoyé quelques conventionnels pour empêcher le peuple de commettre de pareils crimes, mais le peuple n'écoute plus personne. Les places de la ville, toutes celles qui sont près des prisons sont remplies de cadavres. Le peuple justifie cette terrible vengeance par le prétexte

que le roi avait l'intention, s'il était vainqueur, de relâcher tous les prisonniers pour leur faire massacrer les citoyens.

6 septembre. C'est à peine si ce matin le massacre a pris fin. Jour et nuit, sans discontinuer, on a égorgé depuis le 2 jusqu'aujourd'hui. Parmi les morts se trouvent quelques anciens ministres du roi et plusieurs centaines de moines. On a encore massacré la princesse de Lamballe, amie de la reine. On a aussi couru à la Tour où le roi est prisonnier, pour l'immoler, lui et sa famille, mais on a pu, pour le moment du moins, empêcher, quoiqu'à grand' peine, ce crime, en donnant l'assurance que le roi serait jugé et condamné à mort par la future Assemblée. D'après tout ce que je vois, je pense que le roi sera infailliblement immolé, ou, sans jugement, par la fureur du peuple, ou, après jugement, par l'Assemblée. A peine, dans les histoires de Grèce et de Rome, peut-on trouver des évènements politiques aussi extraordinaires. Les ennemis ont encore pris une autre ville appelée Verdun. Mais il me paraît impossible qu'ils finissent par vaincre les Français et par sauver le roi. L'enthousiasme national est incroyable. Sans exagération, à cette heure, on trouve, courant aux frontières, sur tous les chemins et dans toutes les provinces de la France, des soldats au nombre de plus de six cent mille résolus à mourir, et tous s'y rendent avec un tel empressement, qu'on dirait qu'ils vont à une fête, et non pas au combat. Beaucoup de mères ont offert, d'elles-mêmes, leurs fils uniques et les ont fait inscrire sur les rôles de l'armée. Maintenant je comprends tout ce qu'ont écrit les historiens grecs sur le courage des femmes de Sparte. On n'entend plus aujourd'hui d'autres noms que Marathon, Salamine, Artémision, Leuctres, Platée et tous les noms des lieux et des villes où nos ancêtres ont terrassé l'orgueil de leurs ennemis. De petites bourgades, des villages qui, à proportion du nombre de leurs habitants, n'auraient dû envoyer que quarante soldats au plus, en ont envoyé trois cents. Les Autrichiens entrent dans un petit village et le pillent. Une maîtresse d'auberge,

ne pouvant supporter une pareille honte, empoisonne deux tonneaux de vin, et le distribue aux ennemis qui avaient soif. Quatre cents soldats, tous ceux qui avaient goûté de cette boisson, sont tombés morts. Cet enthousiasme a forcé l'Assemblée, ou, pour mieux dire, l'Assemblée, pour accroître cet enthousiasme, a fait serment, le 4 de ce mois, de ne plus reconnaître, à l'avenir, de roi, d'aucune manière, mais de se constituer en République libre. Reste maintenant à savoir, comme je vous l'ai dit une autre fois, si les Français se montreront dignes d'une telle liberté hellénique. Il y a encore maintenant en route 22,000 Russes qui marchent contre la France. Mais, si cet enthousiasme dure, et si les Français ne sont pas trahis par leurs propres généraux, ce n'est ni la Russie, ni la Prusse, ni l'Autriche, ni même toute l'Europe coalisée, qui pourra *rien contre eux*. Mon ami, retenez ce que je vous dis : si seulement le quart de ce que je vois ici aujourd'hui de mes propres yeux, je le lisais à Smyrne dans les gazettes, je ne pourrais jamais le croire.

8 septembre. Chaque jour et à chaque heure accourt ici une foule innombrable de soldats ; chaque jour et à chaque heure on offre à l'Assemblée des présents pour les dépenses de la guerre. Je vous ai dit que les femmes mêmes se trouvent aux frontières combattant contre les Autrichiens. Aujourd'hui s'est présentée à l'Assemblée une foule de femmes pour demander la permission de former un régiment féminin armé pour courir à la frontière. L'Assemblée, après avoir loué leur zèle, a répondu qu'elle aviserait.

Je reçois en ce moment votre triste lettre du 1ᵉʳ avril, celle où vous m'annoncez la mort de notre commun et excellent ami, M. Nicolas Bachatoris. Vous avez raison d'en être affligé. La mort de pareils hommes est un malheur public pour la ville qui les perd. Vous n'aviez pas besoin de me conseiller d'écrire à son frère ; non-seulement la parenté, non-seulement la reconnaissance que j'avais toujours eue envers eux, même avant d'en avoir reçu des bienfaits, mais encore une amitié sincère et exceptionnelle m'oblige à manifester ma douleur. Remettez donc ma lettre à son très-honorable frère, et, de plus, allez, je vous prie, de ma part, chez la très-honorable veuve du défunt pour lui faire mes compliments de condoléance, et lui représenter combien mon cœur a été ému par la nouvelle cruelle de la mort de son mari, mon excellent ami, et un homme qui m'a rendu tant de services. Je ne vous dis pas de la consoler, parce que rien ne peut consoler de pareils malheurs, si ce n'est le temps et la sagesse de celui qui en est affligé. Il l'a laissée veuve avec une nombreuse famille, mais il lui a laissé en même temps les moyens nécessaires pour bien élever ses enfants, dans un temps où d'autres femmes sont doublement malheureuses, privées simultanément de leurs maris et des ressources nécessaires pour élever et pour nourrir leurs enfants.

A l'heure où je vous écris, les troubles de la ville paraissent s'être de nouveau apaisés.

A. CORAY.

XXII

Paris, 15 novembre 1792.

Le 8 septembre, mon très-cher Protopsalte, je vous ai écrit longuement tout ce qui était arrivé en France jusqu'à cette époque : évènements grands, terribles, extraordinaires ; c'est-à-dire l'emprisonnement du roi et de toute sa famille ; le grand massacre qui eut lieu dans le palais du roi ce même jour, et qui coûta la vie à cinq mille personnes ; quelques jours après, le massacre dans les prisons de huit mille détenus, à ce que l'on dit ; la future réunion de la nouvelle Assemblée nationale de France ; la foule inconcevable de soldats et l'enthousiasme avec lequel ils s'élançaient au combat, comme s'ils couraient à un grand banquet, et d'autres choses semblables que je ne me rappelle plus maintenant. Avant tout cela, je vous avais également écrit les revers des Français dans la guerre, et la perte de quelques villes dont s'étaient emparé les Prussiens et les Autrichiens. Ces revers étaient arrivés avant l'emprisonnement du roi. Depuis qu'il est détenu, les choses ont changé du tout au tout, et cela a fait voir plus clairement que les précédents désastres étaient une œuvre de trahison de la part de ce malheureux roi, si mal conseillé.

Donc, le 21 du mois de septembre, la nouvelle Assemblée s'est réunie, et, dès sa première séance, par un décret, elle a aboli le pouvoir royal et a proclamé la France une démocratie pure, comme étaient les anciennes républiques de notre Grèce, ou comme sont de notre temps celles des Suisses, des Américains et de quelques autres peuples.

Cette première séance a occupé plusieurs jours et plusieurs nuits de suite, sans interruption, parce que le péril était grand de la part de nos ennemis. Le 23, on a suspendu à la porte de la prison du malheureux Louis un drapeau sur lequel le décret de l'Assemblée était écrit ainsi : « L'Assemblée nationale de France abolit la puissance royale à perpétuité. » Ensuite on enleva de ses habits les étoiles d'or et tous les autres insignes royaux que les rois ont coutume de porter. On dit qu'à ce moment, Louis, qui avait jusqu'alors conservé toute sa sérénité, n'a pu retenir ses larmes.

Je vous ai dit plus haut qu'après l'emprisonnement du roi, les choses avaient changé de face. Ce changement est si étrange qu'on pourrait à peine en trouver un autre exemple dans l'histoire ancienne ou moderne. Dans l'espace de quelques semaines, avec une rapidité incroyable, les armées françaises ont non-seulement chassé les ennemis hors de la France, délivrant les villes qui avaient été enlevées auparavant, mais elles se sont avancées en Allemagne, où elles ont pris plusieurs villes impériales avec un élan irrésistible et véritablement hellénique. Elles ont chassé plusieurs princes-évêques (car vous savez qu'en Allemagne il y a beaucoup de ces Éminences dont, comme pour le Très-Saint-Père de Rome, le royaume est double, c'est-à-dire dans le ciel et sur cette terre). Elles les ont chassés de leurs trônes, confisquant leurs trésors mal acquis et gagnés sur la sottise du peuple. Voilà ce qui est arrivé sur les frontières du nord de la France. Au Midi, les Français ont envahi les provinces du roi de Sardaigne, occupé toute la Savoie, sans verser une goutte de sang, parce que les armées sardes s'étaient enfuies comme si elles avaient eu le diable à leurs trousses. Cela est arrivé également dans beaucoup de villes d'Allemagne qui ont ouvert leurs portes aux Français, les unes par peur et par surprise, les autres par impatience du joug de leurs propres princes (et particulièrement des moines), regardant les Français bien plutôt comme leurs libérateurs que comme leurs ennemis. Le peuple de la Savoie, non-seulement a reçu les Français avec joie, mais il a décrété sur-le-champ, après avoir convoqué une Assemblée générale, qu'il secouait à tout jamais le joug du roi de Sardaigne pour se réunir à la République française. Ce roi de Sardaigne, homme, à ce que l'on dit, absolument stupide, souffrit ce qui devait lui arriver, pour n'avoir pas voulu écouter, dès le commencement, les sages conseils de son fils et successeur au trône. Ce jeune homme, interrogé, il y a deux ans, par son père sur l'opinion qu'il avait au sujet des évènements qui se passaient en France : « Mon père, lui répondit-il, ces évènements présagent une chute générale de tous les rois de l'Europe ; heureux les rois qui restent tranquilles dans ce trouble général. » Cependant, parce qu'il était parent par alliance de notre cour et pour être agréable au roi de Prusse et à l'Empereur, il voulut rassembler ses faibles armées ; mais les Français ont prévenu ce rassemblement, et lui ont appris que, lorsque les lions se battent, les lièvres doivent se tenir tranquilles. Il s'en est fallu de peu que cette prophétie de son fils ne s'accomplît aussi pour l'illuminé roi de Prusse.

Celui-ci, après avoir perdu une grande partie de ses troupes dans la guerre contre la France, écrivit à Berlin qu'on lui envoyât, le plus tôt possible, 30,000 soldats. Les habitants de Berlin ont été tellement troublés, et par la perte de leurs soldats, et par les terribles dépenses de la guerre, qu'ils ne lui ont envoyé ni soldats ni argent, et l'insensé successeur de l'immortel Frédéric a été obligé de subir cette ignominie, de peur qu'il ne lui arrivât la même chose qu'au roi de France. De plus, il a dû se résigner non-seulement à regagner les parties les plus profondes de l'intérieur de l'Allemagne, par crainte des Français, mais même à leur faire, sous mains, des propositions de paix. Nous ne savons pas encore ce qu'il adviendra de tout cela. Cependant l'avis de beaucoup de gens est que les Français, pour diminuer le nombre de leurs ennemis, lui ont répondu qu'ils accepteraient la paix, à la condition qu'il romprait son alliance avec l'Empereur. Les Français, pourtant, triomphent partout de leurs ennemis. Ils ont pris dans toutes les batailles un innombrable butin et des dépouilles énormes, des vivres, des armes, des tentes et autres choses semblables. Par leurs hauts faits, ils ont prouvé combien est vraie l'observation du grand Hippocrate. Ce médecin immortel était aussi un profond politique. Dans son admirable ouvrage *Sur les Airs, les Eaux et les Lieux,* ouvrage qui frappe d'admiration aujourd'hui encore tous les savants de l'Europe, et qui a été imité de notre temps par le premier politique de France, Montesquieu, dans son livre sur *l'Esprit des lois,* dans cet ouvrage, dis-je, Hippocrate explique la cause pour laquelle les Européens (et par Européens il entend les Grecs) sont plus courageux à la guerre que les Asiatiques, en disant que c'est parce que les Grecs étaient libres, et les nations de l'Asie courbées sous le joug par des tyrans; car le soldat libre combat pour lui-même, pour la vie de sa femme et de ses enfants, et l'honneur de la victoire lui revient tout entier, tandis que le soldat esclave, envoyé de force au combat par un maître, voit, s'il est vaincu, tous les maux et toute la honte retomber sur lui, tandis que, s'il est victorieux, toute la gloire et tout le profit en reviennent à son maître. Catherine a montré, dans la situation présente de la France, combien elle est plus sage que tous les autres souverains de l'Europe. Le bruit a couru, il y a quelque temps, qu'elle devait mettre, elle aussi, 20,000 Russes dans l'alliance commune contre les Français ; mais, jusqu'à présent, on n'en a encore vu aucun. Il paraît qu'elle s'est jouée de ses alliés, en les occupant dans la guerre contre la France, pour faire tout ce qui lui plaît en Pologne. Assurément, si le célèbre roi de Prusse vivait encore, il ne se serait pas mêlé à ces affaires de France.

On nous fait craindre que, le printemps prochain, les rois du dehors n'augmentent leurs forces pour combattre la France avec plus de violence. Mais les Français, si l'enthousiasme que je vois aujourd'hui chez eux ne s'est pas refroidi, sauront repousser, non pas seulement les Autrichiens, les Prussiens, les Russes, mais l'Europe tout entière, et cela leur sera facile, parce que tous les peuples de l'Europe sont fatigués de supporter le joug de leurs princes, et qu'ils épient le moment de se révolter pour s'en débarrasser. Une seule chose peut nuire aux Français, ce sont les dissensions intestines qui ne sont pas encore entièrement étouffées. Dans la guerre présente, mon ami, on a vu des choses vraiment grecques. Lorsque Lille, ville de France sur les frontières d'Allemagne, était assiégée par les Autrichiens, et que les maisons de la ville brûlaient à cause des bombes enflammées que les ennemis y lançaient, au milieu de ce désastre, des femmes, des hommes, des enfants, réunis sur les remparts, dansaient (oui, je dis bien, dansaient), en chantant des chansons satiriques contre leurs ennemis, comme de vrais Lacédémoniens. Enfin l'ennemi a dévasté presque entièrement cette ville, mais il n'a pas pu s'en emparer et il a été obligé de lever le siège avec une grande honte[1]. Dans une autre ville, les citoyens,

1. 29 septembre. Bombardement de Lille par les Autrichiens, sous les ordres du capitaine-général Albert de Saxe. L'ennemi tire à boulets rouges sur la ville pendant plusieurs jours et met le feu à plusieurs quartiers.

moins courageux que les habitants de Lille, ou bien voulant la trahir (ce qui est plus probable, car cela est arrivé avant l'emprisonnement du roi), forcent le général à la rendre aux ennemis. Mais celui-ci, voyant la volonté immuable des habitants : « Pour moi, dit-il, je ne serai jamais traître à ma patrie ; je me tuerai plutôt que de voir une pareille honte. » Et, en disant cela, il s'est tué avec un pistolet[1].

6 octobre. Aujourd'hui, l'Assemblée a décrété que la couronne et le sceptre seraient brisés, comme signe de l'abolition éternelle de la royauté. On a donc pris la couronne et le sceptre du roi, puis on les a envoyés à la monnaie où on les a brisés, comme autrefois Moïse avait fait du veau d'or, pour en faire de la monnaie.

9 octobre. Nouveau décret de l'Assemblée contre les Français émigrés, décret qui les condamne à mort toutes les fois qu'ils seront trouvés et pris, les armes à la main, dans les rangs des armées de la Prusse et de l'Autriche, et à l'exil perpétuel, lorsqu'ils seront pris, sans armes, avec la confiscation de tous leurs biens mobiliers ou immobiliers. Ces propriétés des émigrés égalent presque les richesses confisquées au clergé, et cependant ni les unes ni les autres ne suffiront aux dépenses incroyables de la guerre. Ces dépenses extraordinaires, si la guerre doit durer encore longtemps, et les dissensions intestines de la France, voilà les deux seules causes qui peuvent réduire les Français ; excepté cela, ils n'ont rien à craindre, quand même le monde entier devrait se lancer contre eux.

17 octobre. Les Espagnols se préparent contre nous, mais les Français s'en moquent. Avec l'enthousiasme qu'ils

---

1. Coray fait sans doute allusion ici à la capitulation de Verdun devant les troupes du roi de Prusse. Le commandant de Beaurepaire se tua en sortant du conseil de guerre où l'on venait de décider la reddition de la ville.

ont aujourd'hui, il ne me paraîtrait pas extraordinaire de les voir triompher même de l'Espagne. Ils ne me paraissent redouter un peu que les Anglais. Pitt a un grand désir, comme je vous l'ai dit autrefois, de s'unir aux Prussiens et aux Autrichiens; mais il craint le peuple de l'Angleterre, qui menace maintenant ouvertement de se révolter, si la cour se déclare contre les Français.

1ᵉʳ novembre. De toutes les provinces, des pétitions arrivent à l'Assemblée nationale pour demander la mise en jugement du malheureux roi. L'Assemblée, pour empêcher d'autres évènements dangereux, paraît vouloir mettre en jugement Louis et sa femme : je ne crois pas pourtant qu'on les condamne à mort.

7 novembre. De toutes parts, nouvelles de victoires et de triomphes, chose, mon ami, qui me paraîtrait fabuleuse, si je ne me trouvais pas en France, témoin oculaire et auriculaire de ces évènements[1]. Les Français sont tellement exaltés par ces bonheurs inespérés que je crains que cet orgueil ne cause leur perte. Chacun d'eux se compare aux Athéniens, aux Lacédémoniens et aux Romains de l'ancienne Rome. Tous désirent et demandent une expédition contre Rome. Pour le moment, cela paraît une plaisanterie et une folie ; mais, comme, depuis le commencement de cette révolution extraordinaire, j'ai vu tant de ces folies se changer, en fin de compte, en actes véritables, je vous préviens, mon cher Protopsalte, qu'il est très-possible que, cet hiver au plus tard, le Très-Saint Père de Rome soit chassé du Vatican par les Français. Plût à Dieu que soient chassés ainsi que lui de leur emploi tous ceux qui,

---

1. 8 novembre. Bataille de Jemmapes gagnée par Dumouriez sur le prince de Cobourg. Cette victoire, suivie de la prise de Mons, ouvre la Belgique à l'armée française. — 8 novembre. Prise de Tournai par le général Labourdonnaie. Victoires de Pont-Rouge, Commines, Varneton. Prise de Gand et de Charleroi. — Le 14. Dumouriez entre à Bruxelles.

injustement et contrairement à la raison, poursuivent les hommes pauvres et sans défense !

10 novembre. Le jugement du roi approche : on dit qu'il doit commencer après-demain. Bien qu'il soit évident aujourd'hui que ce malheureux prince, de son propre mouvement, ou par de mauvais conseils, a tramé en secret le renversement de la liberté, il est cependant évident aussi qu'un parti nombreux de Français nourrissait également le dessein de changer le gouvernement de la France en République, et de chasser le roi, quand même il eût été absolument irréprochable. Ce qui est curieux, c'est que le parti démocratique songeait, assure-t-on, en cas de non-réussite, à se lancer tout entier dans les provinces méridionales et surtout à Marseille, où la haine contre le roi est puissante, pour s'emparer de tous les vaisseaux de guerre de Toulon, et de là faire voile vers Chypre et la Crète afin d'établir dans ces îles une République française, ou plutôt gréco-française, car, selon toute probabilité, les Grecs non-seulement de ces îles, mais de beaucoup d'autres encore, seraient accourus pour retrouver de nouveau la véritable liberté de leurs ancêtres, incontestablement différente de la liberté russe. Je suis sûr que mon Protopsalte lui-même aurait abandonné son tyran, le petit pape de Smyrne, pour aller s'établir en Crète. Ces choses-là, mon ami, semblent des fables. Eh bien ! cependant, elles ont été préparées en secret, et c'est ce qui serait arrivé si les Prussiens et les Autrichiens étaient entrés en vainqueurs à Paris. Dans cette conjoncture, ne croyez pas que ce serait seulement trois cent ou quatre cent mille Français qui iraient s'établir dans ces îles. Au moins les deux tiers de la France (c'est-à-dire seize millions d'âmes) auraient abandonné avec joie leur patrie. Il y avait beaucoup de savants à la tête de ce parti, et parmi eux Condorcet, un des premiers philosophes de notre temps en France et un ardent ami de la Grèce.

11 novembre. Nous apprenons aujourd'hui que les

princes émigrés de France, voyant la malheureuse issue de leurs entreprises, sont partis pour Pétersbourg (d'autres disent qu'ils y ont seulement envoyé des députés) dans le but de se jeter aux pieds de Catherine, et de lui demander secours contre leur patrie. Je crains que Catherine ne se laisse entraîner par son ambition, et qu'elle n'envoie des troupes contre nous. D'un autre côté, pourtant, sa profonde prudence me rassure. Après avoir vu les Prussiens et les Autrichiens battus, que peut-elle espérer pour elle-même? Ses Cosaques et ses Kalmoucks peuvent assurément détruire plusieurs milliers de Français. Mais les Français enthousiastes d'aujourd'hui ne craignent plus la mort; pour dix hommes tués, ils envoient cent autres jeunes soldats. Les Perses aussi ont tué plusieurs milliers de Grecs, et cependant ils ont été forcés de s'en retourner dans leur pays sans avoir rien fait. Dans la guerre actuelle, les Français, quoique toujours vainqueurs jusqu'ici, ont perdu beaucoup de monde; toutefois on ne s'inquiète guère de cette perte. Une nation est invincible, mon ami, toutes les fois qu'elle méprise la mort. Nous avons comme exemple de cette vérité nos ancêtres eux-mêmes. L'immortel Cynégire saisit avec la main droite une galère perse, prête à échapper aux Athéniens. Un Perse coupe la main de Cynégire. Cynégire la saisit de la main gauche. Le Perse lui abat de même la main gauche. Alors Cynégire pour la troisième fois la saisit avec ses dents. Qui peut, mon ami, résister à de pareils hommes? Ce sont les Grecs seuls qui ont montré au monde un tel courage, et ce sont les Français seuls qui les imitent aujourd'hui.

12 novembre. C'est aujourd'hui qu'a commencé à l'Assemblée, non pas précisément le procès du roi, mais la délibération au sujet de ce procès, c'est-à-dire qu'on a examiné s'il faut ou non mettre le roi en jugement et s'il doit être jugé par les juges ordinaires ou directement par l'Assemblée elle-même. Beaucoup d'orateurs ont parlé; les uns soutenaient que, quand bien même Louis serait coupable, la nation française, surtout au moment où elle triomphe de ses

ennemis dans toutes les parties de l'Europe, devait donner un exemple de pitié et de générosité envers ce roi coupable, pour lequel la déchéance était une peine suffisante. D'autres prétendaient que Louis était la cause de la guerre actuelle et de la mort de tant de Français, par conséquent qu'il devait être jugé et qu'il fallait en faire un exemple pour tous les autres rois qui opprimaient leurs sujets.

13 novembre. La discussion sur le procès du roi n'est pas encore terminée. On a encore beaucoup parlé aujourd'hui, les uns en faveur du roi, les autres contre le roi. La discussion a été renvoyée après-demain.

15 novembre. On a repris aujourd'hui la discussion au sujet du procès. Un orateur a parlé longuement en faveur du roi[1]. Il a énuméré tout le bien qu'il a fait depuis le moment où il est monté sur le trône et a rejeté tout le mal sur les mauvais conseillers qui, dit-il, ont trompé le roi qui était digne de sympathie ; enfin il a terminé sa harangue en priant l'Assemblée de ne pas mettre le roi en jugement, mais de le laisser, lui et sa famille, en prison pour la vie, en lui donnant tout ce qui serait nécessaire à son existence. La discussion n'est pas close encore.

Même jour, le soir. — Voilà de nouveau d'autres prodiges. Le courrier a apporté la nouvelle que les Français s'étaient emparés de Bruxelles, capitale de l'État belge, qui est sous l'autorité de l'Empereur. Vous savez que la Belgique s'était révoltée, il y a trois ou quatre ans, contre l'Empereur d'alors, Joseph. Elle fut forcée, après une guerre, de se soumettre comme auparavant. Maintenant, dès que les Français sont entrés dans Bruxelles et dans d'autres villes belges, les Belges ont aussitôt relevé la tête, et, comme la Belgique est près de la Hollande, il ne serait pas étonnant

---

1. Le discours de Rouzet répond assez exactement aux développements qu'indique Coray. Faure (de la Seine-Inférieure) parla dans le même sens, mais avec plus de hardiesse.

de voir se rallumer une seconde fois la révolte des Hollandais qui avait éclaté en 1787, et qui fut étouffée avec l'aide de la Prusse. Il est impossible de prévoir où et comment finira ce trouble étrange et général. Les Français se disposent à marcher sur Rome. Le Très-Saint Père jeûne et prie pour être préservé de la nation française, pensant que cette nation ne peut être repoussée que par le jeûne et la prière ; mais je crains que cette fois sa prière n'arrive pas jusqu'aux cieux. Oui, mon ami, je crains que la fin de ce siècle ne fasse voir des choses extraordinaires en Europe, c'est-à-dire la chute des rois et des moines. Il faut cependant que je finisse, quoique malgré moi, cette longue lettre.

Les débats sur le procès du Roi ne sont pas encore terminés.

Donnez-moi une prompte réponse et à cette lettre et à mes autres innombrables lettres. Vous vous plaignez toujours que je ne vous écrive pas, et puis vous ne me répondez pas quand je vous écris.

Portez-vous bien !

Le roi et la reine sont malades en prison.

XXIII

Paris, 21 janvier 1793.

Bien que vous paraissiez avoir fait le serment de ne plus m'écrire, je reprends de nouveau la plume, mon cher Dimitrios, pour vous demander ce qui vous est arrivé, pour que vous ne m'écriviez plus, et pour vous dire brièvement tout ce qu'ici nous avons vu, entendu et souffert depuis le 15 novembre de l'année passée (date de ma dernière lettre) jusqu'aujourd'hui, 21 janvier 1793, le jour le plus funeste pour le malheureux Louis, seizième et dernier du nom.

Je passe rapidement sur les victoires et les succès des Français, qui ont triomphé des Autrichiens, des Prussiens, de beaucoup de princes d'Allemagne et du roi de Sardaigne dans ce court espace de temps, d'abord parce que ces succès sont incroyables; ensuite, parce qu'ils sont si nombreux que je n'ai ni le temps ni la force de vous les raconter même succinctement. Figurez-vous toutes les provinces belges enlevées à l'Empereur; beaucoup de villes et de pays importants enlevés aux différents princes d'Allemagne; toute la Savoie, au roi de Sardaigne; les invincibles Prussiens, chassés comme des lièvres par les Français au cœur même de l'hiver; et ces Français victorieux, courant à travers la neige et la glace, nu-pieds, sans habits, et la plupart du temps même sans la nourriture nécessaire à chaque jour. Au milieu de toutes ces victoires, ils n'ont éprouvé qu'un seul petit revers (et encore est-il dû à la trahison) : ils ont été chassés par les Prussiens de la ville de Francfort, qu'ils avaient prise aux Allemands.

Ce grand mouvement des Français a causé, dans beaucoup de provinces, une famine passagère : parce que, ayant été rassemblés dans le temps de l'automne et répandus sur toutes les frontières du royaume, d'une part, les soldats prenaient avec eux des provisions, et de l'autre le nombre des paysans nécessaires pour battre le blé était considérablement diminué. La détresse était telle dans une ville, qu'une pauvre femme, ne trouvant pas de farine au marché, rentra désespérée dans sa maison, tua son enfant unique et se tua elle-même après. Profitant de cette famine dans plusieurs provinces, des mauvais sujets se sont rassemblés en grand nombre et ont parcouru la France, mettant tout à feu et à sang. Ils sont arrivés jusqu'à Orléans, non loin de Paris, et leur intention était de venir jusqu'ici pour nous faire, à nous aussi, tout le mal possible, si l'on n'avait pas envoyé aussitôt contre eux des troupes suffisantes pour les disperser. Il m'est impossible de me rappeler ou de vous écrire tout au long les terreurs, les dangers, les troubles quotidiens et les émeutes que nous éprouvons voilà trois ans entiers, depuis cette révolution de la France. Quoique plusieurs milliers d'âmes aient fui Paris, par peur des évènements, malgré cela, toutes les choses nécessaires à la vie, soit pour la nourriture, soit pour les vêtements, sont devenues tellement rares et chères que (chose incroyable) j'ai dépensé plus de six cents piastres[1] l'année dernière, 1792. Tout ce que nous avons souffert est encore peu de chose, comparé à ce que nous redoutons et à ce que nous nous attendons à souffrir cette année. Bien que, jusqu'à présent, les Français aient été victorieux, les victoires cependant (comme le disait un de leurs députés, ces jours-ci, à l'Assemblée), si elles rapportent beaucoup de gloire, ne donnent pas le bonheur. Le bonheur vient de la paix et de la tranquillité. Plus ils sont victorieux, plus le nombre de leurs ennemis augmente. Et il est à craindre que, le printemps prochain, la fin tragique de Louis (on l'égorge à l'heure même où je vous écris) soulèvera contre nous l'Espagne, l'Angleterre et la Hollande. Il n'est pas à croire que nous soyons victorieux de tout le monde, parce que nos ennemis deviennent trop nombreux, et que, d'autre part, il peut se faire que l'enthousiasme des Français se refroidisse un peu. Mais, en supposant même que nous triomphions de toute l'Europe, le seul effort de la victoire suffirait à nous abattre. Ajoutez à cet effort les dissensions intestines qui n'ont point encore cessé, et les frais exorbitants de la guerre, vous comprendrez dans quelle affreuse situation nous nous trouvons. Le trésor public dépense chaque mois, pour cette étonnante guerre, cent trente-quatre millions de livres françaises, et Dieu sait quand cette guerre finira. Tous les biens du clergé se sont fondus dans cette guerre. Il est probable que les biens des Français émigrés y passeront aussi. Les impôts, tant que durent les dissensions et les troubles, ne

---

1. La piastre turque vaut maintenant 4 sous et demi, mais elle devait valoir alors à peu près 5 francs.

donnent que peu de secours au Trésor; car le peuple, qui était content de payer le triple sous l'ancien régime, donne aujourd'hui avec la plus grande peine le tiers, d'abord, parce que, dans les troubles politiques, les gains diminuent et les dépenses augmentent pour chacun; ensuite, parce que, dans le renouvellement des lois, les anciennes perdent complètement de leur force, tandis que les nouvelles sont encore trop faibles et se laissent facilement éluder par les intéressés.

Il est temps cependant que je vous raconte la fin tragique du roi. Souvent (si ma mémoire est bonne) je vous ai écrit que cet homme aurait une mauvaise fin : je ne me suis pas trompé dans ma prophétie. Le 10 août dernier, on l'a déposé, comme vous savez, et on l'a mis en prison, ainsi que sa femme, sa sœur, son fils et sa fille. Je vous ai écrit, dans le temps, que l'Assemblée avait trouvé plusieurs lettres cachées dans une armoire de fer creusée dans un mur du palais et qu'on avait commencé à faire le procès du roi. Ce procès a duré plusieurs semaines. Par la façon dont il a été conduit, beaucoup de gens espéraient que l'Assemblée, en fin de compte, avait l'intention de lui faire grâce de la vie. Mais quelques membres de l'Assemblée, ennemis du roi depuis longtemps, trouvant le moment propice pour le sacrifier, donnèrent à entendre aux autres qu'ils pourraient de nouveau soulever le peuple si le procès de Louis durait plus longtemps. Donc, le 11 décembre, l'Assemblée appela Louis pour la première fois à sa barre, afin qu'il pût répondre à toutes les accusations portées contre lui et qu'on lui lut, une à une. On le fit sortir de la prison à midi, et on le conduisit à l'Assemblée. Il se présenta avec courage, sans paraître le moins du monde ému de la réunion de 745 députés, et d'une foule innombrable de spectateurs, hommes et femmes. Le président de l'Assemblée [1] lui dit : — « Louis, la nation française vous accuse de beaucoup de crimes que je vais vous lire un à un, afin que vous puissiez répondre à chacun d'eux,

---

1. C'était Barrère qui était alors président.

et vous justifier, s'il y a moyen. Asseyez-vous. » Louis s'assit sur une chaise en face du président. Et alors le président se mit à l'interroger sur environ quarante chefs d'accusation. Le roi répondit sur tous, avec cette même fermeté d'âme qui ne l'abandonne jamais ; il démentit formellement les uns, comme imaginaires et mensongers ; et rejeta la faute de certains autres sur ses ministres. Pendant tout cet interrogatoire qui dura deux heures, son visage ne changea pas de couleur, excepté à cette question du président : — « On vous accuse, Louis, d'avoir distribué de l'argent dans le faubourg Saint-Antoine. Qu'avez-vous à répondre à cela ? » Le roi répondit : « Toutes les fois que je sortais de mon palais, j'avais l'habitude de distribuer de l'argent aux pauvres, non point dans une mauvaise intention, mais pour la joie que je ressentais toujours à secourir mon peuple. » Et, en disant cela, les larmes coulaient des yeux de l'infortuné. Lorsque l'interrogatoire fut terminé, le président lui demanda de nouveau s'il avait quelque autre chose à dire. Le roi demanda qu'on lui laissât par écrit ces accusations, et qu'on lui donnât la permission de prendre des défenseurs (c'est-à-dire des avocats, comme c'est la coutume dans les tribunaux européens) pour qu'il pût se justifier en détail. Cette permission lui fut accordée, et on l'a ramené de nouveau dans sa prison. A partir de ce moment, on l'a séparé de sa famille. Cela l'a beaucoup ému ; il s'est mis de nouveau à pleurer, appelant ses enfants et demandant à les voir. Le 15 décembre, l'Assemblée lui a donné la permission de voir seulement son fils et sa fille, mais ni la reine ni sa sœur. Louis a pris pour défenseurs deux célèbres avocats, Tronchet et de Sèze. Une chose curieuse, c'est qu'une femme, savante, très-connue dans Paris, a demandé à l'Assemblée la faveur d'être adjointe comme troisième défenseur à la cause de Louis ; mais l'Assemblée a rejeté sa demande [1]. Ceci, mon ami, est

---

[1]. Olympe de Gouges, veuve Aubry, écrivit à la Convention pour lui demander la faveur de défendre Louis XVI. La Convention passa à l'ordre du jour sur cette demande : *attendu l'acceptation de M. Tronchet*. Olympe de Gouges fut exécutée en 1793.

curieux. Mais voici ce qui est non pas seulement curieux, mais aussi digne de tout honneur, de toute louange et de tout respect. L'illustre Malesherbes, ancien ministre de Louis, outragé, renvoyé injustement, et presque chassé de la cour parce qu'il était un ami sincère de la justice, quoique affaibli par la vieillesse (il a près de quatre-vingts ans) et prêt à descendre dans la tombe, se rappelant l'ancienne amitié du roi et ému d'une sainte reconnaissance, est venu lui-même se proposer pour troisième défenseur, et l'Assemblée l'a accepté. On dit que le roi n'a pu retenir ses larmes lorsqu'on lui a donné, dans sa prison, la nouvelle que son ancien ministre Malesherbes avait demandé la faveur de le défendre. Ces trois défenseurs voyaient donc le roi tous les jours, et conféraient avec lui pendant de longues heures, cherchant tous les moyens de le sauver de la mort. Après quinze jours, le 26 décembre, le roi a comparu pour la seconde et dernière fois devant l'Assemblée, accompagné de ses trois avocats. Le plus jeune, de Sèze, a prononcé un magnifique et long plaidoyer, qui a duré deux heures, en faveur du roi qui était là présent, et qui assistait aux débats, assis, avec le visage toujours aussi calme. Il a répondu longuement à toutes les accusations, une à une; s'efforçant de disculper le roi. Lorsque son plaidoyer fut fini, l'infortuné Louis s'est levé et a dit à l'Assemblée, avec fermeté et sans crainte, ces paroles : « Vous avez entendu la défense que mes avocats vous ont présentée, et leur réponse à tout ce dont vous m'avez accusé. Je n'ai rien à y ajouter. Je ne veux vous dire que ceci, parlant peut-être devant vous pour la dernière fois : ma conscience ne me reproche rien. Mes défenseurs n'ont rien dit que la vérité. Je ressens une douleur indicible d'être accusé d'avoir voulu répandre le sang du peuple, et d'avoir été la cause de la malheureuse journée du 10 août. La bienveillance que j'ai toujours montrée pour mon peuple aurait dû m'épargner un pareil reproche, et montrer que j'ai risqué ma propre vie pour empêcher que le sang du peuple fût répandu. » Après cela, on l'a reconduit de nouveau en prison, et, pendant tout le temps qu'a duré ce long trajet, depuis l'Assemblée jusqu'à la Tour, se trouvant en voiture avec ses défenseurs et deux autres officiers de la Commune de Paris, il s'est entretenu avec eux tranquillement, comme lorsqu'il était dans sa toute-puissance, sur différents sujets, et, ce qu'il y a de plus étrange, sur des questions de littérature. Il parla de différents écrivains latins, jugea les mérites et les défauts de chacun, avec une grande justesse d'esprit, si bien qu'il frappa d'étonnement ceux qui l'écoutaient. Dans sa prison, avant le procès, il passait une partie de la journée à traduire un écrivain latin en français et une autre partie à jouer avec son fils[1]. Un jour, le

---

1. *Éducation du Dauphin au Temple.* — M. de Beauchesne, dans la *Vie de Louis XVII*, donne, aux pages 258 et 335 du tome Ier, d'intéressants détails sur l'éducation du Dauphin. Il n'y est guère question que d'auteurs français : *Corneille, Racine, la Fontaine, de l'Esprit de la Ligue,* et d'écrivains latins en général, sans qu'aucun soit spécialement désigné.

Mais, à la page 555, parmi les pièces justificatives, M. de Beauchesne publie un *arrêté de la Commune de Paris* en date *du 23 novembre* 1792, *l'An II de la Liberté, Ier de la République française et Ier de l'Égalité*, autorisant le Conseil du Temple à délivrer à Louis Capet, *pour l'usage de son fils*, 33 ouvrages tant latins que français, dont le prix total monte à 104 livres 12 sous.

Les livres latins indiqués dans la liste sont les suivants :

Appendix de diis et heroibus poet., cum notis gallicis, a patre Juvencio, in-24.

Aurelius Victor, in-24.

Cæsaris Comment., cum notis, in-24, 1788.

Cornelius Nepos, éd. in-24, 1772.

Eutropius, cum notis gallicis, in-24.

Florus, in-24.

Horatius, cum interpret. et notis Juvencii, 2 vol. in-12, 1785.

Quadraginta viris, in-32, avec cadre, relié en maroquin.

Justinus, cum excerptis, in-24, 1788.

Métamorphoses d'Ovide, lat.-franc., 2 vol. in-12, 1788, par Barrett.

Fables de Phèdre, en latin, avec notes, in-12.

Quintus Curtius, cum notis, in-24.

Sallustius, cum notis gallicis, in-24, 1788.

Suetonius, cum notis, in-24, éd. elzévir.

vertueux Malesherbes voulut l'éprouver adroitement, pour voir si ce calme provenait d'une trompeuse espérance de salut ou d'une résignation philosophique. Le roi, ayant deviné son intention, lui répondit en riant et en plaisantant : « Écoutez-moi, Malesherbes : dans ma jeunesse j'ai toujours entendu dire que, chaque fois que quelqu'un de ma race devait mourir, on voyait, quelques jours auparavant, se promener sur le toit du palais une femme, messagère et avant-coureuse de la mort. Dites-moi, je vous en prie, n'auriez-vous pas vu par hasard ce fantôme sur le palais ? » Malesherbes ne put répondre à cette question inattendue et se mit à fondre en larmes. Alors le roi : « Pardonnez-moi, lui dit-il, je ne prévoyais pas que ma plaisanterie dût troubler ainsi votre âme sensible. Croyez-le bien, mon ami, je sais qu'on prépare ma mort. Mais je mourrai, l'âme tranquille, parce que ma conscience ne me reproche rien. »

Après cela, l'Assemblée s'occupa de nouveau du jugement de Louis. L'opinion d'un grand nombre de députés était qu'il fallait le condamner à mort; d'autres étaient d'avis de le garder en prison jusqu'à la fin de la guerre, ensuite de l'exiler hors de France. Le 28 décembre, est venue de la part du roi d'Espagne, qui est un parent de Louis, une lettre de médiation pour que l'on n'attentât pas à la vie du roi. Mais l'Assemblée n'a fait aucune attention à cette tentative. Le 29, on a repris de nouveau le jugement, et on l'a continué, sans interruption jusqu'au 17 janvier 1793.

Le 17 janvier, à onze heures de la nuit, après une séance qui avait duré trente-six heures, l'Assemblée vota la mort du roi, de cette façon :

Tacitus (Cornel.), 1789.
Terentius, cum notis Juvencii.
Titus Livius, cum notis, 6 vol.
Velleius Paterculus, in-24.
Virgilius, cum notis, in-12, 1789.
Le même, trad. en français, avec le latin à côté, par M. Barrett, 2 vol. in-12.

Sur 713 députés qui se trouvaient à l'Assemblée :

366 ont voté la mort simplement et sans retard ;
23 la mort, mais avec la condition que l'Assemblée examinerait quand il serait convenable de la mettre à exécution ;
1 la mort, mais à la condition que l'Assemblée pourrait ensuite changer la mort en une autre peine, si cela était jugé utile à la majorité des voix ;
2 la mort, mais après que la guerre des princes de l'Europe contre la France serait terminée ;

392

2 l'ont condamné à la prison perpétuelle et
319 à l'exil.

713

Aussitôt que cette terrible décision a été connue, les trois défenseurs du roi sont entrés à l'Assemblée portant une lettre du roi ainsi conçue :

« Mon honneur, l'honneur de ma famille, m'obligent à repousser un jugement qui me condamne pour des crimes dont ma conscience me dit que je ne suis pas coupable. Je proteste donc que j'en appelle de votre jugement à toute la nation française, et j'ai prié mes défenseurs de vous porter ma protestation pour qu'elle soit transcrite en entier dans le procès-verbal de l'Assemblée. — 16 janvier 1793.

« Louis. »

L'Assemblée n'a fait aucune attention à cette lettre, et a maintenu le vote pour la mort. J'ai oublié de vous dire qu'avant cette condamnation, l'Assemblée avait examiné deux autres questions : la première, si Louis était coupable ou non ; la seconde, si, dès que l'Assemblée aurait rendu son jugement, ce jugement devait être envoyé dans toutes les provinces de France, pour être ratifié sans retard par le peuple, et annulé, dans le cas où le peuple jugerait

Louis ou innocent ou passible d'une peine plus légère, et non point de la mort. Ces deux questions ont été tranchées toutes les deux par l'Assemblée à la majorité des voix : la première, que Louis était coupable ; la seconde, que le jugement de l'Assemblée, quel qu'il fût, ne devait plus être soumis au peuple.

Dans ce changement politique de la France, mon ami, j'ai vu beaucoup de choses extraordinaires qui se retrouvent dans presque toutes les grandes révolutions des peuples. Je vous ai raconté plus haut la généreuse action de Malesherbes, et je suis certain que vous l'admirerez, comme l'ont admirée ici tous les honnêtes gens et comme l'admirera la postérité, en lisant l'histoire de France. Ouvrez maintenant vos oreilles pour entendre une autre chose, d'une nature toute différente et tout à fait contraire à la première. — On pose la première question : Louis est-il coupable ou non? Et le duc d'Orléans, cousin du roi, est de l'avis de ceux qui votent qu'il est coupable. Vient ensuite la seconde question : Convient-il que le jugement de l'Assemblée soit revisé ou non? Et le duc d'Orléans est de nouveau de l'avis de ceux qui votent *non*. — On examine la troisième question : Quelle peine mérite le roi ? Et le duc d'Orléans est encore pour la troisième fois de l'avis de ceux qui condamnent son cousin à mort. — Et ne dites pas qu'étant député, il était obligé de voter ce que lui dictait sa conscience. D'après les lois de l'Europe, il pouvait parfaitement se taire, parce que ces lois refusent formellement le droit de juger aux parents et aux ennemis déclarés de l'accusé ; or celui-ci n'était pas seulement le parent, mais il était aussi l'ennemi déclaré de Louis, depuis nombre d'années. Il devait donc suivre l'exemple d'un autre député, qui, venant de perdre son fils dans la guerre contre les Prussiens et les Autrichiens, guerre dont Louis était accusé d'être la cause, interrogé quelle était son opinion sur la mort de Louis, a répondu que sa conscience ne lui permettait de dire ni oui ni non[1].

1. Le député qui a refusé de voter dans le procès de Louis XVI.

Le 19 janvier. Quelques députés ont parlé de nouveau, cherchant, non pas à annuler le décret qui condamnait Louis à mort, mais du moins à en remettre l'exécution à un temps plus opportun pour des raisons politiques. Ils craignaient (et peut-être avec raison) que cette mort n'irritât toute l'Europe contre la France, et n'excitât enfin les autres souverains qui n'avaient pas encore manifesté leur opinion. Mais l'Assemblée est demeurée inébranlable dans sa première résolution, et le 20, un dimanche, elle a envoyé au roi l'avis d'avoir à se préparer à la mort. Les délégués sont entrés dans la prison à deux heures après-midi, et ont fait connaître à l'infortuné Louis la dernière résolution de l'Assemblée. Le roi a répondu avec beaucoup de calme et de tranquillité. Il a demandé premièrement trois jours de délai pour se préparer ; secondement, la permission de voir librement, pendant cet intervalle, sa femme et ses enfants ; enfin troisièmement, il a prié l'Assemblée de donner, après sa mort, la liberté à toute sa famille en lui permettant de sortir de France et d'aller vivre où bon lui semblerait. Il recommanda ensuite à l'Assemblée et à toute la nation française beaucoup de pauvres gens qui n'avaient d'autres moyens d'existence que les présents que le roi leur faisait chaque année. Il a dit tout cela avec fermeté, sans que l'on pût remarquer la moindre altération sur son visage. L'Assemblée n'a pas jugé à propos de lui accorder le délai de trois jours, par crainte de ce qui pourrait arriver. Le 21 janvier, à neuf heures du matin, on l'a fait sortir de prison, on l'a conduit au lieu du supplice, au milieu d'une grande multitude de soldats, tous en armes, et, vers les onze heures, le bourreau a coupé la tête du meilleur, du plus puissant et du plus infortuné roi de l'Europe, Louis XVI. Il est resté jus-

parce que son fils était mort à la frontière, est NOEL, député des Vosges, et voici sa déclaration :

« Mon fils était grenadier dans un bataillon du département des « Vosges, il est mort sur la frontière en défendant la patrie. Ayant « le cœur déchiré de douleur, je ne puis être juge de celui que l'on « regarde comme le principal auteur de cette mort. »

qu'au dernier moment ferme et plein de courage, et il a reçu la mort avec la plus grande soumission aux décrets cachés de la Providence. A ce moment suprême, quelques minutes avant le coup fatal, lorsqu'on le fit monter sur le lieu du supplice, il tourna ses yeux de côté et d'autre, regarda le peuple qui l'entourait et voulut lui parler, mais on ne le lui permit pas. Ceux qui l'approchaient ont entendu seulement sortir de sa bouche ces dernières paroles : « Je pardonne de tout mon cœur à tous mes ennemis. »

Voilà, mon cher Dimitrios, en abrégé, la fin tragique de Louis. Sa mort a donné lieu à une autre action généreuse, qui ressemble, en quelque façon, à celle de Malesherbes. Seul, son tailleur lui a témoigné de la compassion ; il a demandé à l'Assemblée le corps de Louis, et il l'a enterré dans l'église de Sainte-Madeleine.

Je vous ai dit que, le 19, on avait agité de nouveau à l'Assemblée la question de savoir s'il ne conviendrait pas de remettre l'exécution de Louis à un temps plus opportun. Cette quatrième question fut examinée et votée, et le duc d'Orléans se trouva encore, pour la quatrième fois, de l'avis de ceux qui ont voulu que la tête de Louis tombât sans délai. Pierre ne renia son maître que trois fois, celui-ci a surpassé Judas lui-même en cruauté et en inhumanité. Je n'examine pas maintenant si Louis a été condamné justement ou injustement (car ce n'est pas encore, pour plusieurs raisons, le moment de vous dire là-dessus mon opinion), mais je voudrais que, chez les hommes, la justice fût toujours accompagnée de clémence et d'humanité. Si le duc d'Orléans avait eu un peu de pudeur, il aurait dû, même si le roi eût été coupable et eût mérité mille fois la mort, il aurait dû se taire, et comme son parent, et parce qu'il nourrissait contre lui une haine invétérée. Mais beaucoup de gens pensent que son intention est de s'emparer lui-même de la couronne de France. Si cela arrivait, malheur à nous et à lui ! A lui, parce qu'il ne resterait que quelques jours sur le trône, et qu'ensuite il périrait d'une mort tragique ; à nous, parce que beaucoup de sang serait encore versé dans Paris parmi les partisans et les amis du duc, et parmi tous ceux qui ne veulent plus entendre prononcer le nom de roi et dont le nombre paraît bien être le plus grand.

Dites-moi maintenant, je vous en supplie, si vous avez l'intention de m'écrire, ou si vous m'avez renié, comme le duc d'Orléans a renié son cousin. Je vous ai demandé plusieurs choses différentes. Vous avez d'abord prétexté la peste qui ne vous permettait pas de me répondre immédiatement ; maintenant, quel autre prétexte prenez-vous ? J'ai besoin de vous plus que jamais ; il faut que vous m'aidiez dans plusieurs observations curieuses que j'ai faites sur notre langue ancienne et moderne. Ma santé est dans un état déplorable, et je crains bien de laisser mes os à Paris avant d'avoir pu montrer aux Grecs ce qu'ils sont et ce qu'ils peuvent faire, s'ils veulent se réveiller du profond sommeil dans lequel ils sont plongés, pour n'être plus le jouet et la risée des Européens. Je ne doute pas que, si mes compatriotes voyaient même une minime partie de tous mes travaux, ils ne voulussent les mener à bonne fin, avec le temps ; car un seul homme, si laborieux qu'il soit, n'a ni le temps ni le pouvoir de tout faire. Malade comme je le suis, ayant beaucoup d'occupations diverses, obligé de gagner ma vie par mon travail, il est incroyable, malgré tous ces obstacles, de voir la quantité de matériaux que j'ai rassemblés. Malheureusement, tout cela n'est qu'une matière informe et sans ordre ; pour en faire quelque chose de convenable, il me faut du temps et des secours. En ce moment, je m'occupe d'un travail sur Hippocrate ; Dieu sait quand je pourrai le finir. Je voudrais que mes deux cousins, Nicolas Petritzis et Joseph Manzouranis, s'ils en avaient le temps, s'unissent à vous, pour que l'un de vous trois au moins pût répondre à mes questions philologiques, lorsque les autres n'en auraient pas le loisir. Saluez-les de ma part, et communiquez-leur mon désir. Qu'ils soient certains que cette correspondance sera utile, non-seulement à moi, mais encore à eux, et qu'ils apprendront beaucoup de choses qu'il n'est pas étonnant qu'ils ignorent, puisqu'ils sont plus jeunes que moi.

Je vous prie de communiquer tout ce que je vous écris, touchant les troubles de France, à mes parents, en les saluant chacun personnellement par leur nom, hommes et femmes, jeunes et vieux, avec les souhaits accoutumés du nouvel an. Quand je vous dis συνήθεις (accoutumés), je vous rappelle le τὰ σύνηθες que vous avez coutume de mal écrire. Au pluriel, mon ami, dites τὰ συνήθη ou τὰ συνειθισμένα, et, lorsque vous parlez au singulier, écrivez τὸ σύνηθες ou τὸ συνειθισμένον. Que je ne vous entende plus une autre fois dire ἀμελῆν (négligent). Dans les noms en ής, lorsque le génitif est en οῦς, l'accusatif doit être seulement en ῆ sans le ν : ὁ ἀμελής, τοῦ ἀμελοῦς, τὸν ἀμελῆ. Mais, lorsque le génitif est en ου, alors seulement l'accusatif s'écrit avec ην : ὁ προφήτης, τοῦ προφήτου, τὸν προφήτην. Vous garderez facilement cette règle dans votre mémoire.

Quoique je n'aie pas reçu de réponse à mes précédentes questions, je vous adresserai encore les suivantes :

1. Y a-t-il quelque ton ou note dans la musique, ô docteur en musique Dimitrios, qui s'appelle *double* ou *redoublement*, et quel est ce *double* (διπλῆ ou διπλασιασμός) ?

2. Vous savez que, parmi les nombreuses superstitions dont nous avons hérité des anciens Grecs, sans hériter de leur science, sont les amulettes qu'on attache sur la tête des enfants pour en éloigner le mauvais sort. J'ai vu souvent de l'ail, d'autres fois de la rue (πήγανον), d'autres fois des pieds de crabes (παγουρίων), et d'autres fois certaines choses cousues en forme de triangle. Est-ce qu'à ces coussins on ajoute, par hasard, du sel? Je vous prie de me faire savoir, d'une manière certaine, si le sel est considéré comme un préservatif contre le mauvais sort[1].

3. La trappe qui s'ouvre au-dessus des échelles s'appelle-t-elle κλαβανή, κλεβανή ou κληβανή [2]?

---

1. Dans quelques parties de la Grèce, le sel et même le poivre sont considérés comme un préservatif contre le mauvais sort.

2. Elle s'appelle généralement κλαβανή et καταρράκτης. Voir le dictionnaire grec-moderne de Scarlatos Byzantios.

4. Σάσκλας : à qui nos Chiotes donnent-ils ce nom ? Serait-ce la même chose que le mot θαλιάρη, c'est-à-dire un babillard, un imbécile, qui dit tout ce qui lui passe par la tête ou ce qu'il a sur la langue ?

5. Les Grecs appellent-ils un homme orgueilleux φρυδάτον [1] ?

6. Les Chiotes donnent-ils le nom de μυρωδιά au persil auquel nous donnons, nous, le nom turco-barbare de μαντανόν ?

7. Λίσσον ou λισσόν signifie-t-il uni, égal, lisse au toucher, c'est-à-dire ce qui n'est pas rude ?

8. Λέκας [2] : qu'entendent les Chiotes par ce mot ? Ne signifie-t-il pas, si je ne me trompe, celui qui est long de corps ? N'est-ce pas la même chose, par hasard, que le ὀρθοκατήβατον ?

9. Examinez et sachez avec certitude si le mot κάχρι, qui signifie chagrin, n'est pas un mot turc. Vous pouvez le demander à M. Jean Oslanoglou ou à quelque autre personne versée dans la langue turque.

10. Χέρι-χέρι, signifie-t-il γρήγορα, vite, ταχέως, promptement, et dans quelle phrase l'emploie-t-on [3] ?

11. Que veut dire le mot καλαμωτή [4] ?

12. Que signifie κολόβια ? Serait-ce les vêtements courts des femmes des îles, et de quelles îles ?

Bien que j'envoie à Dom. Keun une quantité suffisante de petits livres et de brochures imprimées, tous relatifs au procès de Louis et à ce qui est arrivé avant le jugement, ne manquez pas cependant, lorsque vous le verrez, de lui communiquer, si vous le pouvez (parce que

1. Littéralement : un homme qui a des sourcils épais.
2. N'y a-t-il pas ici une faute pour λέλεκας ou λελέκι qui signifie cigogne, l'animal qui a un long cou ?
3. Χέρι χέρι, qui signifie très-vite, est d'un usage assez général en Grèce, où parfois on dit aussi μάνι-μάνι.
4. Une espèce de treillage fait avec des joncs pour séparer les champs, les jardins ou les viviers.
Ce mot signifie aussi la claie ou la forme en paille dont on se sert pour les fromages frais.

je ne sais pas encore quelle langue vous parlez avec lui), tout ce que je vous écris.

La veille de l'exécution, le plus malheureux des rois a vu sa femme, sa sœur et ses enfants. Il est resté avec eux deux heures et demie. Le jour de l'exécution, le matin, avant qu'il allât au lieu du supplice, sa famille a demandé de nouveau à entrer dans la chambre de Louis pour l'embrasser une dernière fois ; mais il n'a pas voulu consentir à leur demande pour ne pas augmenter leur douleur immense. Il a donné à son valet de chambre tous ses habits ainsi que sa montre et a prié la Commune de Paris de le laisser au service de son fils.

Le 25 décembre, il avait fait son testament, que j'envoie tout entier à Dom. Keun. En voici pour vous une partie :

« Au nom de la très-sainte Trinité, aujourd'hui, 25 décembre 1792, moi, Louis XVI, roi de France, emprisonné depuis plus de quatre mois par mes sujets, et séparé depuis le onze de ce mois de ma famille, de plus, impliqué dans un procès dont il est impossible de prévoir l'issue, à cause des passions des hommes, et dont on ne trouve aucun prétexte ni moyen dans aucune loi existante, n'ayant que Dieu pour témoin de mes pensées, et auquel je puisse m'adresser, je déclare ici, en sa présence, mes dernières volontés et mes sentiments.

« Je laisse mon âme à Dieu, mon créateur ; je le prie de la recevoir dans sa miséricorde et de ne pas la juger d'après ses mérites, mais par ceux de Notre-Seigneur Jésus-Christ, etc.

. . . .

« Je prie tous ceux que je pourrais avoir offensés par inadvertance (car je ne me rappelle pas d'avoir fait sciemment aucune offense à personne), et ceux à qui j'aurais pu avoir donné de mauvais exemples ou des scandales, de me pardonner le mal qu'ils croient que je peux leur avoir fait, etc.

« Je pardonne de tout mon cœur à ceux qui se sont faits mes ennemis, sans que je leur en aie donné aucun sujet, et je prie Dieu de leur pardonner, de même qu'à ceux qui, par un faux zèle ou par un zèle mal entendu, m'ont fait beaucoup de mal, etc.

. . . .

« Je prie Dieu de jeter particulièrement des yeux de miséricorde sur ma femme, mes enfants et ma sœur, qui souffrent depuis longtemps avec moi, de les soutenir par sa grâce s'ils viennent à me perdre, et tant qu'ils resteront dans ce monde périssable.

« Je recommande mes enfants à ma femme. Je n'ai jamais douté de sa tendresse maternelle pour eux; je lui recommande surtout d'en faire de bons chrétiens et d'honnêtes hommes, de ne leur faire regarder les grandeurs de ce monde (s'ils sont condamnés à les éprouver) que comme des biens dangereux et périssables, et de tourner leurs regards vers la seule gloire solide et durable de l'Éternité, etc.

. . . .

« Je recommande à mon fils, s'il avait le malheur de devenir roi, de songer qu'il se doit tout entier au bonheur de ses concitoyens; qu'il doit oublier toute haine et tout ressentiment, et nommément tout ce qui a rapport aux malheurs et aux chagrins que j'éprouve; qu'il ne peut faire le bonheur des peuples qu'en régnant suivant les lois; mais en même temps qu'un roi ne peut les faire respecter et faire le bien qui est dans son cœur qu'autant qu'il a l'autorité nécessaire; et qu'autrement, étant lié dans ses opérations et n'inspirant pas le respect, il est plus nuisible qu'utile.

. . . .

« Je voudrais pouvoir témoigner ici ma reconnaissance à ceux qui m'ont montré un attachement véritable et désintéressé. D'un côté, si j'ai été sensiblement touché de l'ingratitude et de la déloyauté des gens à qui je n'avais jamais témoigné que des bontés, à eux, ou à leurs parents et amis; de l'autre, j'ai eu de la consolation à voir l'attachement et l'intérêt gratuit que beaucoup de personnes que je ne connaissais pas m'ont montrés, etc.

. . . .

« Je prie la Commune de Paris de donner à mon valet de chambre Cléry qui est resté avec moi jusqu'à la fin, mes hardes, mes livres, ma montre et la bourse contenant mon argent, etc.

« Je pardonne encore très-volontiers, à ceux qui me gardaient, les mauvais traitements et les gênes dont ils ont cru devoir user envers moi. J'ai trouvé quelques âmes sensibles et compatissantes ; que celles-là jouissent dans leurs cœurs de la tranquillité que doit leur donner leur façon de penser.

« Je remercie MM. Malesherbes, Tronchet et de Sèze de toute mon âme et de tout mon cœur, pour les soins et les peines qu'ils se sont donnés pour moi.

« Je finis en déclarant devant Dieu, et prêt à paraître devant lui, que je ne me reproche aucun des crimes qui sont avancés contre moi.

« Le vingt-cinq décembre mil sept cent quatre-vingt-douze.

« Louis. »

XXIV[1]

Avril 1797.

Mon très-cher Protopsalte, je vous embrasse de tout mon cœur !

Je vous ai écrit, il y a deux ou trois mois, par voie de Livourne.

Il y a quinze jours, je vous ai envoyé un petit billet, accompagné d'un paquet contenant différents livres, par le canal de Nicolas Milaïtis, qui est l'associé du gendre de

---

1. Avec la lettre précédente, finit le recueil des Lettres de Coray au Protopsalte de Smyrne ; les deux lettres suivantes se trouvent dans le second recueil des Lettres publiées par le docteur Rotas : celle-ci porte le numéro XXII (pages 109-110), et la suivante le numéro XIII (pages 73-77).

Tiba, teinturier connu de Smyrne. Il est parti d'ici, il y a quinze jours, pour Marseille, et, de là, il a l'intention d'aller à Smyrne, ou directement, ou bien en passant d'abord par Psara, sa patrie. Aussitôt donc que vous aurez reçu la présente lettre, informez-en le gendre de Tiba afin que celui-ci vous fasse connaître son arrivée à Smyrne ou bien à Psara ; vous lui demanderez le paquet, que vous porterez, sans l'ouvrir, à notre ami commun Dom. Keun, pour qui sont les livres qu'il renferme[1].

Si vous désirez apprendre quelque chose sur l'état commun de tous ceux qui, comme moi, se trouvent en France, sachez que nous ne sommes pas encore délivrés des maux, non de la tyrannie, qui, elle, a cessé un peu, mais de la terrible pénurie qui nous dévore tous, à tel point que l'on peut comparer aujourd'hui la France au taureau d'airain dans lequel Phalaris, le tyran inhumain, faisait enfermer les hommes pour les consumer lentement avec le feu qui brûlait en dessous, sous le ventre du taureau. C'est dans ce taureau que je me trouve, moi aussi, pour mon malheur, et je ne suis pas le seul à souffrir. Ma santé est dans un état déplorable. Cependant je n'ai pas encore cessé de travailler nuit et jour. Dites-moi si l'évêque de Corinthe, mon ami, vit encore, et où il se trouve. Dites-moi, en même temps, ce que fait notre ami, le Protosyngélos du Sinaï. Embrassez de ma part et nominalement votre chère famille, mon frère, ma belle-sœur, tous mes parents et amis. Je vous ai recommandé dans ma précédente lettre, et je vous rappelle dans la présente, de bien vous garder de demander ni d'accepter aucun secours, petit ou grand, de la part du très-illustre.....

---

[1]. Voyez la lettre CXXIII (page 306) dans les *Lettres inédites de Coray à Chardon de la Rochette.*

XXV

Paris, 27 novembre 1797.

Au très-savant musicien, Protopsalte de l'église de Smyrne, monsieur Dimitrios Lotos, à Smyrne; avec mes salutations.

Mon très-cher Protopsalte,

.... Vous vous plaignez que je ne vous écris pas, comme si vous ne saviez pas que la terrible Révolution de la France, et la guerre implacable que l'on a été obligé de déclarer à presque toute l'Europe, nous ont enfermés de toutes parts, et nous tiennent encore bloqués de telle façon que les communications par lettres sont devenues sinon impossibles, du moins très-difficiles.

Ce que vous m'écrivez au sujet des malheurs que vous avez éprouvés, mon ami, augmente et renouvelle le souvenir de ce que, moi aussi, j'ai souffert. Assurément vos maux sont bien cruels; mais cependant je vous assure, pour vous consoler, qu'ils ne sont pas la centième partie des souffrances que moi, malheureusement, j'ai endurées pendant deux années entières, et dont je ne suis pas encore délivré. Je suis fâché de ne pas pouvoir vous les décrire en détail, mais il me faudrait employer cinquante ou soixante feuilles de papier pour vous les énumérer tout au long. Ce que je puis vous dire, c'est que, sans le secours empressé de Dom. Keun, sans les encouragements de cet ami fidèle et généreux, vous auriez depuis longtemps chanté mon service funèbre[1]. En dehors du secours libéral qu'il m'a envoyé, il me prie ardemment et me conjure de lui faire connaître, en ami, tous mes besoins, afin qu'il puisse me venir en aide encore

---

1. Μνημόσυνον. Service commémoratif que l'on fait quarante jours après la mort d'une personne.

davantage. Il a été très-affligé lorsqu'il a appris que j'avais été forcé de vendre une partie de mes livres pour ne pas mourir de faim. Car la faim a été aussi un des maux innombrables que nous avons soufferts ici, fléau ajouté à un autre fléau, le terrible hiver de l'avant-dernière année, pendant lequel beaucoup de gens sont morts faute de nourriture, autant que faute de bois pour se chauffer.

C'est pendant ce redoutable hiver que j'ai perdu d'abord les deux tiers de mon sang, par les hémorroïdes qui coulaient avec une telle violence que souvent je tombais en défaillance. A peine débarrassé de mes hémorroïdes, j'ai eu une autre maladie, une pleurésie. Délivré de celle-là aussi, j'avais besoin de plus de nourriture et d'un plus grand repos de corps et d'esprit pour reprendre mes forces. Or ma nourriture n'a été souvent qu'une once de pain par jour, car la livre de pain s'est vendue jusqu'à vingt piastres. Je ne pouvais pas non plus avoir le repos de l'esprit. Obligé de travailler, nuit et jour, pour gagner même ce peu de nourriture, j'ai traduit quatre ouvrages; trois de l'allemand, et le quatrième de l'anglais [1]. Je vous laisse à comprendre combien cette fatigue du corps et de l'esprit devait m'être nuisible et briser mon misérable corps. Il y a presque deux ans de cela maintenant, et je n'ai pas encore repris mes forces; peut-être même ne les reprendrai-je jamais, car j'éprouve toutes les infirmités des vieillards de soixante-dix ans, bien que je n'en aie pas encore cinquante. Ne croyez pas cependant que j'aie été seul à souffrir toutes ces misères. Dans ces cruelles circonstances, vous pouvez être assuré que le mot : « Des riches ont été pauvres et ont eu faim, » s'est réalisé; des hommes autrefois heureux ont été réduits à demander l'aumône. Beaucoup mou-

---

1. Les quatre ouvrages dont parle ici Coray sont :

1° La seconde édition de la *Médecine clinique;*

2° Les *Observations de médecine;*

3° L'*Introduction à l'étude de la médecine;* tous trois ouvrages de Selle, traduits de l'allemand et imprimés chez Croullebois.

Le quatrième est le *Vade-mecum du médecin,* traduit de l'anglais et imprimé chez Lavaux.

raient sur les places publiques et dans les rues de la ville, faute de nourriture. D'autres se tuaient de désespoir. Des femmes enceintes se sont jetées à la Seine. Toutes ces misères continuent encore aujourd'hui, non plus par manque de nourriture, car maintenant les vivres sont abondants ; mais nous éprouvons un autre malheur, qui n'est pas moindre que la famine, c'est le manque d'argent. Auparavant nous n'avions pas de vivres ; maintenant nous n'avons pas d'argent pour en acheter. La pénurie commune m'oblige à travailler beaucoup pour gagner peu. Il y a quelques jours, j'ai vendu aux libraires pour six cents livres un cinquième ouvrage que j'aurais dû vendre au moins mille livres en d'autres temps[1]. J'en ai tout prêt un sixième, grec-français, que je n'ai pas encore pu vendre à cause de ce manque d'argent[2]. Je m'occupe à présent d'un septième également grec-français que j'espère terminer dans trois ou quatre mois. Dans ce septième ouvrage, j'ai l'intention de frotter (mais frotter vigoureusement) l'impudent visage du sophiste allemand de Pauw, pour les horribles calomnies qu'il a vomies contre la malheureuse race des Grecs, et lui apprendre que, à la fin du XVIIIe siècle, après un esclavage terrible de près de quatre siècles, il y a encore parmi les Grecs des hommes capables d'écrire comme les Européens et de relever les niaiseries d'un sophiste paradoxal. Craignant de mourir avant d'avoir achevé cet ouvrage et sans avoir vengé ma nation (à ce moment, mon ami, mes larmes coulent à flots, larmes d'indignation et d'ardent désir de vengeance), j'ai écrit un petit mémoire, et je l'ai fait imprimer sous mon nom

---

[1]. « J'avais déjà vendu quelques jours auparavant, à un libraire, un manuscrit intitulé : *Histoire de la Médecine*, que j'avais traduit de l'anglais ; mais je ne pus avoir la somme modique de 600 livres, à laquelle je l'avais cédé, qu'après quelques mois. Dans tout autre temps, ce livre m'aurait valu 1,000 livres au moins. » (*Lettres inédites à Chardon de la Rochette*. — Lettre CXXII. 3 décembre 1796.)

[2]. Ce sont, sans doute, *les Caractères de Théophraste*, traduction nouvelle avec le texte grec, qui ne parut qu'en 1799. — Cette publication fut suivie, en 1800, du *Traité d'Hippocrate, des airs, des eaux et des lieux*, auquel Coray travaillait depuis longtemps.

dans un journal littéraire [1]. Dans ce petit mémoire, je démontre à ce docte personnage qu'il n'a pas compris un seul mot du rhéteur Dinarque (quoiqu'il se vante de savoir la langue grecque à fond), et qu'il a effrontément volé une observation philologique du savant Reiske, qu'il a présentée comme un produit de son esprit. Mais tout cela n'est qu'un petit soufflet. Le grand coup de bâton, il le recevra dans le septième ouvrage, parce que je veux lui parler nettement de tout ce qu'il a dit contre les Grecs, et je prouverai qu'il n'est qu'un effronté calomniateur.

Vous voyez, mon cher Protopsalte, que, malgré toutes les souffrances, les infortunes et les maladies que j'ai éprouvées et que j'éprouve encore, je ne reste pas oisif, mais que je travaille toujours. Vous m'affligez donc, sans pitié, en me faisant des reproches sur mon séjour prolongé en France. Soyez assuré, et assurez bien tous mes amis et parents, que j'ai peu de considération pour un homme qui n'aime pas sa patrie, et, comme dit Sophocle :

> Celui qui aime mieux son ami que sa patrie,
> Celui-là, je le méprise.

Mais c'est l'amour même de la patrie qui m'oblige à prolonger mon séjour, parce qu'ici l'homme d'étude a sous la main tous les instruments nécessaires à son travail, tandis que là-bas il ne trouverait rien.

J'espère vous écrire plus longuement par quelqu'un des capitaines grecs qui se trouvent présentement ici, et vous envoyer des livres pour Dom. Keun. Ces malheureux ont apporté des grains aux Français, et les Français les retiennent dix-huit mois, sans avoir le moyen de les payer. Figurez-vous quelle doit être la pénurie d'argent des simples particuliers, quand le Trésor de la République est

---

1. Ce petit mémoire dont parle Coray est la fameuse lettre sur le TESTAMENT SECRET DES ATHÉNIENS, *dont parle Dinarque dans sa Harangue contre Démosthène.* Nous l'avons reproduit dans notre édition des *Lettres inédites de Coray à Chardon de la Rochette* (p. 437). Il avait paru pour la première fois dans le *Magasin encyclopédique.*

vide. Ces capitaines sont au nombre de trente environ, venus des différentes parties et des îles de la malheureuse Grèce. L'ignorance des usages du pays et de la langue française font que ces pauvres capitaines grecs, outre le malheur d'avoir à attendre si longtemps le paiement de leurs grains, dépensent même plus qu'il ne faudrait pour eux-mêmes.

Tout le monde les vole.

J'ai pu rendre service à trois ou quatre d'entre eux, en traduisant une pétition qu'ils devaient présenter à un tribunal. Ils voulaient me payer ma peine, et ces malheureux ne comprenaient pas que je ne voulusse point recevoir de salaire, habitués qu'ils étaient à tenir toujours la main ouverte[1].

---

1. Voyez dans les *Lettres inédites de Coray à Chardon de la Rochette* la lettre CXXII (page 303), adressée à Dentand à Smyrne, en date du 3 décembre 1796. Coray y parle également de sa pénurie, de ses ouvrages, et de ces capitaines grecs par lesquels il compte envoyer à Bernhard Keun les quatre ouvrages de médecine qu'il vient de faire imprimer.

LETTRE

DE

L'IMMORTEL CORAY

AUX

HABITANTS DE SMYRNE

DONT L'ORIGINAL

A ÉTÉ TROUVÉ PARMI LES PAPIERS

DE

Feu Constantin PETRITZI

SMYRNE
DE LA TYPOGRAPHIE IONIENNE
DIRIGÉE PAR ANTOINE PATRIKIOS

1835

Paris, novembre 1803.

Très-estimables compatriotes et amis, je vous salue
de tout mon cœur.

Votre lettre du 1ᵉʳ octobre m'a causé à la fois une grande joie et un regret plus grand encore. Parlons d'abord de la joie.

Le jour de Noël dernier, j'ai lu à l'Académie des Observateurs de l'homme un mémoire que j'avais écrit en langue française sur l'état actuel des Grecs[1]. Dans ce mémoire, j'avais démontré tout au long le désir que les Grecs montrent aujourd'hui de s'instruire, et l'heureux changement qui en est résulté pour eux. Pour confirmer ce que je disais, il fallait donner des exemples. J'ai donc raconté ce qui concerne la nouvelle école de Chio, et l'empressement que montrent pour elle les habitants de cette île. Je les ai portés aux nues, non-seulement parce qu'ils le méritaient, mais aussi pour l'honneur qui en rejaillit sur toute la race grecque, que les Européens croyaient encore dans l'état où nous nous trouvions il y a cinquante ans. Lorsque j'écrivais les éloges dus à mes compatriotes, les bons et sensés Chiotes, mon âme était déchirée par le chagrin et l'impatience que j'avais de ne pouvoir donner également de semblables éloges aux habitants de Smyrne. « Quel malheur ! me disais-je à moi-même. Les Chiotes ont fait pénétrer dans leur patrie toutes les sciences de l'Europe. Les habitants de Cydonie ont fait de même. Le

---

1. Ce mémoire a été réimprimé dans notre édition des *Lettres françaises à Chardon de la Rochette*, page 445.

Patriarcat, sentant la nécessité d'éclairer la nation, s'efforce de créer une école centrale, et Smyrne seule dort, insouciante, Smyrne où se trouvent aujourd'hui tant de richesses et (ce qui est bien plus utile que la richesse) où ne manquent pas des négociants instruits, pleins de sens et de philanthropie ! » Voilà ce que je me disais à moi-même, en proie à la tristesse. Cette douleur a été dissipée par votre lettre. J'en ai été fort heureux, car je comprends très-bien que ce sont les circonstances, et non point l'insouciance, qui vous ont empêchés jusqu'à présent de faire l'œuvre méritoire que vous désirez créer.

Voilà la grande joie que m'a procurée votre lettre. Mais, d'un autre côté, cette lettre m'a causé en même temps un grand chagrin, parce que vous me faites l'honneur de m'appeler dans un moment où il m'est impossible d'accepter l'honorable invitation que vous me faites pour plusieurs raisons importantes.

Et d'abord, en dehors du poids de l'âge que j'ai commencé à sentir, je souffre de différentes maladies corporelles, parmi lesquelles la goutte, que l'âge augmente de jour en jour, et me rend plus insupportable. Il y a plus de dix-sept ans que j'ai terminé mes études à Montpellier. Pour mon malheur, cet appel, que vous me faites aujourd'hui, vous n'avez pas songé à me le faire à ce moment, lorsque j'avais plus de jeunesse et moins de maladies. Il est tellement certain que je l'eusse accepté avec joie alors, que je me suis même plaint à plusieurs de mes amis de ce que vous ne me l'aviez jamais fait. — Vous fallait-il donc une invitation pour cela, me direz-vous ? — Et pourquoi non, mes amis et frères ? Est-ce que cela fait moins d'honneur à ceux qui invitent qu'à celui qui est invité ? Un des plus grands éloges que, dans mon mémoire, j'ai donnés aux Grecs d'aujourd'hui, c'est qu'ils aiment et honorent leurs savants et qu'ils les rappellent de tous les côtés. Cependant je vous assure que vous me feriez injure en supposant que, si je ne viens pas maintenant, c'est parce que vous ne m'avez pas appelé alors. Ces pensées mesquines ne sont jamais entrées dans ma tête. Plût à Dieu que j'eusse la santé, et quinze ans de moins! Vous me verriez accourir avec joie à l'appel de mes compatriotes.

En second lieu, bien que je n'aie pas eu le bonheur de retourner dans ma patrie, je n'ai jamais cessé pour cela de m'occuper du bien de mes compatriotes. J'ai donné des preuves nombreuses de ma bonne volonté par mes livres en grec ancien et en langue vulgaire. Dans plusieurs passages de mes écrits, je n'ai jamais manqué de venger l'honneur des Grecs des sottises qu'ont vomies contre notre nation, dans ces derniers temps, quelques philosophes européens indignes et de la philosophie et de l'humanité. — Mais vous n'avez pas fait assez, Coray. — J'ai fait ce que m'ont permis les circonstances et mes infirmités. Et puis, en pareil cas, pour juger avec équité, on ne doit pas regarder à la quantité de services rendus, mais à la bonne intention. Il faut accepter avec la même reconnaissance les deux oboles de la veuve et les nombreuses pièces d'or du riche. C'est poussé par cette même bonne volonté que j'ai commencé quelques autres ouvrages que je serais forcé de laisser inachevés, si j'allais là-bas. Quand on a entrepris de pareils travaux, on doit de toute nécessité habiter une ville dans laquelle se trouvent des bibliothèques nombreuses, et, à côté de ces bibliothèques, des imprimeurs.

En troisième lieu, quand même je n'aurais aucun de ces empêchements, comment pourrais-je quitter cette ville où je suis lié avec le gouvernement, qui, ainsi que vous devez le savoir, m'a chargé de faire la traduction de Strabon? Il y a déjà trois ans de passés, et, pendant tout ce temps, le gouvernement m'a fourni ce qu'il me fallait pour vivre en m'occupant de ce long travail dont il m'a chargé. Cela ne serait encore rien, s'il ne me donnait que de quoi vivre, car il paie également d'autres savants pour de pareils travaux; mais, en dehors de cela, il m'a protégé, il m'a soutenu, il m'a prodigué l'hospitalité et la bienveillance. Malgré toutes ces prévenances, le poids de ce travail est si lourd pour mon âge et pour ma santé, que j'attends que nous ayons mis au jour au moins un ou deux volumes de Strabon, pour demander au ministre s'il n'y a pas moyen de me délivrer de ce fardeau, et de me donner en place quelque autre travail mieux proportionné à mes forces. Me retirer avant, ce serait de l'ingratitude ; ce serait même laisser croire au gouvernement que je suis incapable d'expliquer Strabon. Dans un cas comme dans l'autre, ce ne serait honorable ni pour moi, ni pour mon pays. Mais, tout en travaillant à Strabon, est-ce que je néglige de m'occuper d'autres œuvres utiles à mes compatriotes? Assurément non. Mon Beccaria a été publié dans le temps même où je traduisais Strabon [1]. En ce moment où je vous écris, je travaille à un autre ouvrage que j'espère terminer vers le mois de mai [2], et aussitôt après celui-là j'en commencerai un autre, et encore un autre après, aussi longtemps que je vivrai et que je respirerai. Je ne vous dis pas cela pour me vanter. Loin de là! c'est folie de se vanter, quand on ne fait que son devoir. Je ne vous dis tout cela que pour vous convaincre qu'il n'y a pas seulement une manière d'être utile à son pays, mais dix mille. Celui-là seul mérite le blâme qui, de ces dix mille moyens, n'en prend aucun. Quand même il me serait impossible de ne pas m'occuper uniquement de Strabon, ce travail serait-il inutile à mon pays? Quel jeune Grec pourra dorénavant se flatter d'avoir reçu une bonne éducation, s'il ne sait pas le français, et s'il n'est pas capable de lire en français Strabon, et tant d'autres savants livres, écrits en cette langue? Et, puisque nous parlons de l'utilité nationale, il n'est pas hors de propos que je vous raconte ici ce qui m'est arrivé pour mon édition de Beccaria, afin que vous compreniez quelle fièvre d'instruction s'est emparée aujourd'hui de toute la nation (ce que je considère comme un effet de la divine Providence), et afin que vous ne restiez pas en arrière des autres, vous, habitants de Smyrne, que la Providence a

---

1. La première édition de la traduction de *Beccaria*, par Coray, est de 1802.

2. Sans doute, l'édition des *Éthiopiques* d'Héliodore qui parurent en 1804 (Paris, 2 volumes).

dotés de richesse et de bon sens. Il y a environ un mois, un matin, entra chez moi un Grec[1] qui m'était inconnu; il était bien mis, et paraissait avoir de trente à trente-cinq ans. Lorsqu'il m'eut dit qu'il était Grec, je lui demandai de quelle ville? Il me répondit, de . . . . . Je lui demandai ensuite pourquoi il était venu; il me répondit avec émotion : « C'est la préface et les notes du *Beccaria* qui m'ont conduit ici..... — Pourquoi faire, lui dis-je?... »
— « Malheureusement, me répond-il, mon âge ne me permet plus d'aller à l'école : j'ai donc résolu, pour pouvoir, moi aussi, rendre quelque service à la patrie, d'apprendre la typographie, ensuite d'acheter les caractères nécessaires, et de retourner dans mon pays pour y établir une imprimerie. » Lui voyant de si bonnes dispositions, je l'ai recommandé au célèbre Didot, mon ami, qui est aujourd'hui le premier typographe non pas seulement de la France, mais de l'Europe tout entière[2].

C'est le 18 novembre que j'ai reçu votre lettre, et deux

1. Nous ignorons le nom du Grec qui vint faire à Coray cette honorable proposition. Sur notre demande, M. Alfred Didot a bien voulu faire dans les archives de sa maison, des recherches qui sont restées sans résultat. Son oncle, M. Hyacinthe Firmin-Didot, n'a pas pu lui donner de renseignements précis à cet égard. Du reste, ce fait n'est point unique. En 1830, André Koromilas, sur la recommandation du prince Michel Soutzo, fut également admis dans la typographie de MM. Didot. Il établit ensuite, sous leurs auspices, à Athènes, une imprimerie devenue depuis considérable et qui est maintenant dirigée par ses fils. (Voyez l'*Essai sur la typographie*, par M. Ambroise Firmin-Didot, Paris, 1851, in-8, p. 707. Voyez également notre *Notice sur les services rendus à la Grèce et aux études grecques par M. Ambroise Firmin-Didot*, Paris, 1877, grand in-8.)

2. « FIRMIN-DIDOT, fameux non-seulement pour son imprimerie en France (à Paris), mais même pour ses vastes connaissances sur la langue hellénique, est celui qui avait traduit les *Idylles de Théocrite* et les morceaux conservés de *Tyrtée*. Il était à Smyrne il y a quatre mois. Je l'ai vu s'occuper de la traduction de *Bion*; son fils, Ambroise Firmin-Didot, est celui qui nous a donné une traduction de *Thucydide*, accompagnée de notes. Je la crois la meilleure de toutes celles que j'ai vues jusqu'à présent. » (*Note française de Coray, traduite en grec par B. K.*)

jours plus tôt (le 16) j'avais reçu de mon ami de Vienne, Alexandre Basili, une autre lettre, dans laquelle il me complimentait au sujet du succès qu'a obtenu mon Beccaria à Jassy en Moldavie, et me parlait du dessein qu'avait le prince Ghika, fils du prince Ghika qui a été décapité. Pour ne pas trop m'étendre, je laisse à mes amis Skylissis le soin de vous dire la chose de vive voix lorsqu'ils iront à Smyrne. Michel Zosimas, de Livourne, dès qu'il eut connaissance du mémoire que j'ai lu pour l'honneur et la défense des Grecs actuels, m'a ouvert un crédit de 4,000 francs sur un des banquiers d'ici, afin d'acheter des livres pour la bibliothèque de Janina[1]. Tout ce que je vous écris là, mes chers amis et compatriotes, n'a d'autre but que de vous représenter, d'abord qu'il m'est impossible de retourner là-bas, ensuite que mon séjour en Europe n'est point complètement inutile à ma patrie. Je vous l'ai déjà dit, et je vous le répète, il y a mille moyens d'être utile. Il est assurément du devoir de chacun de nous de rendre des services à sa patrie, s'il veut être compté pour un homme sur la terre. Chacun a même le droit d'exiger d'un autre, comme un devoir, de se rendre utile à sa patrie. Mais on n'a pas le droit de lui demander de servir son pays de telle ou telle façon. Cela dépend des dispositions, des facultés matérielles ou morales de chacun, et des différentes circonstances dans lesquelles chacun se trouve. En peu de mots, et pour me servir d'un exemple vulgaire, chacun a le droit de réclamer le paiement de sa dette, de la part de son créancier; mais on n'a pas le droit d'obliger celui-ci à la payer en or ou bien en argent, à moins d'une convention spéciale inscrite dans l'obligation. S'il y avait moyen de transporter avec moi, là-bas, la bibliothèque de Paris et une imprimerie, je n'aurais pas attendu votre invitation, non pour venir y faire le métier de professeur, mais pour y continuer ce que j'ai fait jusqu'à présent.

Malgré cela, mes amis et compatriotes, s'il m'est im-

---

[1]. Cette bibliothèque, brûlée sous Ali-Pacha, pendant le siège, a été rétablie depuis, et on y a même ajouté un cabinet de physique.

possible de retourner là-bas, cela ne doit, en aucune façon, refroidir votre zèle. Puisque vous voyez la nécessité pour votre école d'avoir des professeurs, il faut que vous en cherchiez, et quand on cherche on trouve. Il ne manque pas d'hommes instruits aujourd'hui dans notre pays. L'Allemagne (comme me l'écrivait l'année dernière l'archimandrite Gazis [1]) est, en ce moment, pleine de jeunes Grecs, qui se livrent à des études variées. Il y en a beaucoup aussi en Italie; il n'en manque pas ici; il y en a quelques-uns encore à Londres. C'est Gazis lui-même qui aurait dû venir au lieu de me proposer; ou bien c'est lui qui aurait pu vous procurer quelque autre ou, pour mieux dire, quelques autres, parce que, si vous voulez créer une école, telle qu'il vous la faut, il est nécessaire que vous ayiez non pas un, mais plusieurs professeurs, au moins trois pour le moment, et ensuite davantage pour l'avenir. Celui qui vous promettra de vous enseigner tout à la fois à lui seul, celui-là est un effronté coquin, un charlatan, et non point un philosophe. Ici, on compte six ou sept professeurs pour la seule science de la médecine.

Puisqu'il s'agit d'écoles, mes chers compatriotes, permettez-moi, je vous prie, non point de vous donner des conseils, mais de vous dire tout ce que l'âge et l'expérience de l'Europe m'ont démontré être nécessaire à l'établissement d'une pareille institution. Les Européens ont reçu les sciences de nos ancêtres. Si les écrits des Grecs leur avaient manqué, peut-être vivraient-ils encore dans les gorges de leurs montagnes, en se nourrissant de glands

1. Gazis (Anthime) naquit en 1764, à Milies en Thessalie, où il fit son éducation. Ordonné prêtre, il fut appelé à Vienne, en 1795, comme curé de l'église grecque de cette ville. Il y continua ses études, et y traduisit la *Grammaire des sciences philosophiques*, de l'Anglais Benjamin Martin (1799). En 1811, il commença la publication du célèbre recueil périodique, Ὁ λόγιος Ἑρμῆς. En 1816, il se rendit à Odessa où il fut affilié à l'Hétairie. Revenu en Grèce en 1818, il prit une part active à la guerre de l'Indépendance, et mourut à Syra en 1837. On a encore, de lui, un dictionnaire grec ancien et moderne publié à Venise, en 3 volumes (1809). (Sathas, *Littérature néo-hellénique*, p. 693.)

comme autrefois. Cependant, il faut dire la vérité, ce qu'ils ont reçu de nos aïeux, ils l'ont multiplié au centuple et plus encore, par leur application et par l'excellente méthode avec laquelle ils enseignent les sciences. Or, comme nous, les descendants des célèbres Hellènes, nous sommes aujourd'hui forcés, par le malheur des temps, de rechercher et de reprendre des Européens l'héritage de nos ancêtres, il faut, mes amis et frères, que nous imitions aussi la manière par laquelle ils ont fait fructifier ce trésor.

Voulez-vous que votre école réussisse? Il faut que vos professeurs soient honorés; qu'ils aient la liberté de commander tout ce qui a rapport à la direction de l'école, et même, chacun en particulier, tout ce qui a rapport à la science qu'il enseigne. Il n'y a pas un seul Grec instruit, aujourd'hui, parmi tous ceux qui parcourent l'Europe, qui ne mette l'honneur au-dessus de tous les biens de la fortune. Mais, quand même il se trouverait quelque homme, d'âme assez basse pour préférer l'argent à l'honneur, et qui s'avilirait jusqu'à vendre la science au plus offrant comme un épicier, au lieu de la répandre comme une rosée bienfaisante du ciel, à l'image du Père des lumières, quand même, dis-je, il se trouverait un pareil homme, si misérable et malheureux, vous ne devriez pas le repousser, parce que vous avez besoin de sa marchandise. Ne lui donnez pas d'honneur, puisqu'il en fait peu de cas; rassasiez-le d'argent jusqu'à ce que vous ayez tiré de lui ce dont vous avez besoin, comme vous payez un bon tailleur et un cordonnier habile, pour être bien habillés et bien chaussés, sans trop examiner si ces gens-là mettent leur travail à trop haut prix.

Voulez-vous que votre école réussisse? En dehors des professeurs de sciences, il faut que vous trouviez le moyen d'avoir un bon professeur pour la langue grecque. Le grec doit être, surtout pour nous Grecs, la base et le fondement de toute science. Si les étrangers tiennent la langue grecque en si haute estime, combien plus ne devons-nous pas nous-mêmes cultiver cet héritage de nos ancêtres! Savez-vous, mes amis, que, même dans les deux Chambres du Parlement d'Angleterre, il y a peu de gens qui n'aient quelque notion, grande ou petite, de la langue grecque? De quelle malédiction Dieu a-t-il donc frappé les malheureux Grecs, pour qu'ils aient négligé ainsi cette possession héréditaire et pour qu'ils ne comprennent plus les écrits de leurs aïeux, pour lesquels les savants de l'Europe entière professent un si grand respect? Jusqu'à présent ce qui a empêché la langue grecque de s'étendre et de se répandre chez les jeunes gens, c'était la pauvreté commune, les malheurs de la patrie, et aussi la fâcheuse méthode avec laquelle la langue était enseignée dans toutes les écoles de la Grèce. Quel artisan pauvre, par exemple, pouvait laisser son fils sept ou huit ans à l'école? Et encore, pendant ce long temps, pour y apprendre quoi? Presque rien. Il ne gagnait au bout de tout ce temps que le titre de *logiotatos* (très-savant), avec tout l'orgueil qui en était la conséquence. Vous me jugeriez bien mal, si vous pensiez, mes amis et frères, que je blâme soit les professeurs, soit l'école de Smyrne, qui m'a donné, en somme, les premiers éléments de ma très-mince instruction. Toutes les écoles de la Grèce étaient et sont encore comme celle-là. Est-ce la faute des professeurs? Non. Ils enseignent aux autres ce qu'ils savent, et de la façon dont ils l'ont appris des autres. Lorsque le malheur est commun à toute la race, et que la nation tout entière souffre, les récriminations et les injures n'ont plus raison d'être. Qui donc, en effet, aurait pu faire à un autre un reproche, sans s'exposer à entendre le mot : « Que celui qui est sans péché lui jette la première pierre ! » En ce cas, il n'y a place que pour les pleurs et les gémissements. Grâce à Dieu, cependant, à en juger par l'enthousiasme et le zèle que je vois aujourd'hui dans la nation, le temps est venu où les gémissements vont se changer en joie et en transports d'allégresse. C'est vous surtout, mes amis, tous riches et honorés primats de chaque ville, que la divine Providence a désignés pour consoler et réjouir la nation ! Cherchez donc, et vous le trouverez, un professeur de langue grecque. Et si vous voyez que votre professeur n'emploie qu'une seule grammaire, s'il ne lui faut pas, plus de trois ans pour enseigner la langue grecque, alors, n'en doutez pas, vous avez trouvé le maître dont vous parle Coray.

Pour que la langue grecque soit enseignée comme il convient, il est nécessaire que vous vous occupiez de vous procurer aussi un professeur de latin. Dans l'état où se trouvent les études, personne ne peut se flatter de savoir complètement le grec s'il n'a en même temps la connaissance du latin, ni le latin, s'il ne sait le grec. Celui qui vous dira le contraire ou se trompe ou veut vous tromper. Cependant, comme il n'est pas possible d'avoir tout à la fois et en même temps, au moins faut-il que votre professeur grec sache aussi le latin. En dehors du professeur de latin, il vous faut encore un professeur de français, sans lequel, comme je vous l'ai dit plus haut, aucun Grec aujourd'hui ne peut se flatter d'avoir reçu une bonne éducation.

Mais quelle utilité peuvent avoir pour vous les professeurs grecs, latins et français, et les professeurs de sciences, sans une bibliothèque? De livres grecs, vous en avez très-peu, et presque aucun pour les sciences. Voulez-vous que votre école réussisse? Il faut commencer par établir une bibliothèque riche et bien choisie. Il n'est pas nécessaire qu'elle soit ainsi dès le commencement, mais il est urgent que vous la commenciez. Pour le moment présent, il suffit que vous consacriez un nombre de piastres, aussi considérable que vous le permettront les circonstances, à acheter ce qui est le plus indispensable. Ensuite, affectez une rente annuelle pour augmenter votre bibliothèque. Un professeur sans livres, c'est comme un tailleur sans aiguille, sans ciseaux et sans fil.

Excusez-moi, mes très-honorables et très-chers compatriotes, de vous faire encore une observation avant de terminer cette longue épître. Si, comme je n'en doute pas, vous avez le désir ardent de concourir à l'instruction de la nation, il ne suffit pas seulement que vous facilitiez l'étude de la langue grecque et des sciences, il est nécessaire aussi que vous multipliiez les écoles primaires dans lesquelles on enseigne, comme on dit, d'une façon vulgaire, les κολυϐογράμματα, c'est-à-dire, les premières notions de lecture et d'écriture, et, non-seulement que vous les multipliiez, mais il faut encore que vous les amélioriez. La première réforme et la plus nécessaire de toutes est de supprimer absolument cette coutume tyrannique des coups de bâton ! Celui qui enseigne, le bâton dans les mains, doit être envoyé, sans délai, faire paître les cochons ou les ânes, mais il ne faut point lui permettre d'enseigner à des créatures raisonnables. Seconde réforme : celui qui apprend à lire doit apprendre en même temps à écrire. La troisième réforme consiste à faciliter l'enseignement de la langue vulgaire, et je ne vois pas d'autre moyen d'arriver à ce résultat que de ne se servir pour l'enseignement que des livres écrits en langue vulgaire. Il faudrait une autre lettre tout entière pour vous exposer l'utilité qu'un tel système peut produire. Cependant je me borne à un seul exemple, et, comme vous avez du bon sens, vous comprendrez le reste. Ῥίς, en grec ancien, signifie ce que, en grec moderne, on nomme μύτη, le nez. Supposez un enfant de trois ou de quatre ans : lequel de ces deux mots peut-il apprendre à épeler le plus facilement et le plus promptement? C'est sans aucun doute μύτη. Et pourquoi? Parce que c'est le mot qu'il a appris de sa mère, parce qu'il l'entend chaque jour prononcer quand on lui dit : « Mouche ton nez ! » Toutes les nations éclairées de l'Europe aujourd'hui apprennent à lire dans la langue commune qu'elles parlent, et, non contents de cela, tous les chefs de chaque nation honorent et récompensent par des présents les professeurs qui inventent encore de nouvelles méthodes pour faciliter cette première instruction. La chose en est arrivée à ce point qu'il est difficile de trouver même un homme de la campagne qui ne sache au moins lire et écrire! Les infortunés enfants de la Grèce regardent les écoles comme des prisons à cause de la difficulté de l'enseignement et de la tyrannique brutalité des professeurs. Pourtant que voulez-vous que fasse le maître? Il a appris ce qu'il sait, à coups de bâton, lui-même, et il se croirait déshonoré, en quelque sorte, s'il ne se vengeait pas sur le dos des malheureux et innocents enfants des coups qu'il a reçus sur son propre dos de la part de son maître? Ici, au contraire, l'heure de l'école est une heure de fête pour les enfants.

Mais quelle est donc l'utilité si grande que vous attendez d'une telle multiplication et amélioration des écoles primaires, me direz-vous? — L'utilité, mes chers compatriotes, la voici : je la considère comme si nécessaire et si importante que, si, par supposition, quelque savant renommé de notre nation consentait à se faire instituteur primaire pour montrer aux autres et faciliter la manière d'enseigner, je vous le dis sans exagération, dans les circonstances présentes, je le considérerais comme rendant plus de services que beaucoup d'autres professeurs de sciences. La richesse de la science est semblable à la richesse de l'or. Quelle est la nation qui se dit la plus riche? Celle où se trouvent deux ou trois cents personnes possédant d'immenses trésors, et où le reste meurt de faim, ou bien la nation chez laquelle la richesse est divisée en plusieurs mains, selon la profession et la condition de chaque citoyen? Assurément c'est cette dernière, et non pas la première. C'est pour cela que les Hollandais et les Anglais sont des nations riches, et non pas les Espagnols ou les Italiens, bien que, chez ces derniers, on trouve quelques individus aussi riches qu'à Amsterdam ou à Londres. La même chose, mes amis, a lieu pour les sciences. On ne peut pas nommer nation éclairée une nation dans laquelle se trouvent deux ou trois cents hommes très-savants, tandis que la plupart des autres ne savent ni écrire ni lire une lettre. Une nation ne peut se vanter d'être éclairée que le jour où les lumières sont dispersées et répandues chez tous les citoyens, selon la profession et la condition de chacun. Que tous deviennent des savants, cela n'est pas possible, et, si c'était possible, ce ne serait pas une bonne chose. Que celui-là seul qui veut marcher nu-pieds et sans habits se mette à enseigner les mathématiques à tous les tailleurs et à tous les cordonniers. Mais tous, ou au moins la plus grande partie, doivent savoir écrire et lire la langue qu'ils ont sucée avec le lait de leur mère.

Voilà, mes amis, mes frères et mes compatriotes, ce que j'ai à répondre à votre lettre, avec joie et chagrin à la fois, comme je vous l'ai dit en commençant : joie, parce que vous avez réalisé le désir que j'avais de voir les habitants de Smyrne s'occuper de ce bienfait; chagrin, parce que les circonstances ne me permettent pas de faire ce que vous me demandez. Le service que je rends à notre nation est très-mince, mais, si mince qu'il soit, ma conscience me dit qu'en restant ici, je peux le rendre plus grand ; tandis que, si je vais là-bas, il deviendra encore incomparablement plus petit. Cela ne doit point vous affliger. Gardez le zèle que vous m'avez montré, et les professeurs ne vous manqueront pas. Le Père des lumières fera réussir votre entreprise.

Portez-vous bien et soyez heureux.

Tout à vous,

CORAY.

Post-scriptum. — Bien que j'aie terminé ma lettre, mes honorables compatriotes, excusez-moi d'ajouter encore ceci que j'aurais dû me rappeler plus tôt. Je vois dans votre lettre que vous avez l'intention de supprimer le pensionnat de l'école, et vous ferez très-bien. Moi non plus, je n'ai pas une haute opinion de ces pensionnats dont l'utilité n'est nullement en rapport avec les dépenses. Mais, d'un autre côté, je réfléchis que, si vous supprimez le pensionnat, ce sera une injustice pour les enfants des pauvres, et pour ceux-là surtout qui ont la bonne volonté de s'instruire. Or une injustice, mes amis, ne peut jamais profiter. Faire payer les professeurs par le trésor public, c'est encore là une trouvaille des Grecs comme je l'ai dit dans la préface de mon Beccaria. C'est le nomothète (législateur) Charondas qui, le premier, a fondé une école avec des subsides publics ; mais c'est, comme dit l'histoire, pour les enfants des pauvres qu'il l'a fait. Voici donc, selon moi, le moyen qui me paraît le plus convenable et le plus juste pour supprimer le pensionnat, et pour que les enfants des pauvres ne restent pas dans les ténèbres quand ils ont la bonne volonté de s'éclairer. La patrie ne peut pas être la mère des enfants des riches et la marâtre des enfants des pauvres. L'enfant du pauvre est le fils légitime de la patrie, au même titre que l'enfant de l'homme le plus riche.

Que le pensionnat soit supprimé, mais que ce qu'il coûtait soit réparti intégralement sur un nombre déterminé d'enfants, pris parmi les plus pauvres et les plus misérables. Lorsque ce nombre sera atteint, n'en acceptez aucun autre jusqu'à ce que quelqu'un des premiers ait terminé ses études et donné sa place à un autre. Pour expliquer plus clairement ma pensée, supposons que vous ayez trois mille piastres à dépenser pour l'instruction des enfants pauvres. Vous partagez cette somme entre dix enfants, soit trois cents piastres pour chacun. Vous donnez ces trois cents piastres par an au père pauvre ou à la mère pauvre de l'enfant, avec la condition que le quart de cette somme, soit soixante-quinze piastres, soit dépensé en vêtements pour l'enfant qui étudie, en dehors des habits ordinaires que ses parents devraient lui donner, et en quelques livres, les plus nécessaires. Le reste, vous le laissez comme secours aux parents pauvres et aux frères de l'enfant, puisqu'ils ont été privés du secours qu'ils en auraient retiré, s'ils avaient fait apprendre un métier à l'enfant. Ce moyen me paraît bon parce qu'il donne une sorte d'émulation à la fois aux âmes des enfants et et à celles des parents. Votre bon sens, votre zèle et votre philanthropie peuvent vous aider à le rendre encore meilleur, surtout si vous ajoutez à ce secours une idée d'honneur, c'est-à-dire, si vous faites en sorte que le pauvre père et le pauvre enfant ne regardent pas votre secours comme une aumône, mais comme une préférence que vous leur accordez. Et faites-y bien attention, mes chers compatriotes, l'honneur stimule et affermit les bons sentiments ; l'indifférence les glace, les froisse et finit par les anéantir. Et puis, pour dire la vérité, c'est aussi un devoir de la religion que d'honorer ceux qui sont placés au-dessous de nous. Mais, là-dessus, vous n'avez pas besoin que je vous apprenne ce que vous faites si bien de vous-mêmes et que vous entendez chaque jour de la bouche sage et humaine de Jésus : « Prenez garde de mépriser un seul de ces petits. »

De nouveau, je vous souhaite santé, bonheur, et heureux résultat dans votre bonne entreprise.

LETTRE
DE CORAY
AUX
CHIOTES ÉTABLIS A SMYRNE

Très-honorés et très-chers Concitoyens, Chiotes étrangers qui faites le commerce a Smyrne,

Après vous avoir salués du fond de mon cœur, je vous prie tous en commun, et chacun en particulier, d'écouter ces paroles, les dernières, peut-être, d'un vieillard votre compatriote, paroles qui intéressent tous les Grecs en général, et en particulier la gloire et le bonheur de Chio, notre patrie.

Mes chers Chiotes, je suis votre compatriote, non-seulement parce que je dois le jour à un père Chiote, que j'ai fait mon éducation à Chio, et que j'ai passé une grande partie de ma vie avec vous, mais encore parce que j'ai conservé et que je conserve inaltérable mon caractère de Chiote. C'est naturellement pour cela que mon affection et mon penchant pour vous sont si grands que, même lorsque je me trouve en pays étranger, toutes les fois que je rencontre un Chiote, je crois revoir en lui et retrouver mon père défunt.

Cette affection a commencé presque avec ma naissance; mais, lorsque je suis arrivé à l'âge d'agir non plus d'après la disposition naturelle de mon âme, mais d'après la mesure de la valeur de mes sentiments, je vous ai mis dans la balance du bon sens, d'un côté les Chiotes, et de l'autre les Grecs des différentes provinces et des différentes villes, et j'avoue (sans mépriser nos autres compatriotes et frères) que, de tous les Grecs, vous êtes les plus dignes d'estime et d'affection, non pas à cause de votre infaillibilité (qui n'appartient qu'à Dieu seul), mais à cause de vos grands et nombreux mérites que l'envie même ne peut pas vous enlever. Cette conviction, mes chers compatriotes, vous le comprenez bien, a dû faire naître dans mon âme une légitime fierté. Depuis l'heure où j'ai fait cette comparaison, j'ai commencé à me vanter, et devant mes compatriotes et devant les étrangers, d'être un Chiote, « l'os des os et la chair de la chair de mes Chiotes bien-aimés », et à rendre grâces à Dieu, d'abord de m'avoir créé homme, en second lieu, de m'avoir fait Grec, en troisième lieu de m'avoir donné l'honneur de naître parmi les gens les plus sensés de toute la race grecque. Comme tel, mes chers Chiotes, j'ai toujours fait votre éloge, et dans mes ouvrages écrits en grec, et dans ceux écrits en français. Je vous ai toujours représentés comme vous êtes à toute l'Europe éclairée, non point à cause de notre parenté ni de notre amitié, mais avec impartialité, en raison de cette justice qui fait, sous peine de déshonneur, un devoir, à tout homme honnête, de ne pas tremper sa plume dans la boue de la flatterie, ni d'honorer des hommes indignes d'estime.

Mais vous ne pouvez pas comprendre à quel point se sont augmentés et mon amour et mon respect pour les Chiotes, depuis que j'ai appris que, par votre conduite prudente et par votre zèle pour l'instruction de la Grèce, vous justifiez tous les éloges que j'avais adressés aux Grecs de Chio. Ce zèle, mes chers compatriotes, m'encourage à vous soumettre un projet digne des Chiotes. Puisqu'il vous a été donné de rendre faciles les choses difficiles, et de rendre possibles les choses qui semblaient impossibles à tout le monde, je vous prie d'écouter encore votre vieux compatriote avec attention et bienveillance, et avec la ferme conviction qu'il ne veut rien vous dire que ce qui peut concourir au bonheur et à la gloire de la Grèce. Les jours que je dois vivre encore sont très-bornés ; pourquoi remettre à quelque autre moment ce que je pourrais avoir d'utile ou de glorieux à conseiller à mes chers compatriotes ?

Lorsque j'ai appris, Chiotes philhellènes, que les habitants de Smyrne, touchés par le bon exemple que vous et les habitants de Cydonie vous leur aviez donné, avaient appelé comme professeur le très-savant Koumas, il m'est impossible de vous exprimer la joie que cette agréable nouvelle a causée à mon âme. J'ai, comme témoins de cette joie, et quelques-uns de nos compatriotes qui se trouvaient ici, et les lettres que j'écrivais alors à mes amis de Smyrne. Cela me paraissait un présent inestimable de la Providence et du Père des lumières, qu'au moment même où les habitants de Smyrne, réveillés de la torpeur de l'ignorance, se mettaient à rechercher les leçons de l'Europe éclairée, il se fût rencontré, à point nommé, un professeur tel qu'il eût été difficile de le trouver, même avec la lanterne de Diogène. Koumas, mes chers compatriotes, est un de mes meilleurs amis. Vous feriez cependant injure à votre compatriote, si vous aviez le plus petit soupçon que c'est l'amitié qui me le fait louer outre mesure. On m'a fait bien des reproches dans ma vie, mais jamais la flatterie n'a souillé mon âme. Koumas, en dehors de son savoir consommé, possède aussi ce sans quoi la science n'a aucune valeur, c'est-à-dire l'intelligence et le bon sens; il a un zèle infatigable pour le progrès de la Grèce; il a des mœurs irréprochables; en un mot, il a tout ce que doit avoir celui qui veut servir la Grèce dans les malheureuses circonstances présentes[1]. C'est pour toutes

---

[1]. Constantin KOUMAS était né à Larissa, en Thessalie, en 1777. Il commença par suivre les cours de l'école voisine de *Tirnovo*, où, grâce à ses aptitudes naturelles pour les mathématiques et à l'amitié que lui témoigna un médecin qui s'occupait particulièrement de ces sciences, il les étudia de pair avec la langue et la littérature grecques. En 1798, il fut nommé professeur à l'école de sa ville natale, et il y traduisit l'ouvrage de Cail sur les *Sections coniques*.

En 1803, il passa comme professeur à l'école plus importante de la ville d'Ampelakia, en Thessalie. Mais la dure oppression d'Ali-Pacha de Janina lui fit saisir avec empressement l'occasion qui se présentait à lui de partir pour Vienne. Tout en y enseignant le grec dans la maison d'un de ses riches compatriotes, il continua à l'Université de Vienne ses études de mathématiques, s'occupant en même temps de ses traductions ou de compilations d'ouvrages sur cette science. En 1809, à l'instigation de Coray, il fut invité par les Grecs de Smyrne à prendre la direction de l'école nouvellement

ces qualités de mon ami Koumas que je trouvais les habitants de Smyrne bien heureux de ce que la divine Providence le leur eût réservé ; car, étant plus riches que dans beaucoup d'autres villes, ils ont par conséquent besoin de plus d'instruction et d'éducation. Mes chers compatriotes, l'expérience a démontré que, entre deux personnes privées d'instruction, de même qu'entre deux nations privées de lumières, la plus riche est la plus à plaindre. Si, même dans ces nations éclairées, il est si rare de voir des gens user sagement de leur fortune, que doit-on attendre des riches dans les nations qui ne sont pas éclairées ?

fondée dans cette ville : mais les discussions que ce nouvel établissement provoqua de la part des protecteurs de l'école préexistante en amenèrent la dissolution en 1810. Koumas fonda alors à Smyrne une école privée. Les succès en furent tels que ses anciens adversaires lui firent publiquement des excuses en 1812, et, oubliant leurs dissensions passées, érigèrent son école en établissement communal. En 1814, Koumas fut obligé, pour obtempérer à l'invitation du Patriarcat, de se rendre à Constantinople afin d'y prendre la direction de la grande école nationale. Mais son cœur restait attaché à Smyrne, et il y revint bientôt reprendre le cours de son enseignement dans l'école qu'il avait fondée.

En 1817, il partit de nouveau pour Vienne, dans le but d'y faire imprimer les divers ouvrages qu'il avait écrits pendant ce temps. Il y demeura jusqu'en 1819, puis il visita d'autres villes universitaires de l'Allemagne où il reçut les plus grands honneurs. A peine de retour à Smyrne, à la fin de 1820, il en fut chassé par la tourmente révolutionnaire. Retiré à Trieste, il continua à s'occuper de ses travaux littéraires. Son principal ouvrage (l'*Histoire universelle*) fut publié de 1830 à 1832 en 12 volumes. Il se préparait à retourner dans la Grèce devenue libre et érigée en royaume, lorsqu'il mourut du choléra, à Trieste, le 1er mai 1836.

Ses œuvres complètes forment un total de 45 volumes. Outre l'*Histoire universelle* et les divers ouvrages de mathématiques, il écrivit une grammaire qui a longtemps servi de livre d'études dans les écoles grecques. On a également de lui une excellente traduction de l'*Agathon* et des *Abdérites* de l'Allemand Wieland, ainsi que de la Géographie de Balbi. Il a aussi publié un dictionnaire grec. (Voyez Sathas, *Littérature néo-hellénique*, p. 676, et A. Goudas, *Vies parallèles des Grecs modernes*, vol II.)

C'est pour cela que j'espérais que les habitants de Smyrne auraient reçu Koumas comme un présent du ciel, avec tout l'empressement qui était dû à sa science et à sa vertu, et c'est ainsi, paraît-il, qu'ils ont apprécié, en quelque sorte, ce présent de Dieu, et qu'ils l'ont reçu au commencement. Mais maintenant (chose inattendue) j'entends dire qu'ils ont laissé le professeur et son école sans lui donner les secours nécessaires. A qui faut-il attribuer la cause de ce changement? Je suis trop loin de vous pour le savoir. Mais, comme il me paraît impossible que les habitants de Smyrne soient arrivés à une telle aberration d'esprit en ce qui concerne la Grèce, je présume que c'est l'œuvre de quelques personnes, non point méchantes (il n'en est aucune de ce genre parmi les principaux personnages de Smyrne), mais de quelques personnes trop simples que le démon a poussées à rejeter hors de leur malheureuse ville les lumières que le ciel leur envoie. Quel autre que le démon, en effet, peut souhaiter cela? Excepté au démon, à qui cela peut-il profiter, que les hommes soient privées des lumières de la science? Lui, il est le père des ténèbres; il habite les ténèbres, et de là vient qu'il redoute naturellement les sciences autant que les voleurs redoutent les lanternes. Mais, que ceux qui ont mal agi ainsi soient plus ou moins nombreux, qu'ils soient des hommes simples et bons, que ce soit un seul démon ou bien toutes les légions de l'enfer liguées ensemble, il n'en est pas moins vrai que tous se sont réunis pour briser les lanternes de la malheureuse Smyrne. Quoi qu'il en soit, mes chers compatriotes, et vous le comprenez vous-mêmes, vous n'avez pas besoin que je vous dise la honte qui rejaillira sur nous tous, si Koumas, indigné de l'insensibilité des habitants de Smyrne, vient à abandonner et leur ville et la Grèce tout entière, pour revenir avec ses lumières dans cette Europe d'où il les a prises. L'état présent de notre nation, mes très-chers Chiotes, ne ressemble pas à l'état dans lequel elle se trouvait il y a trente ans. Alors l'Europe nous méprisait, comme une nation ignorante, comme des descendants indignes d'illustres aïeux. Pour parler plus justement même, elle ne nous méprisait pas; mais, ce qui est plus humiliant encore que le mépris, elle ne parlait en aucune façon des Grecs, comme si la race grecque était effacée de la face de la terre. Maintenant, depuis que vous, fils légitimes de la Grèce, vous vous êtes occupés de doter Chio d'un enseignement scientifique, depuis que ceux de Cydonie ont fait de même pour leur patrie et que les habitants de Constantinople se sont adonnés également à l'étude des sciences, maintenant on commence, en Europe, à s'occuper avec intérêt et curiosité de ce que nous faisons, nos ennemis, pour s'en moquer, comme des dernières convulsions d'un mourant, nos amis, pour les encourager, comme des signes précurseurs d'une résurrection de l'enfer contre la mort. Il m'est impossible de vous écrire tout au long le plaisir qu'a procuré à tous les amis de la Grèce la nouvelle que la grande ville de Smyrne avait établi un Collège de sciences, et y avait appelé, comme professeur, Koumas dont le savoir est connu et apprécié même en Europe; de même qu'il est impossible de vous expliquer combien cette même nouvelle a été désagréable à ceux qui vomissaient contre notre malheureuse patrie des injures que personne n'aurait osé proférer même contre les sauvages de l'Afrique. Des savants de Paris viennent souvent chez moi pour me demander : Que deviennent les Chiotes, les gens de Cydonie, ceux de Smyrne ? Quels progrès font-ils dans l'instruction ? Et cela avec le même intérêt, la même espérance, que mettrait un frère à demander des nouvelles de son frère malade, et à s'informer de son état. Je suis obligé, mes chers Chiotes, au nom de mon amour, et par mon amour même de ma patrie, de leur dire souvent, non-seulement ce que vous avez fait jusqu'à présent, mais ce que vous auriez pu faire et ce que vous n'avez pas encore fait. La raison en est (je vous prie d'écouter sans mécontentement la vérité que je suis obligé de vous confesser en ce moment) que je m'étonne et m'afflige souvent, en pensant que tant de riches maisons de commerce chiotes, à Chios, à Smyrne, et dans d'autres villes grecques, réunies ensemble, n'aient pas pu réussir à faire même une minime partie de ce qu'a fait la seule maison des frères Zosimas [1]. Et pourtant, mes amis, votre amour pour la Grèce n'est pas moindre que celui des frères Zosimas ; vos âmes ne sont pas moins élevées que les âmes des Zosimas ; votre sang n'est pas moins grec que celui des Zosimas. Quel démon s'acharne donc à refroidir votre amour, à enchaîner le louable entraînement de vos âmes vers le bien, à glacer votre sang dans vos veines et à vous priver des bénédictions infinies que les patriotes Zosimas reçoivent pendant leur vie, et qu'ils recevront encore davantage après leur mort? Mais laissons ce démon se démener comme il lui plaît et revenons aux Européens. Je vous demande, mes Chiotes bien-aimés, quelle indignation ne doivent pas ressentir les amis de la Grèce et quels tressaillements de joie ne doivent pas éprouver ses ennemis, lorsqu'ils apprendront que le zèle

---

[1]. Le nom de ces Mécènes de la Grèce moderne jouit à juste titre de la reconnaissance publique. Les cinq frères qui l'ont porté, issus d'une honorable famille de Jannina et ayant amassé une grande fortune, ne se marièrent point pour se consacrer à leur pays. Ils étaient nés à Jannina vers le milieu du XVIIIe siècle. Le plus jeune mourut à Moscou vers 1844. Ils furent les fondateurs des principales écoles dans leur ville natale et dans toute l'Épire. Ils supportèrent tous les frais des éditions de divers ouvrages de E. Bulgaris, de Théotoky et principalement de Coray, et faisaient distribuer ces livres dans les écoles de la Grèce. Leur bourse était toujours généreusement ouverte pour subvenir aux besoins de leurs compatriotes, lors de la guerre de l'Indépendance, et, non contents de ces largesses, qu'ils faisaient de leur vivant, ils léguèrent intégralement toute leur fortune à la Grèce pour la propagation de l'instruction publique.

Du reste, ils n'ont pas été les premiers à faire un aussi noble usage de leurs richesses, en Grèce, et leur exemple n'a pas cessé d'être suivi. La presque-totalité des établissements de philanthropie ou d'enseignement à Athènes et dans le reste de la Grèce est due à la générosité des patriotes riches. Mais la munificence continue des Zosimas est restée légendaire. Il faut ajouter que ce sont surtout leurs compatriotes de l'Épire qui, inspirés par un noble sentiment d'émulation, se sont de tout temps attachés à les imiter.

montré par les habitants de Smyrne au commencement n'était qu'un zèle léger, qui n'a fait que briller pour s'éteindre, comme un feu de paille ; lorsqu'ils concluront d'après cela que le zèle des Chiotes et des gens de Cydonie s'éteindra de même, et que les Grecs vaniteux vont de nouveau redevenir une nation ignorante et indigne du nom d'Hellènes, une nation descendant des Scythes, bien plutôt que des Grecs, objet de honte et de mépris pour tous les peuples de la terre.

Au nom de la Résurrection de la Grèce, mes chers compatriotes, ne pouvant en ce moment retenir mes larmes, je prie Dieu de fermer mes yeux, de boucher mes oreilles, ou plutôt de lancer, du haut des cieux, son tonnerre pour m'écraser, avant de me laisser voir et entendre cette horrible honte de ma patrie ! Mais non ! non ! Dieu ne peut pas permettre cela ! Il a assez châtié les Grecs. Les jours de sa colère sont passés, et le jour joyeux du pardon et de la miséricorde s'est enfin levé ! Comme il a préparé la Résurrection de la Grèce, de même il a préparé les Chiotes pour en être les instruments les plus efficaces. Désignés par Dieu pour cette œuvre si glorieuse, devant lui en rendre compte dans l'avenir si vous méprisez l'honorable entreprise pour laquelle il vous a appelés, écoutez, mes frères respectés et bien-aimés, ce que demande, ce qu'attend de vous, comme de ses enfants les plus distingués, notre mère commune, la patrie, la malheureuse Grèce.

En premier lieu : convoquez les plus sages des primats de Smyrne, et ceux dont le zèle est le plus grand pour le bien public, et représentez-leur d'une manière fraternelle l'utilité et la gloire qu'ils tireront de la protection accordée aux sciences, de même que la honte qui rejaillirait sur eux-mêmes si on apprenait que, se trouvant entre les habitants de Chio et de Cydonie si amis des sciences, ils étaient cependant arrivés à un tel degré d'insensibilité que les bons exemples même ne fissent plus rien sur eux. Pour que cela n'arrive pas, consultez-vous avec eux comme des frères, et comme les enfants d'une même mère, la Grèce, pour savoir quelles sont les dépenses annuelles et les frais que vous devez faire afin de soutenir l'école et son directeur, Koumas. Comme la plupart des gens de Smyrne ont compris quel besoin la Grèce en général et leur ville en particulier ont de l'instruction, je suis certain que leurs âmes se joindront avec bonheur aux vôtres pour conserver et garder précieusement le présent que Dieu leur a envoyé du ciel.

Si cependant (ce que je ne croirai jamais, même quand je l'entendrais dire) les habitants de Smyrne se montrent sourds à la voix de leurs frères de Chio, à la voix de la Grèce, leur mère et leur patrie, comme personne n'a le droit de les obliger à payer une chose dont ils ne connaissent pas le prix, que la gloire et l'honneur en demeurent aux Chiotes, et la honte aux habitants de Smyrne, qui ont bien voulu de leur propre gré s'en couvrir de la tête aux pieds. Mais, outre l'honneur que votre zèle mérite, mes chers Chiotes, vous en acquerrez et vous en recevrez un plus grand encore pour une autre œuvre qu'il vous faut faire si la première ne réussit pas.

Représentez-vous à vous-mêmes, mes chers compatriotes, que la peste a éclaté à Smyrne, et qu'au lieu de moissonner indifféremment les hommes de tout âge, elle a choisi de préférence tous les pères, et a laissé les enfants orphelins ; de quel autre nom en effet peut-on appeler ceux auxquels les pères n'ont pas songé à donner de l'instruction ? Figurez-vous que tous ces orphelins (tous ceux à qui les pères n'ont pas songé à donner de l'instruction), tous ces innocents pauvres petits enfants de Smyrne ont recours à vous, et, vous baisant les mains, se jettent à vos pieds, les larmes aux yeux, et vous demandent pitié, compassion et secours..., avant que vous ouvriez la bouche, patriotes habitants de Chio, j'ai déjà deviné ce que vous auriez répondu, émus par ce triste spectacle : « Ne vous affligez pas, pauvres petits orphelins de Smyrne ; à partir d'aujourd'hui, vous êtes les enfants de Chio, et, si vos pères naturels ont résolu de vous priver des lumières de l'instruction, nous autres, nous ne souffrirons pas une aussi barbare résolution. L'école des sciences de Smyrne sera entretenue aux frais des Chiotes. Consolez-vous donc, nos enfants bien-aimés, et dites à vos parents morts que vous avez pour pères les Chiotes. » Il faudrait, mes chers compatriotes, que vous fussiez présents maintenant pour comprendre, par l'altération de mes traits, par le frissonnement de tout mon corps, ce qu'éprouve mon âme. Cela seul suffit pour immortaliser le nom des Chiotes ; cela seul est capable de montrer que vous surpassez en philanthropie nos ancêtres, les anciens Grecs eux-mêmes. Oui, mes chers amis, vous les surpassez, et voici comment, car je trouve dans l'histoire grecque des exemples nombreux d'une semblable philanthropie envers des enfants. Le premier est celui des habitants de Trézène : lorsque les Athéniens furent obligés d'abandonner Athènes pour aller combattre les Perses sur mer, ils envoyèrent à Trézène leurs femmes avec leurs enfants, et les immortels habitants de Trézène non-seulement les accueillirent avec joie, mais encore votèrent en commun les dépenses nécessaires pour payer les maîtres indispensables à leur instruction, pendant tout le temps que leurs pères combattraient pour la patrie. Le second exemple est des Athéniens, qui avaient fait une loi par laquelle ils s'engageaient à nourrir et à instruire, aux frais du trésor public, les enfants orphelins de tous ceux qui étaient morts pendant la guerre. Mais les Athéniens et les gens de Trézène montraient cette philanthropie pour les enfants de parents qui avaient sacrifié leur propre vie à la gloire de la Grèce, et dans l'espérance qu'ils imiteraient eux-mêmes plus tard leurs parents ; tandis que vous, vous aurez montré cette philanthropie pour les enfants de parents qui haïssent tant la Grèce qu'ils se sacrifient eux-mêmes, de leur propre volonté, et cherchent à sacrifier leurs enfants à la peste de l'ignorance. Ceux-là, en élevant et en soignant des jeunes gens, se préoccupaient de ne pas laisser compromettre l'avenir et la prospérité de la Grèce ; et vous, avec un égal empressement, vous montrerez que votre but est la régénération de la Grèce assoupie. Autant donc il est plus difficile de guérir un malade que de préserver de la maladie un homme en santé, de ressusciter un mort que de préserver un vivant de la mort, autant votre philanthropie sera trouvée plus grande et plus glorieuse que celle de vos ancêtres. Par là, au nom de la miséricorde de Dieu, mes chers compatriotes, au nom de l'amour que nous portons tous à la patrie, notre mère commune, ne laissez pas échapper l'occasion d'une si grande gloire pour vous ; emparez-vous-en comme d'un présent de la divine Providence, et devenez les fondateurs, les protecteurs et les directeurs de l'école de Smyrne. Proclamez-vous les pères et les tuteurs des orphelins de Smyrne. Pour cette œuvre glorieuse, très-sages Chiotes, il vous faut demander l'aide et le concours de la confrérie de vos compatriotes, les Chiotes de Constantinople, auxquels, si vous le jugez à propos, vous pouvez envoyer la copie de ma très-humble supplique.

Après avoir pris sous votre protection l'école de Smyrne, il est juste et il faut de toute nécessité que cette école s'appelle l'école des Chiotes, pour que le souvenir du concours philanthropique que vous aurez donné aux orphelins de Smyrne reste ineffaçable. Ce n'est pas la première fois que les Chiotes ont fait du bien aux Smyrniotes. L'ancienne école n'était-elle pas aussi un bienfait des Chiotes ? Et, s'il était possible de faire revivre son fondateur, feu Saré Pantélis, il est hors de doute qu'il doterait cette nouvelle école beaucoup plus richement, non point par mépris de l'ancienne, mais par cette très-simple règle du bon sens, que tous les sophismes de l'enfer ne pourront empêcher celui qui n'aura pas complètement perdu la tête, de comprendre. Quelle est cette règle ? « C'est que comme, de deux maux, l'homme sage choisit toujours le moindre, de même, de deux biens, il doit choisir toujours le plus grand. » Voilà ce qu'enseignent la sagesse, la philosophie, notre sainte religion. Toutes les choses que l'on nous a apprises jusqu'à présent étaient bonnes, et nous en devons de la reconnaissance à nos maîtres, car ils nous ont enseigné ce qu'ils savaient ; mais l'état présent de la Grèce réclame une instruction meilleure, plus régulière, plus savante et plus utile, telle qu'est, sans aucun doute, l'instruction que l'on reçoit en Europe et telle que l'ont déjà reçue avec beaucoup de peine, il n'y a pas longtemps, un grand nombre de nos compatriotes qui sont dans les ordres, feu Eugène Bulgaris [1], feu Théotoky [2], l'archevêque

1. Eugène BULGARIS naquit à Corfou en 1716. Son nom de baptême était *Éleuthère;* il le changea en celui d'*Eugène,* selon la coutume des Grecs qui, en entrant dans les ordres, prennent un nom nouveau, commençant le plus souvent par la même lettre initiale que l'ancien. Il fit ses études d'abord à Corfou, ensuite à Arta et à Jannina, où il prit de bonne heure les ordres ecclésiastiques; de là, il se rendit à l'université de Padoue. En 1742, il fut appelé à la direction de l'école de Jannina d'où il passa en 1750 à la direction du collège de Cozane en Macédoine, qu'il conserva jusqu'en 1754, époque où il fut nommé, par le Patriarcat, directeur de l'école que l'on venait de fonder au mont Athos. Bientôt après, il fut appelé comme professeur de philosophie à l'école de Constantinople. De cette ville, il se rendit à Leipzick afin d'y faire imprimer ses ouvrages. En 1766, il publia sa *Logique;* en 1767, une traduction de l'histoire des mathématiques de Segner; en 1768, une traduction anonyme de l'ouvrage français sur les *Troubles de la Pologne.* En 1769, il se rendit à Berlin, où il fit la connaissance de Frédéric le Grand et de Voltaire. Sur les instances du roi de Prusse, il traduisit en grec l'introduction de l'impératrice Catherine aux codes qu'elle promulguait, et il publia cette traduction en 1771.

Catherine invita alors Eugène Bulgaris à venir à Saint-Pétersbourg, où il publia divers ouvrages. En 1775, il fut nommé par l'empereur Paul archevêque de Cherson. Il ne tarda pas à s'y faire donner comme coadjuteur son compatriote Théotoky, et, lui laissant tous les soins de l'administration, il se remit de nouveau à l'étude. C'est alors qu'il traduisit en grec ancien et en vers les *Œuvres de Virgile;* en 1786, il publia à Saint-Pétersbourg les *Géorgiques,* et en 1791, l'*Énéide,* en quatre volumes in-folio, magnifiquement imprimés. On a encore de lui de nombreux ouvrages de controverse religieuse. Il mourut en 1806, dans le couvent de Saint-Alexandre Newsky, où il s'était retiré.

La liste de ses ouvrages, publiée par M. Sathas (*Littérature néohellénique,* pag. 566 et suiv.), contient vingt-six œuvres originales et trente-une traductions d'ouvrages divers. (Voyez aussi Goudas, *Vies parallèles des Grecs modernes,* vol. II.)

2. THÉOTOKY (Nicéphore, son nom était Nicolas avant qu'il fût

de Philadelphie Proïos, digne de vivre encore de longues années ; telle que, dans le but de l'acquérir pour l'utilité et la gloire de la Grèce, beaucoup de nos prêtres, de nos diacres et des laïques parcourent aujourd'hui l'Europe ; car ce que nous appelons aujourd'hui les lumières de l'Europe, ce ne sont pas véritablement les lumières de l'Europe, mais les lumières de nos ancêtres. Si les Européens ont augmenté la richesse qu'ils ont reçue de la Grèce, cette richesse n'est pas pour cela devenue leur propriété. La science est un produit du sol grec que notre mauvaise fortune a déraciné et a porté chez eux. Au lieu, chers compatriotes, d'envoyer beaucoup de nos concitoyens demander aux Européens le fruit de cette semence, n'est-ce pas une honte, commune à tous les nôtres, de renvoyer même ceux de nos frères qui viennent la déposer à vos pieds pour la transporter de là dans toute la Grèce? Non, sages Chiotes, vous ne permettrez pas que la Grèce souffre une honte si déplorable ! Figurez-vous que la patrie de tant d'hommes illustres, poètes, orateurs,

entré dans les ordres) naquit à Corfou en 1736, d'une noble et ancienne famille ; ses parents l'envoyèrent de bonne heure en Italie, où il fit ses études dans les universités de Bologne et de Padoue. De retour dans son pays, il entra dans les ordres et s'adonna à la prédication. Il était en même temps professeur de sciences physiques et mathématiques à l'école de Corfou, sa ville natale.

Appelé à Constantinople pour remplacer Eugène Bulgaris dans la chaire de philosophie que celui-ci avait abandonnée, il ne tarda pas, à l'exemple de son prédécesseur à se rendre à Leipsick pour y publier ses *Sermons de carême*.

Vers 1772, nommé directeur de l'école grecque de Jassy en Moldavie, il fut appelé par Eugène Bulgaris, devenu archevêque de Cherson, pour être son coadjuteur. Bulgaris s'étant démis de ses fonctions en 1779, ce fut Théotoky qui le remplaça et qui fut promu à l'archiépiscopat. Il donna, lui-même, quelques années après, sa démission et se retira dans un couvent près de Moscou, où il mourut en 1801.

On a de Théotoky plusieurs ouvrages ; mais son œuvre principale, ce sont ses *Sermons*, qui, écrits dans une langue pure et facile, et inspirés par un sentiment élevé de piété et de morale, continuent à jouir d'une grande popularité en Orient. (Voyez Sathas, ouvrage cité, p. 583 et Goudas, *Vies parallèles des Grecs modernes*.)

historiens, philosophes, médecins, généraux, législateurs, héros, maîtres habiles en tout art et en toute science, vous la voyez devant vous dans votre assemblée ; figurez-vous que vous la voyez, nue, couverte de blessures, montrant le sein par lequel elle vous a nourri, et vous demandant, pour récompense, le moyen de pouvoir couvrir sa nudité, panser ses plaies, fermer la bouche de ses ennemis. Figurez-vous que tous les hommes illustres que je viens de vous rappeler se sont levés du tombeau de la Grèce obscurcie d'aujourd'hui, assistent, immobiles, à l'assemblée des Chiotes, et attendent ce que vous allez décider. Figurez-vous avec quelle joie ils apprendront une résolution si digne de la Grèce, et, si elle en est indigne, avec quelle indignation ils retourneront dans le séjour des morts. Si les habitants de Smyrne ferment les yeux pour ne pas voir les plaies de leur mère et de leur patrie; s'ils se bouchent les oreilles pour ne pas entendre ses lamentations, montrez, avec cette pitié que vous lui devez et cette philanthropie que vous devez aux orphelins ignorants de Smyrne, que vous êtes, vous, les véritables enfants de la Grèce.

S'il m'est permis de comparer les petites choses aux grandes, ma faible voix à celle de la patrie, mes larmes à celles de la Grèce, figurez-vous que moi aussi, votre vieux compatriote, j'assiste à votre assemblée, et que je vous dis, de vive voix, ce que la grande distance qui nous sépare m'oblige à vous écrire ; vous priant tous en général, et chacun en particulier, baisant et mouillant vos mains et votre visage, de mes larmes brûlantes, vous conjurant, par la miséricorde de Dieu, par l'amour que nous portons à notre commune patrie, de ne pas laisser dire dans l'Europe civilisée, de ne pas laisser nos ennemis proclamer dans leurs journaux, que les habitants de Smyrne, dédaignant l'exemple des habitants de Chio et de Cydonie, ont renié leur parenté grecque et ont résolu de rester dans l'ignorance comme s'ils étaient les descendants des sauvages de l'Afrique. Je n'ai pas à vous en dire davantage, bien convaincu que vous ne voudrez pas faire mentir ce que j'attends de vous et ce qu'en attend la Grèce tout entière. Je vous souhaite à tous le bonheur qu'il est impossible de posséder sans les lumières de l'instruction.

CORAY,
médecin de Chio.

8 novembre 1810.

APPENDICE

LETTRES FRANÇAISES

INÉDITES

DE CORAY

ADRESSÉES

A M. P. PREVOST DE GENEVE

La publication des *Lettres inédites de Coray à Chardon de la Rochette* a eu le résultat que nous en espérions. Comme le regretté M. Brunet de Presle le souhaitait dans sa préface, les possesseurs des lettres inédites de Coray se sont empressés de nous communiquer soit les autographes mêmes, soit les copies des lettres qui étaient en leur possession. Quelques-unes de ces lettres ont pu trouver leur place dans le volume alors sous presse. D'autres nous sont parvenues après la publication. De ce nombre se trouvaient celles que nous imprimons ici. Nous avons cru intéressant pour les lecteurs de l'Annuaire de l'Association pour l'Encouragement des études grecques en France, de leur donner, à ce moment, la primeur de ces lettres adressées par Coray à son ami M. Pierre Prevost, professeur de philosophie à Genève et helléniste distingué. Elles ont été communiquées, en partie, par M. Adert, un des fondateurs de cette Association, à son savant président honoraire M. Egger, dont le rôle, comme l'a dit avec tant de justesse M. G. d'Eichthal, est celui d'une providence pour tout ce qui touche aux études grecques. Depuis longtemps déjà M. Adert, de Genève, avait demandé et obtenu, de M. Prevost, la copie d'une partie des lettres que Coray avait adressées à ce savant. Dès qu'il connut la publication des lettres de Coray, il envoya cette copie à M. Egger qui s'empressa de nous la communiquer. Nous nous sommes mis aussitôt en rapport avec M. Guillaume Prevost[1], détenteur des papiers de son père, qui, avec une obligeance dont nous sommes heureux de le remercier publiquement, voulut bien nous faire copier par son frère les vingt et une lettres adressées par Coray à son père et nous donner gracieusement l'autorisation de les publier.

Après la mort de Coray, M. Prevost père publia, dans la Bibliothèque universelle de Genève (août 1833), *Quelques Notes relatives au docteur Coray*. Le manque d'espace nous prive du plaisir de reproduire ces pages que les curieux pourront retrouver dans le recueil où elles ont été insérées. Nous nous en sommes servi cependant pour les notes que nous avons mises au bas de quelques-unes de ces lettres sur lesquelles cette notice donne de précieux renseignements que l'obligeance de M. G. Prevost a bien voulu compléter.

Cette correspondance fait connaître Coray sous un jour tout nouveau pour nous, en le montrant incessamment occupé de ce qui concerne l'instruction à donner aux jeunes Grecs de bonnes familles que leurs parents lui adressaient, comme au représentant le plus autorisé de la Grèce en Europe. Sous ce rapport, elle est un complément intéres-

---

[1]. M. Guillaume Prevost, docteur en droit, a exercé pendant trente ans la magistrature à Genève, son pays natal. Il est question de lui dans une des lettres de Coray que nous imprimons plus loin. On nous saura gré, pensons-nous, de transcrire ici le passage d'une de ses lettres qui montre combien il était digne d'apprécier Coray : « J'ai encore présent à la mémoire, nous écrit-il, le temps où ces lettres de 1818 à 1830 arrivaient à mon père, et où je dévorais avec lui les livres qui lui étaient envoyés. Je me rappelle enfin le chagrin que mon père éprouva en 1821, lorsqu'il apprit la dévastation de Chio (patrie de Coray), dont la bibliothèque venait d'être formée et qui fut détruite. C'est à cette bibliothèque que mon père avait envoyé une collection de ses œuvres et de ses traductions. »

sant des deux grandes lettres précédentes adressées aux habitants de Smyrne et à ceux de Chio.

Les relations de M. P. Prevost avec Coray remontaient au commencement de ce siècle, et durèrent jusqu'à sa mort, par conséquent plus de trente ans sans interruption [1].

« En 1802 et 1803, dit-il dans sa notice, je commençai avec Coray une liaison indirecte, par l'entremise d'Alexandre Basili, qui me fit connaître la traduction grecque du *Traité des délits et des peines*, que Coray avait faite dans le but d'initier ses compatriotes aux principes de la justice. Alexandre Basili, négociant grec, établi à Vienne, avait fait les frais de l'édition d'Héliodore que Coray venait de publier. Il m'exprimait assez naïvement, dans une lettre du 22 décembre 1804, les motifs de sa préférence pour cet auteur [2] :

« Parmi tous les romans que j'ai connus dans notre langue, c'était le seul que j'eusse lu avec quelque satisfaction... Une édition pompeuse de Longus, à laquelle notre ami Coray avait fourni des notes, m'a fait venir l'idée de faire une nouvelle édition d'Héliodore, comme valant, à tous égards, mieux que Longus, et j'ai engagé Coray à l'entreprendre. Je vois maintenant que l'ouvrage ne vaut pas, à la vérité, les romans anglais et français ; mais j'espère que les notes de Coray le rendront digne d'attention, et que, faute de mieux, l'ouvrage est encore bon pour nous, nonobstant les μῦθοι καὶ τὰ ἀπίθανα ὅπων γέμει. »

Après quelques notes succinctes sur la vie et les travaux de Coray dont M. Prevost apprécie avec une grande jus-

---

[1]. M. Pierre Prevost, professeur de philosophie à Genève, né en 1751, mourut en 1839, six ans après Coray.

[2]. Alexandre Basili, occupé de son commerce, parlait et écrivait en français avec facilité, mais non sans quelques hellénismes, et d'ailleurs avec négligence. Je me suis permis, en le citant, de rectifier des locutions embarrassées. Je n'ai point usé de la même liberté à l'égard de Coray. Je l'ai toujours transcrit textuellement, parce qu'il avait étudié le français comme sa propre langue, et que, tout en insérant çà et là du grec dans ses lettres, il savait très-bien rester toujours, en français, correct et intelligible. (*Note de M. P. Prevost.*)

tesse et une remarquable précision, et le caractère et le style [1], l'auteur de la notice commence à nous donner quelques renseignements précis sur la correspondance qu'il entretint avec le savant grec :

« Ses travaux littéraires, dit M. Prevost, avaient tous le même but : ils offraient aux Grecs une instruction analogue à leurs habitudes sous le rapport de la langue et des souvenirs, souvenirs effacés, il est vrai, mais susceptibles d'être ranimés. Cette instruction, venant d'un compatriote qui l'introduisait par des discours ou des entretiens à leur portée, devait fructifier, tandis que l'érudition classique de ses scholies et la justesse de ses remarques en tout genre fixaient l'attention des littérateurs, et fomentaient en Europe des sentiments de bienveillance. Il savait que

---

[1]. « Quelques Hellènes se sont attachés à critiquer le style de Coray dans ses prolégomènes de la Bibliothèque grecque, et ont présenté sous un aspect défavorable les opinions de l'auteur. Quant au style, la seule remarque que je puisse me permettre, c'est que, pour ceux à qui le grec moderne est plus étranger que le grec littéral, la lecture de Coray est plus facile que celle de la plupart des écrits helléniques récents, ce qui doit être attribué à l'art avec lequel l'auteur se rapproche de l'idiome antique, en reproduisant quelques locutions et substituant des mots, compris sans effort, à des mots barbares plus usités. Comme il a blâmé hautement la prétention d'écrire en grec ancien autre chose que quelques notes d'érudition, j'ai peine à croire qu'à cet égard il ait passé la limite qu'il a dû se prescrire, car Coray savait profiter des rapports du français avec le grec moderne, dans certains tours et dans quelques expressions familières. Le grec ancien en offrait déjà qu'Henri Estienne a remarquées dans son petit traité *de la Conformité du langage françois avec le grec* (Paris, 1569).

« Quant à ses opinions, on ne peut s'empêcher de reconnaître qu'elles étaient en général républicaines; mais, dans toutes les phases de la révolution hellénique, il a su les modifier, en s'adressant à ceux qui auraient pu en abuser ; si, d'ailleurs, les idées libérales ont paru dominer dans ses écrits avec une sorte d'excès, il ne faut pas oublier le point d'où il est parti. Les Grecs, soumis à la plus avilissante servitude, avaient pour premier besoin de secouer le joug ; c'était évidemment le premier pas à faire. Le temps ne pouvait leur manquer ensuite pour assurer leurs progrès. » (*Note de M. Prevost.*)

les lumières répandues sur une nation sont, pour elle, un moyen de progrès, auquel les autres sont presque tous subordonnés; que le passage des ténèbres du moyen âge aux lumières de la civilisation de l'Europe actuelle suffit pour établir cette vérité. Mais, pour que les lumières se répandent, il faut du temps et de la persévérance. Coray ne l'ignorait pas, et il fondait moins ses espérances sur ses contemporains que sur leur postérité. L'éducation des jeunes gens l'occupait sans relâche. Tout ce qui pouvait l'améliorer fut pour lui un sujet d'étude. Dès 1807, dans sa retraite studieuse, il eut quelque connaissance d'une méthode très-vantée, celle de Pestalozzi, et il cherchait à l'apprécier [1]. Il secondait autant qu'il était en lui les vues bienfaisantes des comités établis en France et ailleurs, en faveur des jeunes Grecs. Il nommait avec reconnaissance M. de Lasteyrie, membre de celui de Paris, et l'un de ceux qui y portaient le plus de zèle et d'intelligence [2]. Dans cette lettre, où il m'en parlait avec un vif sentiment d'estime, il s'agissait de placer un jeune Grec à qui Coray voulait procurer l'avantage d'une bonne éducation. Après m'être adressé aux comités de Genève et de Lausanne, et avoir éprouvé de leur part un refus mêlé de regrets et justifié par l'épuisement de leurs ressources, j'eus la satisfaction de le mettre sous la plus excellente tutelle. Dès que j'en parlai à M. Naville, il se montra prêt à lui ouvrir les portes de son institut, à des termes accessibles à un père sans fortune. « Je vous remercie, m'écrivait cet instituteur philanthrope (Vernier, 2 février 1827), de la bonté que vous avez eue de m'envoyer les lettres du Dr Coray. Je me félicite de l'occasion que m'offrira notre jeune Grec d'avoir quelques rapports avec un homme si distingué. » Vingt ans avant cette époque, sur la recommandation de Coray, un jeune Grec avait été placé à Genève, dans une pension qui lui permettait de suivre les études convenables à sa situation, et dont le chef fit en sa faveur d'assez grands

---

1. Voir ci-après la lettre datée de Paris, du 31 mai 1807.
2. Voir la lettre du 3 janvier 1827.

sacrifices, en particulier à l'occasion d'une maladie longue et pénible. Coray, qui en suivait les phases, écrivait, au sujet d'un changement d'air proposé, que les facultés pécuniaires du père de ce jeune homme, même avec l'aide de quelques amis (en particulier Alexandre Basili), permettaient difficilement un tel essai, la belle lettre datée de Paris du 31 mai 1807. Il savait ainsi ménager, avec prudence et délicatesse, les intérêts des pères et ceux de leurs enfants dont il concevait d'heureuses espérances.

« Mais, de toutes les entreprises de Coray, en faveur des Grecs, celle qui devait avoir les plus heureux effets, et commencer, pour eux, une nouvelle carrière de gloire, fut l'établissement d'un collège et d'une bibliothèque à Chio, pour laquelle, en 1813, il demandait aux amis de la science quelques dons de livres. Il invitait spécialement les auteurs à confier à ce dépôt des exemplaires de leurs ouvrages et surtout de ceux qui leur paraîtraient les plus propres à servir à l'éducation ou au développement des jeunes intelligences si longtemps privées de toute espèce d'aliment. Cet appel fut entendu, et il en parle avec reconnaissance dans ses lettres [1]. Tous les vœux, toutes les espérances de cette âme ardente semblaient prêts à se réaliser. Non-seulement l'établissement prospérait, mais il prenait chaque jour plus d'extension [2].

« On sait ce que Chio est devenu sous la main des Turcs. La bibliothèque eut le sort de celle d'Alexandrie. Ses livres et ses institutions ont péri.

« Cette effroyable catastrophe, en plongeant Coray dans la plus profonde douleur, ne refroidit pas son zèle pour la cause qu'il avait constamment soutenue. Mais elle lui fit sentir peut-être avec plus de vivacité les peines habituelles qui avaient dès longtemps entravé sa marche et ralenti ses travaux. Il sentait croître ses infirmités qui, en le forçant au repos, pouvaient arrêter et interrompre ses entreprises littéraires. Un autre obstacle à surmonter, ou

---

[1]. Voir ci-après la lettre datée du 16 avril 1814.
[2]. Voir la lettre de Paris, 2 avril 1817.

plutôt un amer chagrin à supporter, étaient les attaques de quelques ennemis du progrès, devenus les adversaires de celui qui le secondait avec plus d'ardeur encore que d'espérance. Le nombre de ces adversaires n'était pas grand ; mais leurs attaques étaient assez vives pour forcer Coray à s'en occuper et pour le distraire des objets de ses recherches habituelles. Sur ces deux causes de retard (ses maux et ses ennuis), il ne cesse de revenir dans ses lettres [1].

« Le principal caractère qui a toujours distingué Coray, ajoute M. Prevost, en terminant son intéressante notice que nous avons dû abréger, comme auteur et comme citoyen, était son ardent patriotisme, que l'on peut qualifier d'*antique*, car il est facile de voir que ses principes, à cet égard, lui avaient été inspirés, dans l'origine, par les anciens auteurs grecs et latins dont il avait fait l'objet d'une lecture assidue. Je n'ai vu d'ailleurs chez lui que des dispositions aimables, des vertus et des goûts solides. Modeste, bienveillant, ami des lettres, zélé propagateur des lumières, se prêtant à la discussion, et donnant sans faste les éclaircissements qui lui étaient demandés, sa mort laisse un vide dans la science, et ne peut manquer d'exciter de vifs regrets, en particulier chez ses compatriotes dont plusieurs, il faut l'espérer, profiteront de la nouvelle ère d'indépendance et de repos qui leur est ouverte, pour remplacer un homme, un savant, un citoyen digne de leur servir de modèle [2]. »

1. Voir les lettres de Paris, 10 août 1806 ; 14 août 1812 ; 29 janvier 1815 ; 30 novembre 1825.

2. Ajoutons à ces détails ce trait que nous trouvons dans un excellent article consacré par M. Marc Monnier, dans le *Journal des Débats* du 27 juillet 1877, à l'examen des *Lettres inédites de Coray*, article qui, traduit en grec, a été reproduit, tout entier, dans la revue hebdomadaire d'Athènes 'Εστία (*le Foyer*) :

« Coray avait en effet une pauvre mine, une figure socratique, nous dit un ancien magistrat de Genève, M. Prevost-Cayla, dont le père, helléniste et naturaliste, fut un des amis les plus dévoués de Coray. Le malheureux savant ne ressemblait en rien aux jeunes gens de Platon si poétiquement décrits par M. Taine. La longue redingote

On nous pardonnera, nous l'espérons au moins, d'avoir donné quelques extraits de cette notice, car elle honore à la fois celui qui l'a écrite et celui qui en est l'objet ; elle montre de plus en quelle estime était tenu chez tous les savants, dans toutes les parties de l'Europe lettrée, l'honnête homme et le grand philologue que sa patrie vient d'honorer d'une façon digne de lui, en lui élevant une statue, au milieu de cette Grèce dont il a été un des plus ardents régénérateurs.

qu'il portait contre la mode lui donnait un faux air de moine ; il parlait volontiers de ses souffrances, et plus volontiers de ses études, etc. »

I.

A M. Prevost, professeur de philosophie à Genève.

24 avril 1808.

Monsieur,

Je me proposois de répondre à votre lettre du 1ᵉʳ mars lorsque j'ai reçu celle de M. Basili que vous trouverez ci-incluse.

Cette lettre avec la mienne vous sera présentée par M. Dimitrio Skina, jeune homme qui donne les meilleures espérances et que, pour les réaliser, on a jugé à propos d'envoyer chez vous. Je vous le recommande donc, monsieur, ainsi que fait M. Basili, de la manière la plus énergique, et je ne doute nullement que vous ne ferez tout ce qui dépend de vous pour l'instruction de M. Skina et de tous ceux de notre nation, qui, à son exemple, doivent dans la suite venir chez nous, καὶ τούτων μὲν ἅλις.

Quant à la distraction que vous me reprochez dans votre lettre, et dont je ne m'étois aperçu que trop tard pour y remédier, elle n'est et ne pouvoit pas être la seule, vu la précipitation avec laquelle je suis forcé de travailler. Je puis vous assurer, monsieur, que le titre Αὐτοσχέδιοι n'est point un de ces vains titres dont on se sert quelquefois pour se ménager une excuse ou pour couvrir son ignorance, mais qu'il exprime rigoureusement la nature d'une composition improvisée.

Pour ne point improviser avec vous, je finis avec regret ma lettre, en vous priant d'agréer l'assurance de ma parfaite et sincère considération.

CORAY.

II.

Au même.

31 mai 1807.

Monsieur,

Je reçois avec autant de plaisir que de reconnoissance l'utile cadeau dont vous avez bien voulu me gratifier; et je vous promets que, malgré le peu de temps que mes occupations me laissent, je le parcourrai d'un bout à l'autre. J'en ai déjà commencé la lecture.

Je reçus, dans le temps, votre lettre du 2 novembre, et je la lus avec plaisir excepté le paragraphe qui regarde M. Schinas. Il est bien malheureux pour ce jeune homme qu'une longue maladie, jointe au manque des choses nécessaires de la vie, vienne précisément l'attaquer à l'époque de ses études. Je présume que ce qu'il a reçu de M. Alexandre[1] est plutôt un généreux secours qu'une anticipation. Je voudrois en pouvoir faire autant. Quant à ce que vous me dites sur la nécessité de changer de ville, M. Schinas est d'autant plus le maître de le faire que vous approuvez un pareil changement; mais il doit, avant de prendre ce parti, s'assurer de ses moyens d'existence; sans cela, il s'exposeroit à empirer sa condition, et, comme dit le proverbe, καπνὸν φεύγων εἰς πῦρ ἐμπεσεῖν. M. Alexandre et moi, nous n'avons choisi votre ville que comme une demeure tranquille et plus propre à former l'esprit et le cœur d'un jeune homme. Il faut espérer que M. Skinas[2] a assez profité de vos leçons et de votre exemple pour qu'il se conduise partout ailleurs, comme il s'est conduit chez vous; mais, encore une fois, il doit commencer par améliorer ses finances, s'il est possible.

1. Alexandre Basili.
2. Ce nom est écrit sous ces deux formes par Coray.

Il y a longtemps que je me proposois de vous prier de me donner quelques renseignements sur la méthode de Pestalozzi. J'ai lu, il y a quelques mois, une brochure sur cette méthode ; mais, soit que je n'y aie pas mis toute l'attention nécessaire, soit que la méthode n'y soit pas assez clairement exposée, je vous avoue que je n'y ai pas compris grand'chose. D'un côté, l'expérience du passé me fait craindre qu'il ne soit de cette doctrine comme de beaucoup d'autres que l'ignorance ou le charlatanisme, ou tous les deux ensemble, ont enfantées plus d'une fois ; de l'autre côté, j'ai cru m'apercevoir, dans la lecture, d'une bonne foi qui, si elle ne prouve point la bonté de la méthode, annonce du moins un honnête homme qui veut contribuer au bien public. Vous me ferez plaisir, monsieur, si, dans un moment de loisir, et sans vous presser de répondre, vous voulez bien me tirer de ce doute, en me communiquant ce que vous pensez de cette méthode, et surtout, si elle peut convenir à toute sorte d'éducation, ou si son application se borne à celle du peuple.

Ὑγιαίνοις εὐδαιμονῶν.

CORAY.

P. S. — A la page 190 du premier volume de Blair, *Phérécyde de Samos*, est-ce une distraction de M. Blair, ou une faute d'impression[1] ?

---

1. Cours de rhétorique et de belles-lettres, par Hugues Blair, traduit de l'anglais par M. P. Prevost. Genève, Manget et Cherbuliez, 1805, 4 volumes in-8.

III.

29 mai 1810.

Au même.

Monsieur,

Je prends la liberté de vous passer par le canal de M. Manget, libraire de votre ville, un paquet contenant deux exemplaires du deuxième volume de mon Plutarque. Je vous prie de me faire l'honneur d'accepter un de ces exemplaires pour vous, et de remettre l'autre à M. Weber.

Je ne me rappelle pas, monsieur, de vous avoir remercié du dernier ouvrage de *Malthus*, dont vous voulûtes bien me gratifier[1]. Si je ne l'ai point fait, soyez assez indulgent pour l'attribuer à mes occupations, qui, jointes à mes infirmités, me forcent quelquefois de négliger mes devoirs. Βίη λέλυται, χαλεπὸν δὲ μὲ γῆρας ὀπάζει.

Agréez, je vous prie, monsieur, l'assurance de ma parfaite considération.

CORAY.

Je vous prie, monsieur, de dire à M. Weber que j'ai reçu hier au soir sa lettre, et que je tâcherai d'y répondre autant que mes forces le permettront. En attendant, je lui communique, par votre canal, la triste nouvelle de la mort du pauvre Charianthos; il nous a quittés depuis près d'un an, par une affection de poitrine dont il étoit déjà attaqué à son arrivée à Paris.

De la rue Notre-Dame des Victoires, n° 34.

1. Cet ouvrage de Malthus est son fameux *Essai sur le principe de population*, dont la traduction, due à la plume de M. P. Prevost, eut trois éditions : une en 1819, une autre en 1823, une troisième, enfin, publiée en 1845 avec des notes de MM. Rossi et Comte.

IV.

Au même.

Paris, 17 juillet 1812.

Monsieur,

Malgré mes douleurs arthritiques, je ne veux point différer de répondre à la lettre que vous m'avez fait l'honneur de m'écrire le 31 décembre 1811, et que je n'ai reçue que depuis cinq ou six jours. Je ne sais à quoi attribuer ce singulier retard.

Quelques jours avant cette tardive réception, on m'avoit remis les deux volumes du Voyage d'Abyssinie [1], pour lequel je vous prie d'agréer l'assurance de ma vive reconnoissance. Je le lirai avec plaisir lorsque ma goutte et le temps m'auront permis de le lire aux Champs-Élysées.

Les remarques que vous faites sur mes Αὐτοσχεδ. στοχ. me prouvent que vous daignez y jeter un coup d'œil, et cela soulage singulièrement mes douleurs. L'ὅντινα n'est pas comme dans notre langue moderne; nous supprimons le ν, comme fait Homère (*Odyss.*, VIII, 204) :

Τῶν δ' ἄλλων ὅτινα κραδίη θυμός τε κελεύει
Δεῦρ' ἄγε, πειρηθήτω.

Cette phrase ὅτινα κραδίη κελεύει, répond à celle-ci du grec moderne : ὅτινα βαστᾷ ἡ καρδία του (pour βαστάζει, comme dans Homère, δαμᾷ pour δαμάζει) à la lettre : *celui que le cœur soutient*, ou *qui est soutenu par son cœur*.

Je prends la liberté, monsieur, de vous adresser un

1. Voyage en Abyssinie, par Salt, traduit de l'anglais par M. P. Prevost, et Extrait des voyages de lord Valentee. Paris et Genève, Paschoud, 1812, 2 vol. in-8°.

paquet contenant deux exemplaires du quatrième volume de Plutarque ; faites-moi (*sic*) d'accepter l'un pour vous, et ayez la bonté de remettre l'autre à M. Weber.

Agréez, je vous prie, l'assurance de la parfaite considération de votre très-humble serviteur,

CORAY.

J'ai gardé cette lettre jusqu'aujourd'hui 14 août, faute de savoir à qui consigner le paquet. Mon libraire vient de me dire qu'il l'a confié à M. Paschoud, libraire ; ayez la complaisance, monsieur, de le réclamer.

14 août.

V.

Au même.

Paris, 23 décembre 1813.

Monsieur,

Je suis on ne peut pas plus reconnoissant pour le don précieux que vous voulez bien faire à ma patrie. Néanmoins je vous demande la liberté de vous soumettre une observation, qui n'a d'autre motif que le bien de mes concitoyens et le désir d'augmenter la valeur de votre offrande.

Parmi les livres que nous sommes chargés, M. Alexandre Basili et moi, de procurer à la bibliothèque de Chio, nous ne négligerons point les classiques latins, et quoique, malgré cela, votre Lucrèce ne soit jamais de trop, j'aimerois mieux, monsieur, qu'il fût converti en quelque ouvrage, fruit de votre plume, comme le demande mon *Invitation aux savants de l'Europe*. Si, par exemple, il vous reste encore quelque exemplaire de la Rhétorique de Blair, cela fera plus de plaisir et sera infiniment plus profitable à mes compatriotes. J'en suis si sûr que, dans le cas où vous n'en auriez plus, j'enverrai volontiers, en votre nom, l'exemplaire dont vous m'avez gratifié. Je vous parle, monsieur, franchement, et je vous prie d'user de la même franchise, en m'ordonnant l'envoi de mon exemplaire. C'est sans doute un sacrifice pour moi que la privation de votre don ; mais je le ferai avec d'autant plus de plaisir, ὅσῳ καὶ τῇ πατρίδι λυσιτελέστερον, καὶ τῷ χαριζομένῳ ἐνδοξότερον.

Je vous remercie, monsieur, de tout ce que votre lettre contient d'instructif, et, entre autres, du soin de m'avertir de cette hideuse faute typographique.

Ἔρρωσο εὐδαιμονῶν,
Votre dévoué serviteur,

CORAY.

N'oubliez point, je vous prie, d'écrire votre nom et vos qualités à la tête de votre offrande, que vous avez la complaisance d'adresser à M. Alexandre Basili, de Vienne en Autriche.

Je demeure actuellement *rue Madame, n° 5, près du Luxembourg*.

VI.

Au même.

Sans date (reçue le 15 avril 1814).

Monsieur,

Il m'est impossible de vous peindre l'émotion que j'ai sentie à la lecture de votre lettre. En calculant l'impulsion que votre généreuse offrande doit nécessairement imprimer aux esprits de mes compatriotes, je me suis félicité, d'un côté, de leur avoir suggéré l'idée d'une bibliothèque publique, et de l'autre, de ce que, pour les porter plus efficacement à cette œuvre salutaire, j'ai sollicité le concours des savants de l'Europe civilisée. Si vos confrères imitent le brillant exemple que vous venez de leur donner, comme je l'espère, la régénération de ma malheureuse patrie fera des pas plus grands et plus assurés ; sinon, votre généreuse offrande, jointe à celle d'un petit nombre de savants qui vous ont précédé sans vous avoir égalé, suffira pour encourager mes compatriotes, et votre nom vivra chez eux aussi longtemps que la nation existera [1].

Je vois déjà, avec grand plaisir, l'annonce de votre don faite par M. Basili, dans son journal politique qui s'imprimoit à Vienne, en grec moderne. Je vous prie, monsieur, de me faire l'amitié de me spécifier, à votre loisir, les titres des livres que vous venez d'y envoyer.

---

[1]. Nous ne possédons pas la liste des ouvrages que M. Prevost envoya en don à la bibliothèque de Chio, mais nous sommes fondés à croire qu'en première ligne devaient figurer sa traduction des tragédies d'Euripide, Paris, Passot, 4 vol. in-12, 1782, et ses traductions des *Essais philosophiques* d'Adam Smith (Paris, an V (1797), 1 vol. in-8, de la *Rhétorique* de Blair (18...), 4 vol. in-8, et des *Éléments de la philosophie de l'esprit humain*, par Dugald-Stewart (Genève et Paris, 1808, 2 vol. in-8).

Comme, M. Basili et moi, nous sommes chargés de l'achat des livres nécessaires pour la bibliothèque de Chio, il est nécessaire d'avoir toujours, sous les yeux, ce que nous possédons, avant de nous procurer ce qui nous manque.

Agréez mes sincères remercîments, et l'assurance de la considération la plus distinguée, γενναιότατε τῆς Ἑλλάδος εὐεργέτα.

CORAY.

VII.

Au même.

Paris, 29 janvier 1815.

Monsieur,

Je vous prie d'excuser mon long silence; il paroîtroit d'autant plus singulier que je le garde envers une personne dont les lettres viennent de temps en temps me distraire agréablement de mes chagrins. C'est un silence tellement forcé que je passe plusieurs mois sans répondre aux lettres de ma famille.

Comme si je n'avois pas assez de mon travail et de mes infirmités, une bande de fanatiques et de pédants m'a déclaré la guerre, et cherche à empoisonner le peu de jours qui me reste encore à vivre. Il n'y a que M. Alexandre Basili et quelques autres amis qui me soutiennent encore et qui m'empêchent de succomber à tant de maux.

Mes ennemis ne sont ni nombreux ni puissants, et les mouvements qu'ils se donnent ne ressemblent pas mal aux convulsions d'un monstre expirant (ψυχορραγοῦντος θηρίου σφαδασμοῖς); mais ils sont méchants, et le désespoir de se voir négligés par les mêmes hommes qui naguère les regardoient comme les personnes les plus importantes de la nation, peut encore les porter à quelque extrémité fâcheuse. S'il ne s'agissoit que de ma seule personne, j'aurois méprisé leurs persécutions. Mais ils prétendent continuer à gouverner une malheureuse nation, qui étoit devenue pour eux une mine d'honneur et de richesses; et, comme elle leur échappe à mesure qu'elle s'éclaire, ils assouvissent leur rage sur tous ceux qui recommandent les lumières.

Voilà, monsieur, la cause qui me rend triste et qui me ravit jusqu'au plaisir de correspondre avec les personnes pour lesquelles je professe la plus haute considération. J'ai cru devoir vous faire connoître cette cause, de peur que mon silence ne fût attribué à une négligence coupable.

Je n'ai pas encore eu le plaisir de voir la personne que vous me recommandez.

Ci-joint, vous trouverez mon Xénocrate, Περὶ τῆς ἀπὸ τῶν ἐνύδρων τροφῆς. Veuillez lui faire le même accueil que vous avez bien voulu faire à mon Plutarque.

Ἔρρωσο εὐδαιμονῶν !
Votre dévoué serviteur,

CORAY.

P. S. — Les deux brochures que j'ajoute à Xénocrate ne font point suite à la Bibliothèque hellénique, et, comme elles sont supposées être publiées par un anonyme, je vous prie de ne dire à personne que vous les avez reçues de moi. Καὶ πάλιν ἔρρωσο !

VIII.

Au même.

5 décembre 1816.

Monsieur,

Je suis honteux de répondre si tard à vos lettres, d'autant plus qu'il n'y en a aucune qui, outre le plaisir qu'elle me fait, ne me procure quelque instruction. Mais je suis accablé d'infirmités de mon âge, et d'un travail que je continue par devoir, mais qui ne laisse pas d'augmenter ces infirmités.

J'ai reçu les deux lettres du 10 février et 4 avril de cette année que vous m'avez fait l'honneur de m'écrire; peut-être y en a-t-il une troisième qu'il m'est impossible de trouver en ce moment; il me faudroit une matinée pour fouiller dans un énorme tas de lettres, que je reçois de tous côtés, mais de correspondans qui, malheureusement, ne sont point aussi indulgens que vous. Il y en a même parmi dont l'exigence me fait rire ἀχνύμενόν περ. Ils ne peuvent concevoir que, quand on a soixante-dix ans, la goutte et la Bibliothèque hellénique, on peut se dispenser d'écrire des lettres.

Je vous remercie, monsieur, de votre attention de m'envoyer les lettres du colonel Leake. Il m'a fait l'honneur de venir me voir lui-même, il y a quelques mois.

Votre correction d'ὄχθας pour ἰχθύας est bien séduisante; mais permettez-moi de vous dire qu'elle me paroît inadmissible, parce qu'elle ne se lie point avec le reste de la phrase : καὶ τοὺς θαλαττίους ἰχθύας εἰθισμένα προσφέρεσθαι. Ce dernier mot ne pouvant signifier que l'ἐσθίειν ou γεύεσθαι, il faudroit bien d'autres changemens encore, pour y trouver le sens que votre correction demande, par exemple, ἃ ἐπὶ ταῖς θαλασσίοις ὄχθαις εἰθισμένα νέμεσθαι, ou bien ἃ τὴν ἐπὶ ταῖς θαλασσίοις ὄχθαις πόαν εἰθισμένα νέμεσθαι, ou même προσφέρεσθαι. Quant à la chose même, quoique singulière, on en trouve un autre exemple dans Hérodote, V, 16, où Wesseling en donne un second dans les notes. Je crois en avoir un troisième, mais je ne me rappelle point dans quel voyageur.

Agréez, monsieur, l'assurance de la considération la plus distinguée, avec laquelle je suis votre dévoué serviteur,

CORAY.

Je vous prie, monsieur, d'accepter un exemplaire de quelques opuscules d'Hippocrate et de Galien, que je viens de publier. On vous l'envoie par le canal du libraire Paschoud.

IX.

Au même.

2 avril 1817.

Monsieur,

J'ai reçu vos deux lettres, 14 janvier et 17 février, et je suis bien sensible à l'indulgence avec laquelle vous me traitez. J'en ai grand besoin pour ne point succomber aux infirmités de mon âge augmentées par un travail assidu. J'ai passé un triste hiver, mais je commence à présent de sentir les bons effets du printemps.

Je vous ai expédié, la semaine dernière, le deuxième volume de mon Strabon; veuillez le recevoir μετ' εὐμενείας. Je recevrai avec reconnoissance l'exemplaire que vous me destinez de l'ouvrage que vous venez de traduire[1].

---

[1]. Cette traduction de M. P. Prevost est sans doute celle qu'il fit de l'ouvrage de sa belle-sœur, madame Marcel : *Conversations sur l'économie politique* (1817).

Vous augmentez cette reconnoissance en m'annonçant aussi un exemplaire pour la bibliothèque de Chio. J'ai de fréquentes occasions d'y envoyer nos livres, et je vous prie de ne point oublier de distinguer l'exemplaire par votre nom. Je suis parvenu à persuader aux braves habitans de cette île de se procurer successivement les mémoires de toutes les académies ou sociétés littéraires de l'Europe, pour que leur bibliothèque mérite le nom de bibliothèque publique. M. Alexandre Basili leur a déjà expédié un bon nombre de ceux que je lui avois indiqués, et ils doivent à cette heure avoir reçu les *Mémoires de l'Institut,* que je leur ai envoyés d'ici. Comme vous avez la bonté, monsieur, de vous intéresser au sort de ma malheureuse nation, j'ai cru qu'il étoit de mon devoir de vous en donner cette bonne nouvelle.

Ἔρρωσο εὐδαιμονῶν!
Votre dévoué serviteur,
CORAY.

X.

18 novembre 1818.

Au même.

Monsieur,

J'ai eu le plaisir de la lettre que vous m'avez fait l'honneur de m'écrire ; mais j'ai manqué celui de voir monsieur votre fils.

Les deux traités ont été reçus et expédiés pour le gymnase de Chio, qui vous a depuis longtemps placé à la tête τῶν εὐνοούντων. Vous avez très-bien fait de ne point me les envoyer pour moi ; non pas qu'ils ne *m'auroient pas fait plaisir,* comme vous dites, mais parce que je ne puis malheureusement disposer à mon gré du peu de momens qui me restent à vivre. La personne dont vous me parlez ne dément nullement la réputation d'un homme très-savant. Quant à son caractère moral, je n'ai jamais eu assez de liaisons avec lui pour en juger d'une manière compétente. D'après la renommée, je le crois aussi honnête homme qu'il passe pour être un homme honnête.

L'éditeur de Bolissos m'a chargé d'un paquet qui vous est adressé, et que je ferai passer à monsieur votre fils.

Εὐδαιμόνει!

Votre dévoué serviteur,

C.

XI.

Au même.

Paris, 19 décembre 1821.

Monsieur,

J'ai reçu dans le temps votre lettre, et, ce qui m'a fait le plus grand plaisir, je l'ai reçue par vos chers fils, mais j'ai commis une faute impardonnable en ne leur demandant point leur adresse. Cette faute m'oblige d'envoyer ce matin au libraire Paschoud le paquet que je vous avois destiné. Vous y trouverez deux exemplaires des Politiques d'Aristote[1], dont l'un est destiné pour M. Weber. Faites-moi le plaisir de réclamer ce paquet et de m'en accuser réception.

Vous ne serez pas peut-être satisfait de cette édition; mais c'étoit un travail de circonstance fait à la hâte et

---

1. Les Politiques d'Aristote forment le tome XIII de la Bibliothèque hellénique. C'est un des ouvrages qui ont été le mieux accueillis. (*Note de M. Prevost.*)

dans les douleurs les plus cuisantes de la goutte. Je devois bien me presser, surtout en quelques endroits des Prolégomènes, que je ne pouvois pas manifester plus tard. Quoi qu'il en soit, contentez-vous-en; ὃ ἔχω τοῦτό σοι δίδωμι. Je suis accablé d'infirmités et d'une correspondance très-étendue avec ma (je ne sais s'il faut dire heureuse ou malheureuse) patrie.

Εὐδαιμόνει !
Votre dévoué serviteur,

CORAY.

XII.

Au même.

26 novembre 1822.

Monsieur,

Je viens de consigner à M. Paschoud, libraire de notre ville et de la vôtre, un paquet adressé à votre nom, et contenant

Ἀριστοτέλους Ἠθικὰ Νικομάχεια
Ὀνησάνδρου Στρατηγικόν.

Faites-moi l'honneur de les accepter et de m'en accuser la réception. Faites-moi de plus le plaisir de ne point faire connoître à qui que ce soit la personne qui vous les offre, et qui vous souhaite de tout son cœur, ce qu'elle ne possède pas elle-même, τὴν εὐδαιμονίαν !

XIII.

Au même.

Paris, 14 août 1823.

Monsieur,

Je viens de consigner à M. Paschoud, libraire de notre ville, deux exemplaires de la seconde édition de Beccaria. Acceptez-en un, je vous en prie, pour vous, et faites-moi l'amitié de remettre l'autre à M. le comte Capo-d'Istria.

Vous êtes assurément, monsieur, un de ceux que j'aime à entretenir le plus souvent, mais je suis épuisé par un âge que des occupations renaissantes sans cesse rendent plus pénible ; je n'en puis plus, je me meurs. Puissiez-vous vivre εὐαίων καὶ μακραίων !

Votre dévoué serviteur,

CORAY.

XIV.

Au même.

Ce 30 novembre 1825.

Monsieur,

Je reçois toujours vos lettres avec plaisir, et, si je n'y réponds pas, c'est que je compte sur votre indulgence. Je suis accablé d'infirmités de vieillesse augmentées par un travail obligé. Le peu de jours (peut-être d'heures) qui me restent, je les dois à mes compatriotes, d'autant plus qu'à l'exception de quelques endurcis, de ceux que votre épigramme nomme *gadouards*[1], ils m'écoutent avec bienveillance. Malheureusement, il leur manque sur les lieux un *vir probus* qui pût gagner leur confiance, les réunir en un faisceau, qui seroit une véritable massue d'Hercule, capable de tenir en respect καὶ τὴν βίαν καὶ τὸν δόλον.

Le 26 de ce mois, je consignai au libraire Paschoud, de votre ville, pour vous le faire passer, un paquet contenant deux exemplaires des Ἀπομν. Ξενοφ. réunis au Πλατ. μορϓ.[2]. Vous me ferez le plaisir d'en accepter l'un pour vous, et de remettre l'autre à M. le comte Capo-d'Istria[3].

Ζῆθι εὐδαίμων ! ὁ σός,

CORAY.

XV.

Au même.

3 janvier 1827.

Monsieur,

Je commence par vous prier de regarder toujours ma lenteur à répondre comme un effet de mes infirmités. Il

---

1. Allusion à une plaisanterie de société, sur l'ambition de certains titres qui marquent la servitude, ambition que l'on supposait satisfaite chez un vidangeur, fier de travailler chez un prince. Ainsi quelques Grecs regrettaient des places *serviles* dont ils étaient honorés sous les Turcs. (*Note de M. Prevost.*)

2. Les Mémoires sur Socrate forment le tome XV de la Bibliothèque hellénique, portant la date de 1825.

3. Coray avait conçu pour cet habile négociateur la plus haute estime. Les lecteurs de la Bibliothèque hellénique savent qu'il employa toute son influence pour le faire aimer et respecter. Il le comparait à Timoléon et tâchait, par d'heureuses applications, de le faire envisager comme le conciliateur, le protecteur, le vrai libéra-

me fait plus de peine qu'il ne doit vous causer de surprise. Je suis on ne peut plus sensible à toutes les démarches philanthropiques et très-pénibles à la fois que vous avez faites en faveur de mon ami. Je lui ai communiqué le résultat et j'attends sa réponse. En attendant, je viens d'entamer une autre négociation pour son fils, et j'en espère un plus heureux succès.

Vous avez raison de vous étonner, monsieur, de ce que je n'avois pas pu placer ce jeune homme ici aux frais de notre comité. J'en ai sollicité l'admission, et on me l'a promise en quelque sorte, en la différant toujours sous des prétextes assez plausibles. A présent, on me l'offriroit que je ne l'accepterois point, vu la manière (entre nous soit dit) dont on élève les autres jeunes Grecs. On leur permet ou plutôt on leur fournit tant de moyens de dissipation que je crains fort que leur instruction ne devienne une ψευδοπαιδεία.

La souscription hebdomadaire, conception digne de celui qui l'a conçue, seroit, comme vous dites, d'une grande valeur, si elle devenoit européenne : Εἰ γάρ κεν καὶ σμικρὸν ἐπὶ σμικρῷ καταθεῖο, τάχα κεν μέγα καὶ τὸ γένοιτο. J'en ai parlé au philanthrope comte de Lasteyrie. Je lui ai même fait voir votre lettre, et il fait l'impossible pour rendre cette conception fructueuse; mais, dans un comité, c'est toujours τῶν πλειόνων οἱ ψῆφοι qui décide toutes les questions. Quoi qu'il en arrive, je vous supplie de continuer toujours vos bons offices aux Grecs, et, quand même vous n'auriez point d'imitateurs, il vous restera l'inappréciable avantage d'être du nombre de ces bienfaiteurs dont votre Euripide a dit : Τὰς χάριτας ὅστις εὐγενῶς κ. τ. λ. (Λυκούργ. κατὰ Λεωκρα. σελ. 27)[1].

---

teur des Grecs (Bibliothèque hellénique. — Πάρεργα, t. VIII, Paris, 1827). Le crime affreux qui termina son honorable vie couvrit la Grèce d'un voile sombre. A ce deuil général, dut s'ajouter dans l'âme de Coray la douleur de voir s'évanouir d'anciennes et légitimes espérances. (*Note de M. G. Prevost.*)

1. *Un bienfait offert libéralement est reçu avec transport; les lenteurs en diminuent le prix.* Ce fragment d'une tragédie, aujourd'hui

C'est assurément très-εὐγενῶς qu'ont agi et votre cher fils en offrant son argent, et le médecin Gosse en consacrant son art au secours des Hellènes. Ce dernier m'a rappelé le beau précepte d'Hippocrate : Ἢν γάρ παρῇ φιλανθρωπίη, πάρεστι καὶ φιλοτέχνη. Faites-moi l'amitié de leur manifester la tendre reconnoissance et la profonde estime qu'ils m'ont inspirées par leur généreuse conduite. *Dixi :* mes forces ne me permettent point d'aller plus loin. Je fais des vœux à l'occasion de la nouvelle année pour que les vôtres se conservent pendant longtemps.

Votre dévoué serviteur,

CORAY.

XVI.

Au même.

Paris, 21 janvier 1827.

Monsieur,

Je ne m'attendois point au plaisir de vous écrire sitôt après ma lettre du 3 de ce mois. Je viens de recevoir de mon ami Spaniolaki l'agréable nouvelle que la personne auprès de laquelle j'avois sollicité pour lui s'engage à payer la pension de son fils jusqu'au mois d'août 1829 inclusivement. Comme cette personne doit être à Paris le mois d'avril prochain, je me flatte d'obtenir d'elle la continuation de cette pension pour le reste de l'éducation du jeune Léonidas. En attendant, monsieur, son père se propose de vous l'adresser pour que vous ayez la complai-

---

perdue pour nous, nous a été transmis par l'orateur Lycurgue (Bibliothèque hellénique, tome XVI). L'idée contenue dans la première phrase était celle que Coray avait surtout en vue, et il s'arrête au mot qui l'exprime. (*Note de M. Prevost.*)

sance de le diriger tout de suite à sa destination. Je le recommande à votre φιλοστόργον surveillance, comme mon propre fils, et vous salue très-respectueusement.

Votre dévoué serviteur,

Coray.

XVII.

Au même.

24 mars 1827.

Monsieur,

J'avois reçu votre dernière lettre lorsque j'ai été informé par M. Spaniolaki de son arrivée avec son fils chez vous, et de l'accueil paternel que vous leur avez fait, χάρις ἕν σοι μεγίστη. Je viens de recevoir 1,500 francs pour deux années de la pension de Léonidas, du 1ᵉʳ septembre 1827 au 30 août 1829. Je suis autorisé de vous remettre cette somme pour la garder ou pour la confier à qui vous voudrez. Le meilleur moyen de vous les faire passer est, ce me semble, de les payer ici à M. Delessert. Veuillez donc, je vous prie, l'en prévenir et le prier d'envoyer les chercher chez moi sur son reçu.

La duchesse de Plaisance est ici depuis quelques jours et doit être chez vous dans le courant du mois prochain. Elle m'a marqué le désir de vous connoître; bien loin de vous la recommander, je suis d'avance persuadé que vous lui ferez l'accueil qu'elle mérite.

Ζῆθι εὐδαίμων καὶ μακραίων.

Votre dévoué,

Coray.

J'embrasse l'ami Spaniolaki, s'il est encore chez vous.

XVIII.

Au même.

Paris, 25 juin 1827.

Monsieur,

Je n'ai reçu votre dernière lettre qu'un moment après avoir envoyé la mienne (5 juin) à Mme la duchesse de Plaisance, qui vraisemblablement est dans ce moment chez vous. Je reçus hier au soir, de la part de M. le comte de Lasteyrie, l'instruction ci-incluse que vous avez désirée. Les nouvelles que vous avez bien voulu me donner du jeune Spaniolaki m'ont fait bien du plaisir, et je n'ai point négligé de communiquer ce plaisir à ses parents. Je n'ai point eu celui de voir votre neveu.

Ζῆθι εὐδαιμονῶν !
ὁ φιλῶν καὶ σεβόμενος σός,

Coray.

XIX.

Au même.

Paris, 15 juillet 1830.

Monsieur,

Ma bonne compatriote, Mlle Irène Fournaraki, devant passer par votre ville pour aller en Grèce, n'aura l'honneur de vous présenter cette lettre que pour réclamer vos conseils, comme étrangère, si, contre toute attente, elle éprouve quelques difficultés. Vos occupations sont trop précieuses pour que j'ose vous en distraire même pour ceux qui m'intéressent le plus.

Εὐδαιμονοίης!
Votre dévoué serviteur,

CORAY.

Je reçus dans le temps votre lettre du 24 juin.

XX.

Au même.

Paris, 21 octobre 1831.

Monsieur,

C'est avec bien du plaisir que j'ai reçu des mains de votre digne et cher fils votre lettre du 15 juillet, et appris de sa bouche l'état de votre santé. Heureusement, je la trouve infiniment meilleure que la mienne, et je vous en souhaite une longue durée.

Je viens d'acquérir par le canal de monsieur votre fils, qui a gracieusement voulu se charger de cette commission, le premier volume de Thucydide de M. Arnold, et je suis entièrement de votre avis pour ce qui concerne le mérite de cette édition.

Vous me ferez plaisir d'accepter mon Συνέκδημον ἱερατικὸν que je vous expédie par la poste.

Je vous salue très-respectueusement et vous recommande le soin τῆς πρεσβίστης μακάρων ὑγιείας.

CORAY.

XXI.

Au même.

(Sans date.)

Je vous salue, mon savant et vertueux professeur, et vous recommande les trois fils de mon ami Lazare Counduriote.

Εὐδαιμόνει !

CORAY.

Je vous écrivis, il y a quelques semaines, par le colonel Goudas.

LETTRES INÉDITES

DE CORAY

A MM. BARBIÉ DU BOCAGE
ET
AMBROISE FIRMIN-DIDOT

---

*A monsieur Barbié du Bocage, rue Cassette, n° 872,
à Paris.*

Monsieur,

J'ai l'honneur de souhaiter le bonjour à monsieur Barbié du Bocage et le prie de me faire l'amitié de me prêter l'original anglais (le premier volume du *Voyage* de Chandler).

Mes devoirs à madame votre épouse.

CORAY.

---

1. Nous devons les originaux de ces lettres à l'obligeance de M. le docteur Joseph Michel.

II.

(Au même.)

Monsieur,

Je vous suis on ne peut pas plus obligé, Monsieur, du soin que vous avez de mes affaires et des peines que vous vous donnez pour moi. J'ai reçu l'argent que vous m'avez envoyé et j'en ai donné un reçu.

Ci-jointe je vous renvoie votre notice interprétée et commentée à la manière allemande. Puisse-t-elle faire votre affaire ! Si vous avez quelques autres doutes, faites-moi l'honneur de me les communiquer. Je n'ai rien tant à cœur que de pouvoir vous être utile à quelque chose. Je vous salue très-cordialement et avec les sentiments que vous méritez, vous et votre chère épouse.

CORAY.

11 fructidor

A cette lettre était jointe la note ci-contre écrite sur une feuille de papier pliée en deux par le milieu, de manière à permettre à Coray d'inscrire ses réponses en regard des demandes de Barbié du Bocage :

Note de Barbié du Bocage avec les explications de Coray.

Chap.
28. Νησί........................	Νησί.
29. Γαΐδαρος αει γαΐθαρος, proverbe.	Γαΐδαρος ἀεὶ Γαΐδαρος (par un δ et non θ; le sens est : *l'âne est toujours l'âne*).
31. Περι δε Αναφλυστον............	Περὶ δὲ Ἀνάφλυστον.
39. Κακκαβίζουσιν, τιττυβίζουσιν, son que rendent les perdrix.....	Κακκαβίζουσιν, τιττυβίζουσιν.
40. Υιε, τοχυιε, Αχθεια, Κογξ, Ὀμπαξ. mots mystiques d'Eleusis....	Υἱέ, Τοχυιε[1], Ἄχθεισ, Κόγξ, Ὄμπαξ[2]. (Mot à mot.)
50. Πίσκοπος τοῦ Δαμαλά..........	Πίσκοπος τοῦ Δαμαλᾶ, évêque de Damala,
Μὴ τε νού μητεμηαλά...........	Μήτε νοῦ, μήτε μυαλά, ni esprit, ni cervelle (tu n'as point).
Ταλινά δενίθελες..............	Τὰ λιανὰ[3] δὲν ἤθελες, tu ne voulais pas les minces.
Τὰ μεγάλα γιρεβες............	Τὰ μεγάλα 'γύρευες, tu cherchais les gros.
Τράβα τὸ χερόμηλο...........	Τράβα τὸ χερόμυλο[4], tourne le moulin à bras;
Κούνα ταραπόπουλο.......... (Chanson.)	Κούνα τάραπόπουλο, berce le négrillon.
51. ΑΛΕΞΑΝΔΡΕΑ ΧΑΙΡΕ.........	ΑΛΕΞΑΝΔΡΕΑ[5] ΧΑΙΡΕ
56. ΛΕΟΝΤΙΣ ΧΑΙΡΕ............. (INSCRIPTIONS SÉPULCRALES.)	ΛΕΟΝΤΙΣ ΧΑΙΡΕ
62. Του χρυσου επαρχεαν, τα του χρυσου μερη................	Τοῦ Χρυσοῦ[6] ἐπαρχίαν, τὰ τοῦ Χρυσοῦ μέρη[6].
Σωτηριου χωρον, Στηριον, Στηριου χωρον.....................	Σωτηρίου χῶρον, Στήριον, Στηρίου χῶρον.
Γενομενος αιτιος σριας (c'est-à-dire σωτηριας)............	Γενόμενος αἴτιος σριᾶς (c'est-à-dire σωτηρίας).
Φθανει εις τον τοπον του Στηριου. (Dieux de la Grèce.)	Φθάνει εἰς τὸν τόπον τοῦ Στηρίου.
67. ΑΙΑΚΙΔΑ ΧΑΙΡΕ.............	ΑΙΑΚΙΔΑ ΧΑΙΡΕ
Ο ΔΗΜΟΣ Ο ΑΘΗΝΑΙΟΣ.....	Ὁ ΔΗΜΟΣ Ὁ ΑΘΗΝΑΙΟΣ[7],
ΠΥΘΙΟΙΣ................... (INSCRIPTIONS.)	ΠΥΘΙΟΙΣ.

1. Je ne comprends pas ce mot. Si c'étoit τόχε, il seroit synonyme de Υἱέ.
2. C'est l'orthographe d'Hésychius.
3. Λινὰ signifieroit ici *faits de lin*; ce qui n'y convient point. Λιανὰ signifie précisément *petits, minces*, ce qu'indique assez son opposé μεγάλα.
4. Χερόμυλο est bien *moulin à bras*, dont, en effet, l'usage est très-fréquent chez les barbaresques.
5. Ne seroit-ce pas, par hasard, ΑΛΕΞΑΝΔΡΕΙΑ?
6. Si c'est un nom propre, il faudroit Χρύσου, l'accent sur la pénultième; s'il signifie *or*, il faudroit Χρυσοῦ, avec le circonflexe sur la dernière.
7. Ou je me trompe fort, ou je ne crois point qu'on ait jamais dit : ὁ δῆμος ὁ Ἀθηναῖος, *le peuple Athénien*; la formule consacrée est : ὁ Δῆμος τῶν Ἀθηναίων, *le peuple des Athéniens*. (*Notes de Coray.*)

III.

Au même.

Monsieur,

Tout le monde convient que Tricca, dont Théodore fut évêque, est en Thessalie. Je trouve dans un auteur une Tricca en Thrace. Est-ce une distraction ou une faute typographique, ou y auroit-il effectivement deux Tricca? Aucun des auteurs que j'ai à ma disposition n'en parle. Faites-moi l'amitié de me dire ce qui en est, par la petite poste et le plus tôt qu'il vous sera possible. Je vous prie surtout de consulter Ortelius, que je n'ai point.

Agréez, en attendant, l'expression sincère de mon estime et amitié.

CORAY.

27 germinal.

IV.

Au citoyen Barbié du Bocage, rue du Plâtre, n° 23, à Paris.

Monsieur,

Je vous prie de me prêter votre Pallas (*Voyage en Russie*) pour une quinzaine de jours seulement, si cela peut se faire sans aucun inconvénient pour vos études ou vos occupations. Je n'abuserai point de votre complaisance. J'ai l'honneur de vous saluer très-cordialement.

CORAY.

7 pluviôse an VIII.

Avez-vous quelque chose de Gmelin sur la Tartarie?

V.

A messieurs Firmin-Didot père et fils, rue Jacob, n° 24, à Paris.

Messieurs,

Je viens de recevoir la facture des livres que vous devez expédier pour moi à Marseille. Je n'y vois point la marque G. G. N. 9. que la caisse devoit porter. Je vous prie de l'y ajouter si elle a été oubliée.

Je vous prie de me dire si on doit ouvrir la caisse à Marseille, et quelle valeur il faut déclarer pour ces livres. Vous m'obligerez beaucoup de m'envoyer une copie de la facture que je dois garder pour moi, et vous pouvez envoyer solder votre compte quand il vous plaira.

J'ai l'honneur d'être avec considération votre dévoué serviteur.

CORAY.

17 juillet 1820.

VI.

Monsieur Ambroise Firmin-Didot, rue Jacob, n° 24, à Paris.

Mon cher ami,

Bien examiné la chose, je vous prie de ne point changer le nom d'Argenti (si vous ne l'avez pas encore fait) en celui de Prasacaki, mais laisser l'adresse comme elle est écrite dans notre facture. Ayez l'obligeance, si vous l'avez déjà changée, de m'en avertir aujourd'hui sans faute.

Je désire d'avoir communication, si vous le jugez à propos, du contenu de votre lettre à Maurocord. avant de l'expédier, pour que je lui écrive en conséquence et que le remboursement de vos frais se fasse, quand ils le pourront, d'une manière honnête et convenable, comme il est juste.

Ζῆθι πανοίκιος.

Q, N[1].

15 août.

Je pense même, si vous prenez le parti d'annoncer directement à Maurocord, l'expédition, qu'il convienne de lui envoyer directement la facture que vous m'avez donnée. J'oserois vous prier de me faire l'amitié de me faire encore une visite, si je ne craignois d'abuser de votre complaisance. N'oubliez pas, mon ami, de notifier que c'est Polychroniade, qui vous l'avoit demandée. Il est juste que chacun jouisse de l'honneur qui lui est dû.

1. Coray employait volontiers cette manière de désigner ses lettres à ses amis; Q. N. signifie *quem nosti*. Quelquefois il signait de même en grec O. O. c'est-à-dire ὃν οἶδας.

TABLE DES MATIÈRES

	Pages.
Dédicace	V
Préface	VII

LETTRES DE CORAY AU PROTOPSALTE DE SMYRNE DIMITRIOS LOTOS.

I.	Livourne, 9 septembre 1782	1
II.	Montpellier, 11 juillet 1783	5
III.	Montpellier, 25 décembre 1783	6
IV.	Montpellier, 23 mars 1784	10
V.	Montpellier, 15 juin 1784	12
VI.	Montpellier, 11 janvier 1786	15
	15 juillet 1786	21
VII.	Montpellier, 10 août 1786	23
VIII.	Montpellier, 29 octobre 1787	28
IX.	Montpellier, 3 décembre 1787	35
X.	Montpellier, 15 janvier 1788	38
XI.	Montpellier, 3 mai 1788	43
XII.	Paris, 15 septembre 1788	44
XIII.	Paris, 8 septembre 1789	50
XIV.	Paris, 31 décembre 1789	63
XV.	Paris, 1er juillet 1790	65
XVI.	Paris, 31 janvier 1791	80
XVII.	Paris, 20 avril 1791	92
XVIII.	Paris, 15 novembre 1791	106
XIX.	Paris, 12 février 1792	123
XX.	Paris, 18 avril 1792	137
XXI.	Paris, 8 septembre 1792	158
XXII.	Paris, 15 novembre 1792	172

TABLE DES MATIÈRES.

Pages.

XXIII. Paris, 21 janvier 1793........................... 182
XXIV. Paris, avril 1797............................... 199
XXV. Paris, 27 novembre 1797......................... 201

LETTRE DE CORAY AUX HABITANTS DE SMYRNE.

Paris, novembre 1803................................... 209

LETTRE DE CORAY AUX CHIOTES ÉTABLIS A SMYRNE.

Paris, 8 novembre 1810................................. 225

APPENDICE

LETTRES DE CORAY A M. P. PRÉVOST, PROFESSEUR DE PHILOSOPHIE A GENÈVE.

I. 21 avril 1806..................................... 253
II. 31 mai 1807..................................... 254
III. 29 mai 1810..................................... 256
IV. Paris, 17 juillet 1812............................ 257
V. Paris, 23 décembre 1813.......................... 258
VI. Sans date (reçue le 15 avril 1814)............... 260
VII. Paris, 29 janvier 1815........................... 261
VIII. 5 décembre 1816................................ 263
IX. 2 avril 1817.................................... 264
X. 18 novembre 1818............................... 265
XI. Paris, 19 décembre 1821......................... 266
XII. 26 novembre 1822............................... 267
XIII. Paris, 14 août 1823............................. 268
XIV. 30 novembre 1825.............................. 268
XV. 3 janvier 1827.................................. 269
XVI. Paris, 21 janvier 1827........................... 271
XVII. 24 mars 1827................................... 272
XVIII. Paris, 25 juin 1827............................. 273
XIX. Paris, 15 juillet 1830........................... 273

		Pages.
XX.	Paris, 21 octobre 1831............................	274
XXI.	Sans date.......................................	275

LETTRES OU BILLETS A DIVERS.

I.	A Barblé du Bocage..............................	277
II.	Au même, 11 fructidor...........................	278
III.	Au même, 27 germinal...........................	280
IV.	Au même, 7 pluviôse an VIII....................	280
V.	A messieurs Firmin-Didot père et fils, 17 juillet 1820..	281
VI.	A monsieur Ambroise Firmin-Didot, 15 août.....	281

www.ingramcontent.com/pod-product-compliance
Lightning Source LLC
Chambersburg PA
CBHW071414150426
43191CB00008B/915